U0918870

一切恐怖的根源，
都滋生在你的内心深处……

图书在版编目（CIP）数据

鬼娃娃 / 鱼悠若主编. -- 长沙 : 湖南文艺出版社,
2010.12
（悬疑志）
ISBN 978-7-5404-4690-1
Ⅰ. ①鬼… Ⅱ. ①鱼… Ⅲ. ①中篇小说－作品集－中国－当代②短篇小说－作品集－中国－当代 Ⅳ.①I247.7

中国版本图书馆CIP数据核字(2010)第233508号
上架建议：悬疑推理

悬疑志——鬼娃娃

出 版 人：刘清华
责任编辑：薛　健　丁丽丹
策划编辑：鱼悠若
特约编辑：蔡芹芹　孟　洋
版式设计：姚　姚
封面设计：利　锐
出版发行：湖南文艺出版社
（长沙市雨花区东二环一段508号 邮编：410014）
网 址：www.hnwy.net
印　　刷：三河市鑫金马印刷有限公司
经　　销：新华书店
开　　本：787×1092　1/16
字　　数：180千
印　　张：14
版　　次：2010年12月第1版
印　　次：2010年12月第1次印刷
书　　号：ISBN 978-7-5404-4690-1
定　　价：15.00元
（若有质量问题，请直接与本社出版科联系调换）

目录

CONTENTS

谜小说
MINI RESDING

万圣夜之约
WAN SHENG YE ZHI YUE
文\叶聪灵 图\苍狼野兽

万圣夜是鬼魂世界最接近人间的时间，你能看到那些苏醒的灵魂吗？还是，你本就是那些灵魂中的一员？

我打开房门，走出属于自己的世界，我感受到阳光如此明媚，街上的行人如此愉快。可我却在这样真实的世界中感觉不到自己的存在。我知道，我已经死了，我只是一个游荡在人类空间里的孤独灵魂。

我想，你也许是一个能够通灵的人，或者你有着某种超越于常人的能力，所以你才能够和我沟通，而且，并不惧怕我的存在。有很多人都因为自己可以看到另一个世界而感到恐惧不安，但是你却特别镇定从容。

所以，你是能看到灵魂的人；而我，是能看到人的灵魂。

Chapter 1 认定的灵魂

我要住进一栋别墅，那别墅宽敞明亮，布置雅致，我本该为了这件事而高兴吧？可我要陪伴的是一个有着“虚无妄想”症状的年轻人，并且，他还一直声称自己是鬼。更加不幸的是，他的别墅距离市区很远，地处偏僻，前后都没有人烟，即使没有一个把自己称之为鬼的人和我一起居住，我也会觉得自己来到了一个与人间隔绝的地方。

季雅幻，光听名字就觉得富有浪漫色彩，再看到他，会想到他就是小说里的英俊王子。但是他面色苍白，目光总是停滞在某一点上长久保持不动，走路悄无声息，偶尔回忆凝思。就算某些时候和他在别墅里擦肩而过，我都会觉得心里凉凉的。他白天会把所有的窗帘都拉上，而且从不开灯，晚上才打开窗帘，但依然不开灯。

我必须就要和这样一个人在这样一个地方住上一段时间，以角色扮演的方式，找到他患病的原因。而且，我们的角色是：我是人，他是鬼。我不能试图戳穿他，我只能去寻找他变成了“鬼”的原因。

萧维洛老师的行为画像研究所在中国刚刚成立，我就马不停蹄地开始工作。我所接到的第一个研究个案就是季雅幻的鬼魂妄想症。不过，诡异的并不仅仅只是他认为自己是鬼，更恐怖的是警方在他居住的别墅里找到了两具尸体，肢解之后分别被埋在了客厅和书房的地板下。不过，他并没有自己杀人的记忆，警方似乎也没找到他杀人的动机。

这些年来，季雅幻始终和三个人保持着联系：美国的杰夫、韩国的裴俊浩和非洲的巴布鲁。可他是怎么认识他们的呢？为什么其中的裴俊浩和巴布鲁被肢解之后埋在了他家的地板下呢？季雅幻的背后一定有一个很难了解的秘密。

“让我和一个疯子住在一起，还有可能是一个随时会杀人的疯子，保护我的人还不能靠近这栋别墅，只能靠监控器远程了解，你觉得这样对待自己的研究员，公平吗？研究这个人，我也许会随时丧命的。”我向萧维洛老师抱怨着，当然，我们是坐在距离别墅不远的一辆车里。

“在我们的研究所里，我找不到第二个胜任这项工作的人。过去三年里，你也接触过很多精神病患者，心理异常者或者是极度重犯，更何况你自己也有过类似的经验，所以我相信，你会找到这个连环杀人案的真相。”萧维洛老师吸了一口烟，表情是有些得意的邪恶。

“你就直接说，我也曾经是个连环杀人凶手不更简单？”我拿过萧维洛老师手中的烟，狠狠地吸了起来，心里想着：我恐怕也是个疯子，专门对这些危险诡异的事情感兴趣。

诡异之屋

入夜时分，月朗星稀，季雅幻拉开窗帘，静静地站在窗前，他又进入到那种凝神而思的状态里去了。我就站在他身后，我在观察他。

“你听到了吗？”他轻声地问。

“听到什么？”我有点费解。

“厨房里水管滴水的声音。”

“我看，厨房的水龙头需要修理一下了。”

“那其实不是水管滴水的声音，是一个小女孩站在水管的位置，然后从她的脖子上一滴一滴流出鲜血，鲜血又滴落在地板上的声音。我几乎每晚都能听到那声音。”

虽然我很清楚地知道，我眼前的男孩患有严重的妄想症，但在夜深人静的时刻，整个客厅又漆黑一片，听到这么逼真地描述着他“看”到的情景，我还是有些不安。

“你听到了吗？”他又开始发问。

“什么？”我追问。

“箱子上咯吱咯吱的声音。”

“箱子又为什么发出声音？”

“那是一个年轻的母亲被吊在半空中，鞋子摩擦箱子的声音。”

“啊？”

“她身上流出的血已经把箱子染红了。”

其实我根本没有听到任何声音，但我还是看了客厅里那个半人高的储物箱一眼。我承认，我此时的感觉已经不仅仅是不安，而是焦虑。

“你听到了吗？”他把脸转了过来。

“又有什么声音了吗？”我这次直接问。

“沙发上也有声音。”

“为什么？”

“有个男人在客厅里宽大的沙发上滚来滚去，他一边呻吟，一边口吐鲜血，他很痛苦。”

我又本能地向沙发的位置看过去，我想，我也快得妄想症了，再这样下去，我会分不清到底是他在幻听，还是我在幻视。他描述的太过真实，刺激了我的大脑，让我浮想联翩。我从不安到焦虑，再到恐惧。

季雅幻慢慢走向我，微笑地看着我，说：“你不该来这里，也许，你只是贪玩，无意间来到一间传说闹鬼的别墅。但其实，这别墅里真的有鬼。你眼前的我，就是鬼。”

“人人都说我有阴阳眼，我只是想确定一下，是不是真的是那样。不过，很奇怪的是，我只能看到你，我看不到其他的灵魂。”我很认真虔诚地照着他的剧本在演。

“也许我和你有着某种特殊的缘分，所

以你才会看到我。就像我和杰夫、裴俊浩还有巴布鲁一样，他们三个也可以看到我。你知道吗？万圣夜，是鬼魂的世界最接近人间的时间，我只能在万圣夜见到我最想见的朋友。”

“你是什么时候和他们三个见面的？”我一定要问清楚这个问题，因为我想知道可能的杀人时间。

“万圣夜。我只有在那个鬼和人最接近的夜晚才能见到他们。第一次是裴俊浩，第二次是巴布鲁，第三次，将是杰夫，就是今年的万圣夜。”季雅幻说话时的表情非常认真，认真到你真的会觉得他是鬼。

Chapter 3 无声说话

不得不承认，和季雅幻共度的第一个夜晚真是一种煎熬，我虽然没有看到任何奇怪的情景，也没有听到任何奇怪的声音，但仅是在他的描述里，我就仿佛已经走入了他的世界：鬼魂的世界。我知道，他所看到的男人、女人还有小孩儿，一定和他的病有关，也和地板下的两具被肢解的尸体有关。

我要找到一种方法来了解季雅幻究竟是一个什么样的人，他到底经历了什么，才把他在两年前，从一个大学里的绘画天才变成了一个说自己是鬼魂的疯子。一个擅长画画的年轻人，要打开他心里的那扇门，最好的方法也是画画。

“既然只有我能看到你，只有我们可以交流，那……你可以留一点纪念给我吗？”我拿着一张白纸和一支铅笔给季雅幻。

“你希望我为你画一幅画？你真了解我，你居然知道我在活着时，最喜欢画画。你想让我画什么送给你？”季雅幻干净清爽的笑容里透露着年轻俊美才会有的芬芳。

“就画一棵树吧！一棵代表着你的树。”我尽量不去碰触到他的身体，好让他总是真实地感觉到，他是透明的，因为鬼魂都是透明的。

就在季雅幻兴致勃勃地开始画画时，他别墅大门的门铃很诡异地响了起来。会是谁呢？因为这栋别墅除了季雅幻一个人之外，没有人来这里的。不会真的是鬼吧？我的脑袋里居然跳出了这样一个念头，我屏住呼吸，一步一步，慢慢走向大门。

“我是简深蓝，精神科专家，请开门吧！Vera小姐。”说话的声音来自一个男人，他居然知道我的名字。

“我真的差点把你当成鬼，因为你知道，和他在一起，我真是分不清楚自己是在人间还是灵界。”我还有心情开着玩笑，把简深蓝带进客厅，语气有些无奈地说着。

“其实萧维洛也没有那么狠心，他知道你一个人会害怕，也可能会有危险，所以，就找我来帮助你。不过，这是假话，真实的想法是，我对这个case也很感兴趣。”简深蓝自顾自地坐在沙发上，眼睛却一直在盯着认真画画的季雅幻。

“他很多时候都很安静，一言不发，我很想知道，他沉默的时候，都在想什么。”我沏好一杯咖啡端给简深蓝。

“他不出声的时候也在说话，只是我们听不到而已。”简深蓝喝了一口咖啡，饶有兴致地环顾客厅的四周，当然，他看到的客厅到处都是灰尘，还有用白布遮盖的家具。没办法，对于一个“鬼魂”来说，他又怎么可能打扫自己的房子呢？

“不出声的时候也能说话，难道你真把他当成鬼了？”我有些费解地打量着简深蓝，一身休闲装束，像个年轻时尚的玩家，和精神科医生的职业特征一点都挂不上边。

“在他头脑中的声音可能不是想象出来的，而是他自己的声音。这是一种‘无声说话’，也就是不发出声音的咽喉活动。这个，我们用仪器专门测试过，妄想症患者真的可以不张嘴就能够自己跟自己说话。”简深蓝重重地点了点头，他的意思是：你要相信科学。

一个人静静的，不张嘴也可以和自己说话，那简直是让我泪奔。一个说话的杀人狂都很难对付，更何况是一个不说话的！我无法理智地认为，他家地板下的两具尸体和他无关。

Chapter 4 树木人格图

距离万圣夜还有一个星期左右的时间，季雅幻要约见第三个人了，这也意味着第三次的杀戮要开始了。我们必须在他见到杰夫之前，了解整件事的真相。我感觉到压力重重。

就在我感觉到无比愁苦的时候，一身休闲装的简深蓝却嘴里叼着可口的曲奇饼干，很漫不经心地带来了另外一个雪上加霜的消息：万圣夜第三个来赴约的杰夫已经被证实是一个谋杀手段极其残忍的极度重犯。警方之所以没有抓他归案，就是因为想通过他和季雅幻的见面来推测杰夫的杀人动机。

死者的四肢都成粉碎性骨折的状态，死者往往要经过几个小时的剧痛和流血才会最终死亡……我看着一张张案发现场的照片，看到死者们狰狞的面孔，我还是感觉到有些不舒服。简深蓝带来的可真是一个晴天霹雳，一个像鬼一样的男孩就够受了，现在还居然多出来一个虐杀成性的恶魔。

“一棵树，就可以使你更了解他吗？心理学有时很神奇。”简深蓝一边仔细地看着季雅幻画的树，一边像探究一样感慨着。

“树干是曲直型的，说明他有某种压抑感，防御心理很强，还有心理创伤的体验；单独生长的枝叶，说明他在成长过程中可能受过刺激；而且整棵树木都几乎没有树叶，像枯树一样，说明他是一个没有活力，并且有衰竭感的人；树根是暴露的，说明他内心中有很多纠葛，想要整理清楚。”我在对季雅幻的画进行分析。

“他是一个内心里隐藏了很多秘密，却又无法袒露的人。”简深蓝听过了我的分析，他又翻开了季雅幻的档案仔细阅读着。

是的，季雅幻的确是一个神秘的人物，12岁那年，他失踪了，家人报了警，还想尽一切办法寻找，但是直到半年以后，才被一个警察从垃圾堆里找到了正在捡垃圾的他。回到家里，他却对自己失踪半年的事情只字未提。他为什么会失踪，半年的时间里他都去了哪里，遇到了什么事情，至今都是一个谜。要挖出十年前就深埋在他心中的秘密，对我来说是一个很大的挑战。

“你的萧维洛老师早在三年多以前就接

触过季雅幻的个案，那时候裴俊浩和巴布鲁还没有死。所以，在他们两个人的身上，我们也获取了一些资料。”简深蓝拿出了一个档案袋，笑呵呵地把档案袋拿给我。

“看来你们早就有备而来了，却要故意把我放在这么一个‘险恶’的环境中，是想考验我的工作适应能力吗？”我拿过档案的时候，心里却在想着，萧维洛老师对我依然不是完全信任。他依然怀疑，我体内的那个正义的自己是否会战胜那个邪恶的自己。

杰夫、裴俊浩、巴布鲁、季雅幻四个来自于不同国家的年轻人，跟随他们的家人在美国的马尼图斯普林斯小镇居住时，神秘地失踪了。那是在十年前，他们失踪的原因不明，逃离的原因不明。但四个人都绝口不提那段失踪的经历，可却在他们回归之后结下了深厚的友谊。这四个人一直保持着秘密的联络，却要向所有人隐瞒他们彼此之间的关系。难道这不可告人的秘密友谊就是造成死亡的根源吗？

Chapter 5
肢解的照片

“不同的脸孔，每夜都会浮现，我们那时候很害怕，但我们很坚强。就像水龙头，沙发还有木箱，我不想看见，他们却不躲起来。我觉得其他人和整个世界都不存在，所以，我是一个鬼魂。”季雅幻很认真地对我们说着他的感受，但可惜的是，他眼睛的焦距里根本就没有我们两个人。也就是说，他在对着一团空气说话。

“你能听懂他在说什么吗？这是典型的‘联想散漫’的特征，不同的观念和不同的心理之间没办法联结。说话漫无边际，前言不搭后语，没办法像其他人一样有一条正常的思维活动轨迹。所以这是障碍性的精神分裂症。”简深蓝在他的工作记录本上一边写，一边总结着。

“你当着他的面这样说，会不会刺激到他？”我小心提醒着简深蓝，坦白说，我很担心我半夜睡觉的时候会看到举着刀来杀我的季雅幻。

“你放心，他根本不会注意到我们在说什么。一个正常人是绝对有能力决定自己在某个环境中要注意什么，要忽略什么，但我们眼前的这个年轻人是做不到这一点的。来源于外界环境中的所有未被区分的感觉，资料在他的感觉器官里都是混乱的，这就是所谓的‘选择性注意损伤’。所以他的大脑现在无法整合我们所说的话。”简深蓝用他专业的精神科医生的姿态，骄傲地发表着他的结论。

“所以，他也分不清楚，他所看到的影像是来自于一部电影，一本画册，还是真实的场景，甚至可能是他的记忆。他完全分不清楚。声音也是一样的，他分不清楚那些声音来自于现实世界，还是记忆的世界，或者是他自己的无声说话。这才是他妄想的根源。”我认真地看着眼前这个实实在在就存在的年轻人，却真实地感觉到他的虚无。

我还是打算冒一个风险，我把埋在季雅幻家地板下的肢解尸体的特写照片拿给他看。我可以想象出来，当年来这里重新翻修房子的装修工人掀起地板之后，看到那发着怪异味道，严重腐烂，并且支离破碎的尸体时，会是怎样的震惊。

“你认识照片上的人吗？他们都是你的朋友。”我把照片摆在季雅幻的面前。

季雅幻看了照片很久，他一直不停地摇着头，突然！他从自己的身上拿出一把刀，一把尖利的水果刀，疯狂地朝着桌子上的照片刺过去，他一边刺，一边疯狂地大喊着：“我不想死！我会服从！”

我被他突如其来的举动给吓坏了，他拿着刀疯狂的样子像是不反抗就会有人杀死他一样。闻声赶过来的简深蓝干净利落地夺下他手中的刀，把他死死地按在了沙发上。简深蓝从自己的衣袋里拿出一条绳子，以最快捷的速度从背后捆住了季雅幻的双手。

“我的皮包里有镇静剂，帮我把针管准备好！”简深蓝大喊着。

“噢……好！”我还是第一次看见一个医生如此身手敏捷地“制服”一个疯狂的患者。

季雅幻终于慢慢安静了下来，在进入睡眠状态之前，他用悲伤的眼神看着我，他说：“没有人知道，我有多么的痛苦，每年我只有一个机会，来告诉他们我的感受。那时候，他们也会出现，这样，我们就……”季雅幻安静地睡着了，躺在沙发上的他就像一个无辜的孩童。我无法把这样的一个他和刚才那个发疯的人联系在一起。

“他疯狂地举着刀时，他脸上的表情却是沮丧无力的，他甚至流出了眼泪。好像他的举动是被人威胁着的一样。”我对着累得气喘吁吁，一脸怒气的简深蓝说道。

“这个时候你还有心情来跟我分析他的举动？你知不知道我们现在面对的是一个什么样的人？是一个根本无法区分自己是人是鬼，无法区分现实和虚幻，也无法知道自己是否疯狂杀人的人！你刺激他的结果，就是他会随时杀掉我们两个！难道你想变成地板里的肢解尸体吗？”简深蓝将那些肢解的照片狠狠地摔在了地板上。

“但……至少我推测出，在某种迫不得已的情况下，他可能杀了人。他杀人，很可能是被强迫的。”我怯生生地看着生气的简深蓝。

Chapter 6 照顾的姐姐

三天的时间过去了，我有时看看客厅和书房的地板，它们是那样平滑，根本不像是有尸体被挖出来的样子。我打开了第一个死者裴俊浩的档案，三年多以前，萧维洛老师曾经请他画一幅记忆里最有印象的场景图画，希望从对他的测试里，找到一些蛛丝马迹。那幅画里画着的是快乐的一家人。

爸爸妈妈，还有七八个小孩子。他们并排躺在地板上，脸上是微笑的表情，大家手拉着手，可黑黑粗粗的线条和红色的背景，却让人有一种不安的感觉。一个家庭里怎么会有那么多小孩子？红色的背景连成一片，倒像是……

我又想起了季雅幻那天夜里的倾诉：小女孩、母亲、男人……他们的身上都浸满鲜血，时时刻刻浮现在季雅幻的幻想世界中。

“微笑，是被重构的记忆，相信在裴俊浩的真实记忆里，他们的表情不会是微笑。”

说话的人正是一个梳着披肩长发，神情平静的女孩子。她突然悄无声息地出现，吓了我一跳。

“你太投入思考了，都没有感觉到我的存在。你好，我叫叶惠西，是季雅幻的朋友。”女孩子说完就伸出手来，期待一个友好的握手。

“当人们回忆一件事的时候，并不能准确的再现它，相反，回忆是对发生过的事情的重构。人们总是随着自己的意愿来塑造自己的回忆。摒弃掉痛苦的，悲惨的，留下美好的。甚至，会把一些可怕的记忆也涂上美丽的色彩。”我的嘴角微微露出了一些得意的笑容，我决定去寻找在季雅幻失踪的那半年里，在他的可能失踪地所发生过的和家庭有关的惨案。

“我是季雅幻姐姐的朋友，偶尔来看看雅幻，毕竟他是她生前最惦念的弟弟。”叶惠西一边说，一边走到季雅幻的身边，轻轻拍了拍他的肩膀。季雅幻从来不聚焦的眼神里却透露出了一丝异样的光芒。他慢慢流出泪来，把头靠在了叶惠西的肩头。

“我一直照顾他，他好像谁都不认得了。但他每次看到我，都会流泪，还叫我姐姐。我想，他是把我当成他死去的姐姐了。”叶惠西轻拍着季雅幻的背，像哄着婴儿的母亲一样。

可怜的季雅幻，两年前，他的父母和姐姐死于一场空难，从此以后，这偌大的房子里就只有他一个人住。靠着父母的遗产过活，否则已经疯癫的他哪有支付生活的能力。三年前接受委托辅导的萧维洛老师一直在帮助季雅幻从抑郁症的困扰里走出来，于是萧老师调查到了他身边神秘的三个朋友。后来却因为筹建其他的研究项目而中断了对他的辅导。当再一次面对季雅幻的委托时，却是警方告知的肢解惨案。也许萧老师的心里有内疚，也有探究真相的决心，才让我去接近这样一个独特的病人。

“你对他们家的一切好像都很了解。”刚才打开门来请叶惠西进来的简深蓝，带着审视的表情打量着叶惠西。

“我和他姐姐是大学同学，我也是学心理学的。除了帮助已故的好友之外，我也希望可以通过自己的力量能够解开雅幻的病症之谜。”叶惠西语重心长，说得情真意切。

Chapter 7 恐怖的杰夫

第二天一早，我在季雅幻的花园里散步。想想那两位日夜守护我们的保镖先生也是很辛苦，我打算和他们问个好。走到他们日夜坚守的那辆黑色轿车前，却没有看见他们的人影。这个情况有点奇怪，因为早上的时间，他们肯定会在车外做做运动，或在车内喝着奶茶。可今天，整辆车却异常安静。

我努力从车窗朝车里看，当我终于看清楚车里发生了什么的时候，我的心开始扑通扑通狂跳起来！两个身强力壮的男人满身鲜血，眼睛一直不甘心地瞪着，车子里面也都是鲜血，他们就那样死了！明晃晃的，可怕地死了！

“你怎么出去了？还不快点弄早餐，我们可都饿坏了。”简深蓝从背后走来，他完全不知道发生了什么可怕的事情。

“车里的两个保镖，死了。”我强装镇定地说着。

“God！怎么会发生这种事！”简深蓝也停在原地，有些错愕。

四肢的骨骼都被震碎，死者会在剧痛中因疼痛和流血而死。可最怪异的是，我们昨天夜里根本没有听到任何声音，那么惨烈的死法，死者怎么会不惨叫！这死法，和杰夫的连环惨案不是如出一辙吗？

“杰夫来过了！他比约好的万圣夜的时间早到了！可他为什么出现呢？他为什么要杀死我们的保镖？！难道，他是要警告我们，不要再接近真相了吗？”我惶恐地在季雅幻的别墅客厅里转了好几圈，这突如其来的死亡让我开始恐惧于自己所调查的事情。

“我们在保镖的车子里发现了致幻剂的成分，他们是先被迷晕，才被杀害的。所以你们在别墅里听不到他们呼救的声音。”法医报告着他的发现。

“没有发出声响的死亡，是最可怕的死亡。如果这个杰夫真的要用这种方式来警告我们不要继续追查，那我得承认，他至少成功了一大半。我已经非常害怕了，非常害怕……”我用手捂住自己的脸，企图使自己保持冷静。

“巴布鲁的催眠实验里，他曾描述过几个孩子被囚禁的情景。他们没有被打，没有被虐待，但是他却描述那段经历像地狱一般可怕。这是我们重要的线索！Vera，你要坚强一点，我们已经越来越接近真相了。”简深蓝看到抓狂的我，牢牢抓住我的肩膀，很坚定地说着：“他们四个人很可能遭遇过一场绑架和囚禁，正是那场事故才导致了他们每个人命运的改变。一个变成了妄想症患者，一个变成了虐杀狂，一个总是逃避自己的回忆，一个就总是说谎。”

“所以，我们要知道，十年前，在美国，那四个孩子失踪之后被找到的小镇里，他们究竟遇到了什么事情，才导致这一切的改变。萧维洛老师已经在调动一切信息资源了，我们接下来的任务是要从那些案件里找出和他们四个的特征相符合的案子。”我深深吸了一口气，才让自己稍微平静了一些。

三天！距离季雅幻和杰夫约定的时间还有三天的！警方没有足够的证据可以证明杰夫就是那些碎尸惨案的凶手，警方也没有完全的把握可以确定杰夫一定会赴季雅幻的约。可我们却很真实地面临着随时被妄想症患者和杀人狂魔杀掉的危险。这世界真不公平。

Chapter 8
鲜血淋淋的过往

没有人可以想象，当年的那四个人，还是孩子的四个人究竟经历了什么。但是我手上刚刚拿到的资料却让我开始怀疑，十年前的那一连串屠杀惨案和他们四个都有关联。

几乎都是一个家庭一个家庭地被害，满屋的鲜血，满身的伤痕，也许是棍棒，也许是屠刀，也许只是赤手空拳……一家三口，一家四口，一家八口，那些活生生的生命就在一夜之间荡然无存。墙上迸溅的血滴和连死亡都闭不上的眼睛，可能在控诉着那死亡前一刻的战栗和恐惧。我翻看着一张张的照片和一叠叠的资料，除了触目惊心还是触目惊心。

“一定要把他锁在房间里才安全吗？”我问身旁的简深蓝。

“前天晚上，我们睡着的时候，他溜出去过。所以，现在也不排除，季雅幻可能就是杀死两个保镖的凶手。坦白说，我在最一开始的时候，并未判断出季雅幻有不可抑制的暴力倾向。也并没有认为他会伤害我们。这可能是我的疏忽。”简深蓝语气有些失落。

“两个保镖不会是他杀的，我的直觉总是这样告诉我。房间里有鬼魂的事情，他讲过很多次，可每一次，他的情绪都是带着内疚的。虽然他有时的语言是无法整合的，但每当他讲到房间里的鬼魂时，他都是语言顺畅而又清楚的。一个对鬼魂内疚的人是不会杀人的。”我知道，自己这一次太感性了，这样会失去理性的判断，但很多时候，直觉是最没道理却也是最准确的。

“但是季雅幻的衣服上，有和保镖的车子里发现的致幻剂相同的成分，虽然他身上没有血迹，案发现场也没有留下他的任何痕迹，但却无法解释为什么他的衣服上也有致幻剂的成分。我们没有办法保证他不是一个一等一的高手，我是指那种谋杀的高手。”简深蓝看着我说话的眼神，其实也是忧虑和不安的。“你觉得十年前在小镇失踪的他们四个和那时候出现的家庭连环惨案有关？”

“我不能完全肯定，我只是猜测。那时的犯罪集团被称为‘家庭刽子手’，他们是一群穷凶极恶的暴徒，抢劫，屠杀，他们根本肆无忌惮。不过，他们的身世都很可怜，过去都是流浪儿，缺少关怀，生活没有保障。后来，他们还绑架了一些10岁到14岁的小孩子，就像是培养后继者一样。他们把对社会的愤怒和他们内心的邪恶传递给那些小孩子了。”我拿出档案给简深蓝看。

“他们有一种邪恶的念头，希望看着小孩子和他们一样，在屠杀别人时，没有一丝怜悯，他们认为那才是社会的规则。不折不扣地绑架孩子的疯子们。”

“他们四个当年很可能就是被那个团伙绑架了，四个孩子忍受的不是肉体的折磨，而是反反复复的精神虐待。如果一个孩子一次又一次地被迫看到屠杀，这一定会彻底改变他们的人生。”我想起了我曾经所调查过的一个集体屠杀案，我终于找到解开这个谜团的方法了。

四个人坚守不肯透露的秘密，即便是安全回到家中，事隔多年，也不会对任何人透露当年的过往。这是典型的因为压力而被威胁的心理。即使不再面对暴力和死亡，他们也一样觉得那些令他们恐惧的力量时刻存在。说出秘密的结果可能会是死亡。

Chapter 9
共同点

“他们知道的，他们一直知道我们的秘密约定。我们一直想要道歉，却一直没有机会。前几年，我以为他们已经忘记了我们，可没想到，这几年，他们一直如影相随。我说的每一句话，见过的每一个人，他们都知道。他们总是出其不意地出现在任何一个地方，任何一个我容易看到的地方。后来我才明白，我也已经死了，才可以和他们那么自由地交流，才能那么容易地看到他们。”季雅幻难得可以说出这么连贯而又富有逻辑性的话。

“他这是明显的‘思维广播’的现象，就是他相信自己的思维活动在对外界广播，而且每个人都能听到他的心声。就像是全世界的人或者是鬼闯入了他的脑袋一样。”简深蓝隔着玻璃窗观察着房间里的季雅幻。

“鬼魂是他念念不忘的牵挂，说明他内心有内疚的情绪。假设他们仅仅只是看到了家庭的屠杀惨案，他又为什么会因为‘看到’而内疚呢？除非……”我若有所思地看了一眼简深蓝。

“除非他们也被迫参与了屠杀！”我们两个几乎是异口同声地得出了这个结论。

“我们就按照这个思路分析下去，我可以找到季雅幻患有妄想症的根源，你也可以找到他总是声称自己是‘鬼’的根源。”简深蓝也显得异常兴奋。

“四个孩子会变成一个小团队，即使他们都参与了杀人，因为是四个人分担，他们也可以减轻一些罪恶感。在被绑架的情况下，激发出他们四个人特有的凝聚力量，他们只有团结才能保护自己。他们几个当中也许还有一个‘小领导者’，不断鼓励他们，他们可以活下去的唯一办法就是像绑架他们的人一样屠杀别人。其他人不会违抗那个‘小领导’。长久地面对鲜血淋淋的屠杀场面，使得他们已经开始麻木，对痛苦，对杀戮，对鲜血，对惨叫，对死亡，对这一切本该被吓得要死的东西不再恐惧了，所以才能下手去杀别人……”我饶有兴致地分析和推测着种种可能性。

“你好像是在分析战场上屠杀成性的士兵，可他们不过是十几岁的孩子。最符合你所说的‘小领导者’身份的人应该就是杰夫！在四个孩子中，他的年纪最大，他很可能是屠杀集团和被绑架的孩子之间的‘纽带’。”简深蓝笑笑地看着我，“不得不承认，你工作的时候，很有魅力。”

“这也可以解释，为什么杰夫变成了一个嗜杀成性的人。他应该是出现了一种‘斯德哥尔摩症候群’的症状。为了活命，为了不被伤害，他甚至开始依赖屠杀集团，还帮助屠杀集团来组织那些被绑架的孩子。人性的邪恶和善良总是一半一半，就看那个人是处于什么环境了。最可怕的是，杰夫，就是让那些孩子去杀人的‘命令发出者’。”我想，我对于整件事的把握度已经越来越高了。

当时间慢慢过去，当对痛苦和死亡的麻

木感慢慢消失，取而代之的是不断重现的回忆和慢慢回温的同情和内疚。痛失家人的打击对于年轻的季雅幻来说，更对他一直逃避的经历是一种雪上加霜。他见到的不仅仅是鬼，还有被唤醒的痛苦与内疚。可问题是，他为什么要定下每年的万圣夜都见一个老朋友的约定呢？而且，这些老朋友还是和当年的绑架失踪有关。还有谁知道，他们的小群体背后的秘密呢？

每一个家庭成员都是在打断四肢之后才被留下致命的一击，打断四肢，可以让死者毫无反抗之力，这体现着强烈的控制和权力的欲望。十年前的家庭连环惨案和杰夫的连环案形式如出一辙。这也是警方要利用季雅幻来找到杰夫杀人动机的原因吧。

Chapter 10 一切都是一场骗局

万圣夜是鬼魂和人间最接近的时间，在这个晚上，所有的灵魂都会回到他们熟悉的地方，或是寻找他们恩怨未了的人。

“其实在我心里，我一直都有另外一种猜测。我觉得杰夫很可能在一直试图开启其他三个同伴的‘罪恶之心’，他在企图同化他们，让他们像自己一样：不断杀人。”我终于说出了埋藏在我心里很久的一种想法。

“所以，杰夫是在训练季雅幻也成为一个屠杀的高手。而练习的对象就从裴俊浩和巴布鲁开始。因为他们两个远比季雅幻清醒，杰夫很难把他们变成和自己一样的杀人狂，他最后的希望就只有季雅幻了。”简深蓝也赞同我的这种猜测。

按照这个思路分析下去，我的脑中几乎勾画出了这样一个画面：杰夫保持着他的小群体的紧密联系，目的就是为了慢慢改变其他三个人。而他同化杀人狂的目的却只在患有妄想症的季雅幻身上有实现的可能性。于是，在他的引导下，季雅幻果然杀死了每年来赴约一次的裴俊浩和巴布鲁。他的‘训练’甚至还升级到引导季雅幻杀死了那两个保镖！可如果真的是这样，他为什么不引导季雅幻来杀死我和简深蓝呢？杀死我们岂不是更简单，更容易？

不对，不对，我不应该低估杰夫的战斗力，他绝对不会引导季雅幻来杀死我和简深蓝，至少不会先杀我们两个。因为他还要和我们较量呢！他想知道，是他可以成功地训练出一个连环杀手，还是我们可以成功地从他认定的连环杀手身上找到捉住他的机会。以和警方较量为荣，是每一个连环杀手最大的乐趣。

已经过了午夜12点，我们期待中的主角还是没有来。我和简深蓝看似平静的表情下，其实都掩藏着一颗非常恐惧不安的心。因为我们不知道杰夫的葫芦里卖的是什么药。他在酝酿着杀死我们，还是想把我们的精神和耐心折磨到彻底崩溃？

这时，有人按了门铃，那“叮咚”的一声，在午夜里显得特别响亮，我感到自己的呼吸都有些急促了。按动门铃的人，竟然是叶惠西。

“呵呵，还在等待杰夫的出现？你们可真是执著，我看你们都被萧维洛老师的实验给骗了吧？”叶惠西有些得意地坐在沙发上，像看着两个傻瓜一样看着我和简深蓝。

“你怎么会来？”我有些费解。

“你和简深蓝的资料都是谁给的？萧维洛老师嘛，可你们有去求证过，那些资料是不是真的来自于警局或者是精神科？没有吧。你们肯定也不知道我的真实身份。”叶惠西像是强忍笑意，拿出一摞照片。

“你也认识萧维洛？”简深蓝显然也是没搞清楚那是怎么一回事。

“我也是萧维洛老师的学生，三年前，老师开始辅导季雅幻时，我就一直协助他。不过，那时候的雅幻不过是个得了抑郁症的孩子而已。后来才演变成妄想症，我们三年前也调查了他身边神秘的三个朋友：杰夫、裴俊浩和巴布鲁。可惜，你们肯定猜不到结果。”叶惠西像模像样地说着。

“可惜什么？”我有些好奇。

“我们发现，杰夫、裴俊浩和巴布鲁都只是季雅幻幻想出来的人而已。在他的幻想世界中，他们四个人一直是很好的朋友，并且共同经历过一场绑架。十年前的家庭连环惨案的制造者‘家庭刽子手’集团，专门绑架小孩子，强迫小孩子目睹他们的屠杀，把小孩子变成他们的杀人工具。雅幻就是其中的受害者。要让一个12岁的小孩子亲手打死一家人，对小孩子来说就是一种精神的威胁和虐待。”叶惠西解释着。

“你是因为认识季雅幻的姐姐，才把你在心理系里听说过的最著名的萧维洛老师介绍给季雅幻一家人的？”我问道。

“何乐而不为呢？既可以帮助别人，我又可以得到一手资料。”叶惠西说得轻松。

“那萧维洛让我们加入进来又是为什么呢？”简深蓝觉得自己被老朋友诓来，有点委屈。

“重新建构季雅幻的记忆。我们很想知道，他认为自己是鬼魂，认为当初杀死那个无辜家庭的人是四个人，而不是他一个人，塑造这些幻想和记忆究竟是一种怎样的心理变化。”叶惠西彻底讲明了意图。

“团体总是可以实现道德的推卸。季雅幻如果幻想出当初是一个小团队屠杀了那个家庭，他的罪恶感就会减轻，他可以把内疚的感觉推卸到任何一个他幻想出来的人身上。一次次鬼魂的再现，是因为他一次次的内疚和恐惧所导致的。那些人死亡的画面从来都没有从他的记忆中抹去过。”我分析着。

“等一下！如果其他三个人都只是他幻想出来的，这也就意味着，我们看到的裴俊浩的画，巴布鲁的催眠记录，都是来自于季雅幻一个人了？而且所谓的被埋在客厅和书房地板下的肢解尸体也都是不存在的了？”简深蓝肯定是深深觉得自己被骗了。

“可惜你们一个是心理专家，一个是精神科专家，却居然没有一个人识别出来这一切。”叶惠西的样子明显是在质疑我们两个人的专业。

Chapter 11 未曾出现的杰夫

简深蓝还是无法相信叶惠西所说的一切，当他亲自打电话给萧维洛老师求证时，萧维洛老师告诉他，叶惠西确实是他的学生，他也确实在这几年里都让叶惠西跟进季雅幻的个案。

骄傲的简深蓝简直无法忍受继续听到真相了，他连忙挂了萧维洛老师的电话，深深地陷入了一种对于质疑自己专业判断能力的挫败感中。

整个万圣夜都没有出现的杰夫就足以说明，杰夫根本就是一个不存在的人。两个保镖的死也确定无疑是季雅幻的杰作了。

“可萧维洛老师难道不知道季雅幻有暴力倾向吗？他让我们和他日夜相守，分析他，真是把我们的命都交到一个疯子手里了。”我有些抱怨，“不过，这也可以证明，我们先前的分析是成立的，杰夫一直在教唆季雅幻变成一个杀人狂魔。在季雅幻的幻想世界里，他幻想出来的裴俊浩和巴布鲁被干掉了。只可惜，我们一直以为的四个人，其实都是他一个人。”

“那么季雅幻的病症就不再是妄想症那么简单了，他已经是很严重的人格分裂了。这个跳跃也太大了！从妄想症变成了人格分裂症。”简深蓝的语气里显然透露着一丝不甘心，他不甘心自己没有做出正确的诊断。

“两个保镖的死确实是个意外，我们并没有想到，季雅幻所幻想出来的那个杰夫有着如此严重的暴力倾向。万圣夜是我们分析的分界点，本来以为那一天之前，你们会得出来季雅幻患病的有效结论。可你们却居然相信，真有那样一个人会赴那样一个约定。”叶惠西掩饰着她的小轻视和小得意。

“好戏也该散场了。”简深蓝无精打采地说着。

“我开车送季雅幻去精神疗养院，走之前，我会给他注射一次镇静剂。”叶惠西像是宣告着整件事的结束。

“那我开车带你去喝杯东西，放松放松，我们也被耍了那么久，也该检讨一下，我们的专业能力和专业判断了。”简深蓝一边说，一边拿出车钥匙。

我也有些无精打采，朝着新派来的保镖车走去，“任务结束了，我们可以散了，传说中的杀人狂魔昨夜根本没有出现。”两个保镖听了，也是一阵窃喜，他们也不想日夜守着疯子，面临生命危险。

我坐在简深蓝的车里，看着窗外驶过的风景，回想着整件事情。我的脑中闪现了一幕又一幕这些天来我们和季雅幻相处时的情景。

我一直照顾他，他好像谁都不认得了。但他每次看到我，都会流泪，还叫我姐姐。我想起了叶惠西所说的话。她也一样是在角色扮演，季雅幻叫她“姐姐”，这个“姐姐”是指谁呢？

没有人知道，我有多么的痛苦，每年我只有一个机会，来告诉他们，我的感受。那时候，他们也会出现，这样，我们就……这是季雅幻比较顺畅的倾诉，“告诉他们感受”“他们也会出现”，这两个“他们”听起来指的不像是同一伙人。

我突然问了一句：“简深蓝，简大医生，你真的相信自己的判断失误了吗？季雅幻的鬼魂妄想症真的会使他幻想出三个根本就不存在的人？所有的资料确实是萧维洛老师给我们的，难道那些肢解的图片真的只是让我们了解季雅幻把幻想中的人杀死了吗？”

“萧维洛又传资料给我了！有手机真是一件方便的事。用手机传资料真是实现了随时随地啊。”简深蓝故意没有接着我的话题来说，骄傲的他依然在逃避这件事，诊断失误的挫败感，给他的打击可是够大的。

“当年的家庭连环惨案中，有一起案件和其他的特征不太一样。一家四口，被匪徒枪击之后，又被肢解。但刀口极其粗糙，手法十分笨拙。你真应该看看萧维洛传来的照片，太血腥了！不过，还有一个……”简深蓝念着资料时，突然在这一瞬间戛然而止，他开始疯狂地掉头！

Chapter12
万圣夜之约

我们飞车一般，开回到了季雅幻的别墅。空空的别墅，被带走的季雅幻，到处都是灰尘的房间，甚至还有着发霉的味道。

“你是怎么了？为什么要突然回来？”一路上，简深蓝都像疯子一样开着车，闯了很多红灯，还差点撞到人，但是他都不管，好像有定时炸弹要逃命一样。

“刚才我手机里的资料，不是萧维洛传来的，是警局的人传过来的！我们过去所拿到的资料不是假的！也不是萧维洛给我们制造的‘调查背景’。所以……季雅幻根本就没有人格分裂症！他只是一个单纯的鬼魂妄想症的患者！”简深蓝用力地解开自己的领带，就好像那本来松紧合理的领带要让他窒息一样。

“也就是说，确实有四个人存在！杀人狂魔杰夫也是确实存在的！那杰夫为什么没有来赴万圣夜之约呢？万圣夜之约，没有出现的杰夫……会不会杰夫也已经死了呢！”我突然恍然大悟。“叶惠西为什么要撒谎？她为什么要带走季雅幻？”我突然有一种掉进陷阱的无助感，不，不只是陷阱，而是深渊！

“我太骄傲了！我只是向萧维洛求证了叶惠西是不是他的学生，却没有求证叶惠西所说的事情是不是事实！叶惠西就是利用了我性格中骄傲的这一点！”简深蓝的脸上掺杂着愤怒和后悔两种复杂的表情。

“你刚才在念资料的时候说，不过，还有一个……还有一个什么？”我问道。

“还有一个幸存者，一个女孩，因为躲在柜子里而没被屠杀集团发现，才幸免于难。但她目击了整起屠杀和整个肢解的过程。噢，God！”简深蓝恍然大悟一般。

“叶惠西就是那个唯一幸免于难的小女孩！没错！当年季雅幻一定是无意间看到了叶惠西，所以留存在他记忆里的一家四口才那么完整！可得了妄想症的他根本没有办法分辨叶惠西是人是鬼，叶惠西身上一定有一个特征是让季雅幻这么多年都牢牢记住她！季雅幻口中的‘姐姐’根本不是叶惠西长得像他死去的姐姐，而是在他的记忆里，当年屠杀惨案中的小女孩！所以季雅幻看到叶惠西的眼神才那样怪异！因为他是见到鬼了！”我几乎痛恨我们的后知后觉，越是后知后觉，我越是恼火。

“杰夫的作案手法，根本就没有致幻剂这一招。警局这资料传来的也太他妈晚了！我们太蠢了！一个身强力壮的男人是不需要用药物迷晕被害人的！除非她是一个体力不支的女人！”简深蓝气得开始飙脏话了。

“叶惠西杀死两个保镖，是想吓走我们，让我们不要破坏她在万圣夜的好事！”我们居然犯了这么低级的错误，或者说，叶惠西太蓄谋已久了。

后来，我们在季雅幻家的后花园找到了一具被肢解的尸体，尸体只是简单地被花叶遮挡着。这尸体的主人，就是前来赴万圣夜之约的杰夫。在杰夫的手机短信息里，有这样一条留言：*亲爱的杰夫，记得万圣夜一定要来见我。因为那一夜是鬼魂和人间最接近的时间。我等你，因为，我们都需要向那死去的一家人忏悔。*

三年后，我和简深蓝在季雅幻的别墅里整理所有的资料，准备离开。我们听到了有人按门铃的声音。打开门来，门外站着的人，居然是失踪的季雅幻！

他木然地看着我，伸出一只手来，从他的口袋里掏出了一支录音笔，他举着录音笔，是想交给我。

我和简深蓝打开了录音笔的开关，我们听到了这样一段对话：

"杰夫是和他们一伙儿的，那时候，他骗我说，邀请我和他一起踢球。可那不过是一个绑架的诱饵，他们把我抓起来了。他们逼迫我们这些被绑架的孩子看他们杀人的过程。如果我们不看，如果我们不照着他们说的去做，他们就同样打死我们，折磨死我们。裴俊浩，巴布鲁，还有我，我们三个一起被迫用枪打死了那一家人，还肢解了他们的尸体。但我发誓，我真的没有开枪杀人，我只是被迫肢解了尸体！"

"那他们为什么放了你们？你现在和他们还有联系吗？"

"他们说，我们已经变成和他们一样了，是杀人犯了。如果我们敢把事实说出去，他们就杀了我们，或者把我们送入监狱。即使把我们放了，我们的精神也是一直被绑架着，杰夫一直阴魂不散地出现在我们的生活中，他还教唆我们和他们一样，杀死别人……我快要崩溃了，我快要疯了。"

"看到这只蝴蝶结了吗？姐姐头上戴的。谢谢你当年看到柜子里的我，而没有说出来，否则姐姐就和其他家人一样惨死了。你愿意帮助姐姐吗？约他们出来，这是你向姐姐的家人忏悔的最好方式。"

"好，如果，这可以减轻我的罪恶感……"

"我录下了我和鬼魂姐姐的对话，因为我不知道，我是真的死了，还是活着。你能告诉我，这是录音，还是我脑子里幻想出来的声音吗？"季雅幻很虔诚地期待着我们的答案。

"我之所以这么晚才看到警局发过来的资料，是因为有人在我的手机邮件提醒功能的设置上延后了12个小时。"简深蓝的眼睛里像是在喷火。

"叶惠西！"他愤怒地喊着她的名字。

悬疑志

DI SAN ZHONG REN

第三种人

文\钱琨　图\花葬

Ghost

Chapter 1
火灾

火一点点从西湖边上那幢孤零零的房子中窜了出来，在黑暗的冬夜中异常刺眼，我晃醒了睡在身边的琳，她坐起身来，惊恐地看着暗夜中那束发着蓝色的火苗，“又烧了？”

我看着窗外的那束火光，耳边听到了消防车汽笛的鸣叫之声，消防队员三三两两冲入那栋房子，但两分钟后，这群队员们又从屋里撤了回来，表情愤怒。

琳抬起头看着我，“火又熄了？”

“又熄了。”我说道，“这十年间，每次都是这样。”

琳看了我一眼，我能感觉她的眼光中带着恐惧，但恐惧转瞬即逝，“都有十年了？”

我点点头。

时光转回十年前，我和琳现在居住的这个位于西湖边上的小区刚建好，是一位来自新加坡的女设计师设计并建造的。这位女设计师身世成谜，据传她是一位南洋的富豪家的千金，但从未有人证实。她寻遍中国大江南北，决定在西湖边上建造一片别墅群。别墅建好之后，她还专门拍摄一部广告片，女主角就是她——一个二十岁左右的女孩面前有一湾淡蓝色的湖泊，青山绕在湖后，女孩且奔且走；她身后，跟着一位三十多岁的英俊男士，那女孩突然卧在草中，男子冲到她身边俯身跪下，捧起了女孩的脸部，接着是那女设计师绝色的面容的特写，她的唇中吐出了一句话："这是我的梦中花园。"

梦中花园，就是我和琳今天居住的这栋别墅小区的名字，无奈雨打风吹，小区刚建好就出了一个事故，这小区最初被她的第一批住户所抛弃，成为这座城市里穷人的房子。原因很简单：穷人不怕鬼。

梦中花园围绕着滨城的西湖而建，只盖了五十栋独体别墅，最豪华一座有四层，盖在西湖边上，是那个女设计师自己居住的，取了一个好听的名字，水晶宫。

1999年的冬天，圣诞节的前三天，水晶宫突然起火了。

火是午夜十二点燃起的，小区里当时已经住了十几户人家，都是腰缠万贯的富翁。有个富翁刚过完夜生活，开着车进小区，他看到了西边的天际燃起了火焰，火有点诡异，闪着蓝光。

那富翁大概酒喝多了，他没有报警，反而开着车向着火点驶去，于是，那晚水晶宫发生的事情得以流传下来。

水晶宫坐落在西湖边，前面一块弯形的绿城，那富翁看到了那个女设计师，就是广告片中的绝色美人，站在水晶宫的三楼阳台上，身后的房间向外窜着火苗，火苗是淡红色的，似乎夹着点点蓝丝。那晚气温在摄氏零度以下，那女人却穿着一身黑色的长裙，裙边被火堆形成的热浪微微拂起，她的嘴微微张着，像是在唱歌。

那富翁打开了车窗，还未从酒精中清醒，但他看到了他人生中最难忘的一幕。

那位女设计师的嘴唇不断翻动着，她看到了那富翁，于是转过头来，对他大叫道，"我不会忘记负过我的人。"接着，那女人突然用手抓上自己右脸肌肤，竟直接把自己的脸撕了下来！她的指尖是一块黑色的、似乎已经腐烂的肉体，更可怕的是，被撕开的面孔下，竟是黑色的肌肉纤维。她对着那富翁笑了笑，接着突然翻过栏杆，一头坠入了西湖中。

那富翁的酒马上醒了，接着他拨打了警方的电话，警察和消防队赶来了，随后发现的事情，就更令人感到不可思议了。

水晶宫的房门从内反锁的，消防局打开房门后，很快扑灭了火，但他们发现了水晶宫更令人惊异的一幕。

这是一所奇怪的屋子，屋子里根本就没有安装电线，也没有电灯、电视、空调一切电器，警方在火场灰烬中发现了些许蜡油，他们推算，屋主是用蜡烛充当照明工具的。此外，那女设计师似乎知道这座房屋早晚有一天可能被烧毁似的，整个别墅竟然没有用到任何实木装饰，从地板到窗台，全部是石质砖面铺制的。

那位目击火灾的富翁肯定道，他虽然喝了酒，但肯定看到了那个女设计师，将自己的面孔撕下后跳的湖。但警方的答案却是相反的，因为他们没有从女设计师跳楼处找到任何血迹，他们认为可能是那富翁出现了幻觉，但有件事情他们却否认不了，因为法医在跳楼处，找到了些许黑色的纤维组织，但法医没有能判断出这纤维组织的构成。

这就是十年前梦中花园的失火事件，也是这个小区闹鬼的根源。从那时候起，这个小区所有的已住居民全部搬迁了出去，也再没有人愿意住进这个小区。最后，这座城市很多低收入的人涌入了这个小区，其中有几栋别墅还变成了附近工厂工人的宿舍，穷人的阳气旺，鬼故事虽然还在人心，但已经被当做花絮传闻流传。只有距离水晶宫最近的几栋别墅依然无人居住。去年为了和琳结婚，我买了其中一栋，住了进来。

“这个故事，”琳在我怀里，下意识又往我的胸口缩了缩，“我听说过，但从未听得如此详细，为什么从前你没有对我说过？”

傻瓜，我买这套房子的时候如果告诉你这个故事，你会同意买这套房子吗？我心里这样想着，从嘴里却吐出了另外一番话，“我怕你害怕。事后警方发现，她的睡房在四楼，因为一楼、二楼和三楼根本没有衣柜，而在四楼的睡房里，有件最奇怪的事情——她只有三套衣物！”

“哦！”琳的眼睛瞪大了，这句话的意思女人最能够明白。女人性格各有不同，但是对衣物的喜爱，却是相同的。

“不会在火灾中烧了吗？”

“火只烧到三楼，还有，警方也没有找到其他织物的灰烬。警方找到的三件衣物，模样和样式相同，都是暮春时节的黑色长呢裙，和她跳下西湖时穿的衣服一样。”

“还有一个故事。”琳看着我，欲言又止，“是关于这个西湖的……”

我爬了起来，走到窗边，隔着窗户外的冰花，可以隐约看见不远处的西湖，在月光下泛着淡淡的蓝光……

西湖不大，但水应该很深。因为坠入西湖的人，从未浮上来过。滨城县志对于西湖曾经有过一段描述，“淮水常溢，城西南成一巨坑。东汉末，九江太守边让引淮水入坑，自成西湖。水深色，伏暑亦彻骨，无人入。后，多有不如意儿女，投水死，身入湖底，未有浮上者。”

前半段的意思是，在夏天，淮河的泛滥经常会引发洪水，滨城的南部有个大坑。西汉时滨城属于淮南国，后淮南国被废，滨城属九江郡。东汉末年九江太守边让想到了一个治理淮河泛滥的方法，即把夏天的泛滥时的淮河水引到滨城南部的大坑中，久而久之形成这个西湖。

后面一句话的意思是，从西湖存在以后，江淮此地因为感情不如意而寻死的男女，投入西湖寻死，没有一具尸体能够从水中浮出。西湖的水即使在夏天也寒冷彻骨，从来没有人敢下去游泳。

我脑子里很乱，那个女设计师在建造这个小区时，不可能不知道西湖的传说，直到上个世纪90年代初，都有因为感情不和的青年男女，在西湖边投湖殉情的事迹。她为什么要在这么不吉利的地方建造别墅呢？那个女设计师，确实很美，但她又太过年轻，不过二十岁出头，就独立设计出这样一栋房子，传说她是南洋富豪之女，但她坠湖死后，警方却根本没有联系到她的家人……

与那位女设计师唯一有联系的，就只有火灾。在过去的十年间，每隔两年，那座西湖边的水晶宫，就要燃烧一次，而当消防员一来时，火就熄灭了。

“不过，”琳突然说道，“这小区建好以后，就再没有人跳入过西湖，不是吗？”

我有些吃惊地看着琳，她说的确是实情，这别墅群建好以后，坠入西湖而死的事故已经完全消失了。

“睡吧。”我走回床边说道，“这个世界上没有鬼。”

“也许。”琳低声说道。

清晨醒时，琳已不见，推开卧室门，琳一个人站在客厅窗边，痴痴地望着湖边的水晶宫，我走到她身后，一把抱住了她，她轻轻地将我挣脱，“你看。”

顺着她的手指望去，水晶宫外那片经历十年风雨的铁栅栏上，被人系上了一束雪白的百合，在寒风中倔强地挺立在锈迹斑斑的栏杆上。

“谁在那里放了一束百合？”我问道，“何时放的？”

“我也不知道。”琳淡淡说道，“但应该是消防队来后被人放在那里的。”

整个白天，我在单位都心神不宁，傍晚下班走到小区门口时，已经是下午五点半，天色已暗，回到家中时，屋中一片漆黑，只有书房中有一丝光线，走入书房中，发现电脑屏幕打开着，光线正是从屏幕上传来的。

Chapter 2
夜行

电脑是开着的，我随手握住鼠标，屏幕亮了起来，琳离开家时正在用百度进行搜索，而在搜索内容一行里，我赫然看到如下几个字，“滨城，西湖，死亡”。

琳在家时竟全部在搜索关于西湖的新闻，我点开了网络链接，网络已经通了7个半小时，现在的时间是六点，琳是从十点半就开始上网的。

百度上搜到的这些内容，良莠不齐。有的是博客上登的搜神怪事，把西湖的传说写了进去，有的小道消息则是声称在西湖边的那座水晶宫是中国十座最著名的鬼宅，不过对于水晶宫的介绍却漏洞百出，有的文章竟然说水晶宫是在解放前就存在的。

我有些厌烦地打开着一个个页面，搜到第三页时，突然搜到了一个“滨城西湖传说真相”的文章，这也是一篇博客，琳显然只看前两页的内容，第三页搜到的大部分贴子标题都是淡蓝色的，显示从未打开过，但这篇“滨城西湖传说真相”的帖子，标题字体却是淡红色的，显然，这个链接被琳打开过。这帖子统计了至少二十四起有目击证人的投水事件，其中二十三起均是当事人选择了投水死亡。死亡案例均是在1980年以后发生的，死者没有做太多思考就直接投入湖中，死者共同的特点是，单身一人，沉默地看着湖泊，然后一跃而下。

在我模糊记忆里，我记得当年亡者的家人接受过电视台采访，他们的家人肯定死者并没有绝对求死的心。显然，这与这份档案所描述的事实与死者家人的回忆有矛盾的地方，因为根据目击者的说法，这些自杀者根本没有在湖边徘徊过，而是一跃而下。

这二十四起案例中，只有一个人未死。档案中将此人称为黄某，女性，1996年11月前往滨城西湖。黄某被列入这个档案是因为她曾经在她的博客中承认，她曾前往滨城西湖自杀。有人通过QQ联系到了她，并从她口中了解到她自杀的情况，里面有一段她的自述。

“那天下午，我很难受，我想一个人去西湖边散散心。我知道很多人都跳入湖中自杀，我对自己说，如果我到了湖边也不想活了，那我就去死吧。其实我是在心里对自己说的气话。我记得是下午四点半，天即将黑，湖上弥漫着一层淡淡的雾气，湖边长满枯黄的芦苇，天色静极了，我只能听到芦苇在风中发出吱呀的声音。”

“我的脑子空极了，也许是因为周围太静了，我甚至没有感到害怕，越往湖边走，我的脑子越静，走到湖边的时候，我静静地站在那里，风似乎也停了，我突然想到我是来自杀的，我走到了湖边，我往湖水看去，湖水竟然如同透明了一般。”

“我突然在湖水底下看到一张女人的脸，那是在水中泡得太久而变得雪白的脸，那张脸慢慢地从水里一点点向上浮着，脸的轮廓由模糊到清晰，嘴唇乌青，半闭着的眼睛翻着眼白。”

“我看清楚了那张脸，天哪！那竟然是我的脸！”

“我的大脑如同被重重的一击，身子竟不由自主地向水中软去，耳边忽然听到有人在呼喊我的名字，水里的那个我的嘴在动，竟是她对我说话。我的身子越来越软，我已经闻到了湖水的味道，真的，那湖水有一股味道，带有一股血腥味道！”

“就在我的大脑完全失去了控制的一刹那，我的肚中突然剧痛起来，那天中午我在学校食堂里吃的是厨房剩了两天的菜，这是我事后才知道，但那该死的菜竟然救了我的命！我的小腹突然像刀搅的一般，那股疼痛竟让我直起腰来，我再次往水中看去，那张女人的脸竟然不见了。我浑身的寒毛突然竖了起来，这湖里面竟然藏着与我长得一模一样的尸体，恐惧、腹痛让我拔腿就跑，我一直向湖的北方跑着，直到我身上的冷汗湿透了我的衣物，我才停止脚步，我已经跑到了街上。”

“我真的很走运。我看到了那个湖里的女鬼，竟然这样都活了下来。”

我的手满是冷汗，突然间，另外一只手搭在我的肩上。

“谁！”我猛然回过头去，琳竟然突然出现在我的身后，她面无表情地看着我。

“你干吗？”我大声地叫道，琳摇了摇头，“我刚才绕着西湖走了一圈。”她说道，“我并没有看到水里有谁的尸体浮上来，唯一的感觉是水有些凉！”她握住了我的手，她的手冰冷，“是不是我很幸福，所以我没有体会到那种死亡的感受。”

我摇了摇头，这种说法并不准确的，是这个小区建好过后，西湖再也没有发生过任何一起投水事件。

“是不是水里真的有一个女鬼，能够变成自杀者的模样，来引诱她们？”

“一种猜测！”我急忙打断她，“如果根据黄某的自述，她当时被自己的急性肠炎救了一命。这说明她在看到水中的那个自己时，她的大脑已经失去了控制，或者说已经神智不清，她的腹痛反而让她的大脑恢复了常态。”

“但她对当时的情况记得很清楚！”

“是的。”我突然想到了一个词，催眠，“对大脑失去控制，并不代表她失去记忆力。这也是很正常的一种情况，中度催眠的人也可能出现这种情况。”

“你的意思是那些投湖死的人是被催眠了？”

“从黄某的自述不排除这种可能，因为她的情况很像是被催眠了。”我看着外边漆黑的西湖，“但根本没有人对她进行催眠，因此我的推测从逻辑角度来看，是不成立的。”

我摇了摇头，“西湖所发生的一切，根本没有办法通过逻辑推理的方法来解释。这个世界应该是没有鬼神的，但有些事情用鬼神解释却最合理。”

琳摇了摇头，转身下楼准备晚饭，晚饭是琳最拿手的方便面。吃过饭以后我就立刻倒在了床上，中午赶了好几篇稿子，累得头都晕了。迷迷糊糊中我抱着琳睡着了。

“起来，琨，你快点起来！”琳在我旁边叫着，我的大脑晕乎乎的，她用劲摇着我的肩膀，“你快点起来。”

“七点了吗？”我的手机定的闹钟，七点钟自动报时。我费劲地睁开了眼皮，正对着床的窗户一团漆黑，我再看看床头的闹钟，竟然是一点钟。

“你干吗？”我推了她一下，“半夜你干吗？”

琳的眉毛拧成一团，“琨，那鬼屋又起火了！”

“什么！”我打了个激灵，赤着脚跳下了床，果然，水晶宫二楼那两个黑洞洞的窟窿后的墙壁突然明亮了起来，一团火焰烤灼着墙壁，火焰并不大，但里面确实有人在点火。

“报警！”我拿起电话，琳突然按着我的手，“你难道不明白，如果警察来了，那火立刻就会灭了！”

我看着她，她说的很有道理，“你想怎么办？”

“我想去看看。”她看着我的眼睛说道，“你敢不敢去！”

事实上，她根本没有等我回答，转身就往客厅走，我慌忙地往身上套着衣服，女人要是发起疯来，比男人更可怕。

琳竟然早有准备，她在客厅的鞋柜上放好了这次探险用的物品，两个手电和两把匕首，天知道她是从哪里买的匕首！

“一人一把，”她看着我说道，“我们这就去捉住那个放火的人。来，亲我一下！”

我被她弄得哭笑不得，她这是去用生命在冒险，不论那个鬼屋到底躲着什么怪物，我们全身而退的可能性极小！

“可是，我们还是要去的！”她仿佛猜到我心里想什么，“因为你爱我，我要去看那里到底有什么东西，也许，也许我可以找到我的小姑。”

我摇了摇头，但我尊重她的选择。

今天是冬至后的第四天，阴历11月17日，半轮发红的圆月挂在半空中，银白色的月光洒在地面上，琳走在前面，她半弯着腰，顺着我们房子外边的铁栏弯着腰朝水晶宫走去。二楼里的那团火并不大，火光反射到二楼的墙壁上。

“这火光虽然还不大！”琳在我的耳边说道，“但我们要小心些，否则我们进去时会连我们一起烧掉！”

琳说得很对，这火如果这样一直烧下去，会将整个水晶宫都烧掉的。在寂静的黑夜里，物体的燃烧会发出特有“哧拉”的声音，但火静静地燃烧着，耳膜中，只有风呼啸的声音。

我们即将接近湖边的那所水晶宫，琳指了指铁栅栏，我的身上突然一震，早上看到的那束百合花，已经消失了。

“被人取走了！”琳说道，“说不定就是点火的那人取的！”

我突然屏住了呼吸，二楼的墙壁上，在火光的照射下突然出现了一个人形的阴影，即使在冬日的黑夜里，我也能清晰地看出那是一个婀娜的女人身影，柔软的女性线条倒映在墙壁上。这纵火者果然是个女人！

我心里想的只有一个字，鬼！那个十年前自杀的女设计师又回来了。每两年这个屋子才会诡异地烧起来一次，而今年，竟然烧了两次。

寒夜中，我的手心满是冷汗。这个世界是有鬼的。

Chapter 3
女鬼

“进去！”琳用匕首轻轻地向栅栏铁门处上的锁别去，门栅轻轻向后倒去，铁门开了。院内通向屋门的小径，早已经长满荒草，被寒露打湿的荒草被踩在脚下，只觉得脚底异常湿滑。

我们走到了房门前，琳再次将匕首贴在锁面上，滑进了门缝中，我听到了啪的一声，门锁的弹簧被匕首压住，那道门，缓缓地打开了。

冷！一股寒风扑面而来，即使二楼已经被点燃了，我顺手扶住身边的墙壁，手指间竟沾了一层碎冰！我不由自主地打了个寒战，这里的温度至少比户外还要低上四五度！我打开手电，这里的墙壁在灯光下发出奇特的蓝色光芒，墙面被一层淡蓝色的冰覆画着。只是楼上的火仍然在燃烧，火光照映着楼梯上方的墙壁，那里的墙壁同样发出淡蓝色的光芒。只是在火焰的照耀下，墙面上的冰碴似乎在抖动着。

“上楼！”我突然无法控制住自己的情绪，猛地向二楼冲去，楼梯是石板的，上面亦浮着一层冰，我踉踉跄跄地奔到了二楼楼梯转弯的平台上，扯住琳的手，把她拉到了二楼。

二楼的中央，站着一个女人，她的模样竟然与十年前保持的一模一样，她就是那个十年前投水而死的女设计师。

她依然穿着那件黑色的长裙，柳眉微颦，朱唇半启；发型很奇特，乌黑的头发向后盘起，发间插着根凤凰状的玉簪，目如秋水，肌肤胜雪。她的相貌，竟然和十年前一模一样，甚至，更年轻了！

她的手中燃着一束火焰，悄而无声，那火焰如同一个在手心打转的小宠物，我的鼻间涌入了一股淡淡的清香。此时，她听到了我们的脚步，看了过来。

如果我没有看错，那女鬼最初的眼神中充满了期待，当看到我们之后，她的瞳孔映出了我和琳的身影，还有一丝慌张、绝望和痛苦。

她接下来的动作竟和十年前一样！她突然转过头去，面向西湖。燃烧的右手向半空中挥去，火划然而灭；接着身体如一条鱼身一样跳出，在月光下划了道弧线，重重地砸在冰面，冰面发出咔的一声响，她的身体已经沉入冰面裂开的湖中。

我和琳目瞪口呆地看着，半晌，琳用手指了指身边，那里有一个石桌，桌上，放着一束百合花。

“很美。”琳喃喃说道，不知道是说人还是说花。

“她是鬼！”我说道，“这一点毋庸置疑。”

琳看了看我点了点头，她拿起百合闻了闻，“你觉得她为什么今晚会在这里。”

我有些被冻僵的大脑苏醒过来，她在这里显然不是在等我们。

“她是在等人！”我恍然大悟，我突然看到了那束百合花，一个大胆的想法在我脑中形成了，“也许就是等这个送百合花的人。我记得她十年前跳入湖中时说过一句话，我不会放过负我的人！她很可能等的正是那个负她的人，因为她还爱着他，变成鬼了还爱着他！”

“那我们就看看她等的是谁！”我说道。

那个女鬼可以用手掌点燃火焰，但我们不行。我将手电筒打开放石桌上，从湖面刮来的风吹得手电筒摇晃不已，虽然无法模拟成为火光，但摇摆的灯柱表明，这屋里有人。

如果那个女鬼真的在等人，那个人今晚还会来。促使我做判断的是那束百合，显然有人知道了昨晚这里发生的火灾，那人还专门买了百合。

那个负我的人！那女鬼死前的那句话再次在我脑子里响起，我拉着琳躲进了左侧的一间房子中，这房子的墙面上也有冰，但是与一楼比起来，二楼墙壁上的冰要薄了许多。

十分钟过去了，我只觉得身体越来越冷，琳也把身子贴到我的身上；二十分钟过去了，我觉得自己的血液都要被冻住了，琳趴在我身上一动不动。不管那个女鬼在等谁我们都要离开，因为再等下去，我们就要被冻死了！

就在我准备离开的一刹那，我听见一楼的门厅传来吱的一声，有人再次触动了客厅的大门！

有人来了！

琳也醒了，黑暗中我只能看到她的眼睛，我的左手握住匕首，不论来的这个家伙是人是鬼，我都要看清楚他的真面貌。

一个圆柱形的光束，慢慢地从楼梯上升起，那是手电筒的灯光，这多少减少了我心中的恐惧，这说明来的是人，因为鬼是不需要光线的。

沉重的脚步声在楼梯间慢慢响起，似乎每迈出一步都要付出巨大的勇气。我不再寒冷，只想早点看到来者的面貌，但他像是在故意折磨我一般，那脚步一点点向二楼挪去，仿佛走的不是楼梯，而是一条死亡之路。他的脸终于浮现在二楼的楼梯口，但我失望了。

来的是一个头发蓬乱的中年人。他一米八的个子，身材魁伟，满脸的络腮胡子，显然很久没修理过自己的面容；他上身着一件紫红色的风衣，下身着一件牛仔裤，衣着倒很整齐，他手中持着一盏应急灯。那人的眉头紧皱，当他看到空空的二楼客厅和石桌上的手电时，他吃了一惊，立即掉头离开。

我扯着琳突然从黑暗中冲了出来，大叫道："站住，你是谁？"

那个人被吓了一跳，他头也不回地向一楼逃去，但我的速度更快，终于在一楼大厅里，我抓住了他。

他拿着应急灯向我的手砸来，我一手推开，顺势将他按倒在地上。他的身体比我强壮，但他做错了一件事情。被我扑倒后，他拼命地向门口爬去，而不是与我搏斗。这壮了我的胆，我起身用手臂压住他的脑袋，终于把他死死压在身下。这时，琳拿着手电从楼梯上奔了下来。

"说！"我说道，"你到底是谁，半夜来这里干什么？"

琳的手电照着那个男人的脸，这个男人四十出头，棱角分明的脸上在打斗中被涂抹了很多地上的灰尘，但他在年轻的时候一定很帅，因为他有一只高耸的鼻梁和一双深邃的眼窝，这都是令女人着迷的东西。

他仍然一言不发，我突然觉得他很眼熟，我在哪里见过他。

"我来找谁，你管不着。"那男人嗓音带有很强的磁性，"你凭什么这样对我？"

我被他的话问得一愣，他乘机摆脱了我站了起来，接着又问道："你凭什么打我？"

我回答不出，那男人已经转过头去，向门口走去。

"我们已见过她了。"琳淡淡地说道，"你要走就走吧！"

那男人的脸突然变了，他转过头，凶狠地瞪着琳，嗓子里发出野兽才有的声音，"你说什么？"

琳毫无惧色地与他对视着，"我说我们已经见过她，你来迟了！"

琳的话像是带有魔力似的，那个男人像只被扎破了的皮球，头低了下去，半天才抬起来，眼角有些湿润。

"小孩子胡说八道。"他的嗓子有些沙哑，刚才的狰狞消失了，"没事赶紧回家吧。"琳没有说话，仍然瞪着他，对视了一分钟后，那个男人终于受不了琳的目光，他低下了头。

琳有些激动："你把一个女人变成了鬼！你居然还有脸来教训别人。"

那中年男人的头愤怒地昂了起来，他又用那种恶狠狠的眼光瞪着琳。

"你就是一个杀人犯！"琳继续说道，她的表情很愤怒。这可能是她的心里话。

"你胡说！"他闷声道，但琳的话已经

刺激到了他，“你们什么都不知道，你们在这里胡说。”

他转身就准备推开门。

“你难道不想听听她托我们带给你的话吗？”我在身后喊道。我这句话果然起了效果，话一出口，那男人猛然回过头来。

“如果你们再胡说！”他的声音带点哭音，“我一定不会放过你们，我会好好教训你们。”

他的表情很奇怪，英俊的五官扭成了一团，他明明已经被我们激得发怒了，但从他的表情来看，占据他灵魂的不是愤怒，而是痛苦。

就在我们僵持的这一刻，我突然听到身后传来奇异的声音，咔、咔、咔，是冰面裂开的声音，我转过头去，身后是一面早已失去玻璃的窗户，窗后，就是西湖。声音是从西湖上传来的。伴着那声音，一个人从冰中缓缓升起。

我一生都忘不了这场景。

女设计师那张雪白的瓜子脸，慢慢从水底升了起来，她的头发上满是细碎的冰碴，在月光下发出一种淡蓝色的光芒，她身上依旧是那身黑裙，表情平静，仿佛刚从梦中被人惊醒。

她慢慢升到了湖面，脚与湖面约有两寸的距离，她是凌空站着的。

“你来了。”她说道，声音清脆，甩掉了满头的冰碴后，她的发根竟还是干的，“你喜不喜欢我这身古装打扮？”

那一刹那，我和琳的大脑一片空白，于是我们转过头去，看着被她称做“你”的那个男人。

那个男人似乎并不吃惊，他略带伤感地看着从湖底升起的那个女鬼。

“我每两年都送一束百合花。”那中年男子说道，“这是第十年，我说过，十年后我会来送你。”

那女人轻轻地摇了摇头，“我刚才只是想见你一面，却没有等到你。”

她的眼光扫到了我身上，我打了个寒战，虽然她的眼神很温柔。

男人摇了摇头，“其实见不见到我，”他的双唇紧咬着，好半天才闷出一句话，“都无所谓。现在你该走了。”

那女人摇了摇头，又点了点头，“这十年来，你过得怎么样？”

“我很好。”这次那个男人回答的很快，“我都有两个孩子了。燕，你走吧，这里并不适合你。”我终于知道那个女设计师的名字了，想到这里，她突然看了看我，仿佛看透了我的心思。

“我的名字是他起的。”那女人说道，“我本来没有名字。”

我已经被他们的对话弄晕了，这个女人到底是不是鬼，难道她是一个连名字都不知道的孤魂野鬼吗?

“我不是鬼！”她真的能够看透我的心，“我是人。”

“你快点走吧！”那男人打断了她的话，“我们终于见面了，你如果还恨我，那就把我的命拿走吧；如果不恨我，你就快点走吧。”

琳突然用劲捏了捏我的手，这男人的话

有名堂，这个叫做“燕”的女人明明还爱他，他却根本不提这个字。

“我从来都没有恨过你。”她凄婉地笑了笑，“我只恨我自己，我不知道我为什么看不透你的心，也许是因为我爱你。”

那个男人哼了一声，并没有说话。

“我恨我与他们不一样。”她突然用手指了指我们，声音突然变得高亢了起来，“即使如此，这十年来你见我一次又何妨？”

那个男人的身影，现在完全躲在一楼南墙的阴影中，月光照不到他的脸，我们只能听到他的声音。

他说道：“你如果不走，我就要走了。”他转身推开了一楼的客厅的门，那个女人的眼角中突然流出两行清泪，在她的脸庞上划出一道冰痕。

那个男人的身影，慢慢地消失在走廊中，那个女人凄然地摇了摇头，她的头猛然一下重新扎回了水中。不到一分钟后，我突然听到水底发出沉闷的声响，那是发动机转动时特有的声音。一束淡红色的光球，慢慢从西湖水底浮了上来，光束打在湖面支离破碎的淡蓝色冰层上，发出一种奇异的玫瑰色。

那光球足有半个足球场那么大，整个光球是透明的，那女人站在水晶球中，向我们看来。

我知道她要找的人是那个男人，但她的面前，只有我和琳而已，泪水从她的眼角一点点渗出，形成了一道玫瑰色的眼泪；接着，深蓝色的天幕中突然出现一道黝黑的口子，那水晶光球上升速度突然变快，飞速地向那道口子中钻去，它在天空中划出了一道蛇形的玫瑰色后，钻入了那道裂口中。我的耳中听到了“噼啪”的声音，但随着光球钻入那道裂口，这声音也消失了。

Chapter 4
爱情

“外星人！”我和琳大叫道。

“她不是外星人！”那男人的声音在我们身后响起，“她只是我们的后代而已。”

“我们的后代？”琳和我都转过头去，那个男人推开了客厅的门，他刚才根本没有走远，他的脸上还有泪渍，显然，刚才他也哭过。

“她是我们一万年以后的后代。”那个男人说道，“你们总说她是鬼，她并不是鬼。”

“她从一万年以后过来，是因为她爱上了一个人！”那个男人说道，“她通过一种叫做‘虫洞’的旅行方式，从一万年后来到了今天，就是为了找那个她爱的人。她爱上的那个人，就是我。”

“啊！”我和琳同时惊呼道，那个男人打开了他手中的应急灯，他点了点头，看了看我们说道，“你们今天晚上到这里来，是不是已经发现了什么？”

我点点头，说道：“我们怀疑这里可能藏着一个孤魂，西湖和水晶宫曾经发生的一切，我们无法弄明白。但每两年一次的大火，很明显是一种信号。而当今年燃起两次火，显然另有玄机。”

那男人说道，“很多人都把西湖以及水

晶宫发生的事情用鬼魂来解释，事实上并非如此。但当她第一次告诉我事实时，我也根本无法相信。她像一阵风一样地出现在我的生活中，我也被她所吸引，但我如果知道这件事的结果，我一定不会爱上她。”

下面，我们该还原十年前发生的那个爱情故事，故事的主角，就是我们眼前这个四十多岁的男人和那位女设计师。

十年前。

他长得很英俊，但只是一个小演员，偶尔也做做平面模特，能吃饱饭，却发不了财。直到有一天，他在报纸上看到了一条广告，高薪招聘演员。

他应聘了，招聘广告是一位美女所发的，那位美女，刚刚在滨城建造完成了一个别墅群，希望拍个广告来促销。这个美女是女主角，他运气不错，被美女看中，成为男主角。

他还记得，合同是在一家咖啡馆敲定的，他惊异地看着眼前的那个美女，她正用那双灵活的眼睛看着他，她身上传来的淡淡香气，一点点渗入他的鼻孔，他微微有点心猿意马起来。

她对他说："我要找的人就是你。"

他最初并不明白这话的意思，后来他明白了，这美女试了近百位演员，终于选中了他，而且，他是一眼就被那个美女看中的。

广告片拍得很成功，片子拍完之后，他们还有联系。这个美女经常打电话找他，两个人一起喝咖啡，一起吃饭；有时候，也会一起坐在西湖边上，看着日落。

没错，他们俩恋爱了。

当一个女人追求一个男人时，一般来说都不会太困难，尤其是这个女人又是个绝色美女。当她有一天略带羞涩地对他说道，"我爱你。"那个男人一般都不会拒绝。

所以他也没有拒绝。那天晚上，他留在她的那栋名为水晶宫的别墅里。

但是，他渐渐发现了她有些不同的地方。

她真的非常有钱，从来不用为钱烦恼；她还不像一般女人那样爱慕虚荣，她不爱买衣服，也不爱买化妆品。终于有一天，他发现了一件非常奇怪的事情，她只用冷水洗澡，每次洗澡的时间又总是很晚，但洗完澡的她，脸上脂粉依旧。有一天，她用一分钟冲了一次淋浴，从淋浴房出来时，她的脸上依然留着淡淡脂粉。这是不可能的，一个女人不可能在一分钟内同时完成洗澡和化妆两件事情。

他不动声色并继续观察，接下来的事情越来越令他吃惊，有一天，他不小心用刀划开了她的手臂，那手臂中竟然没有鲜血流出！

"当时我和你们的判断一样。"那男人说，"我以为我遇到的是一个女鬼。我准备落荒而逃时，她说话了。"

我和琳屏住气，想听听那女人说了什么。

"她说，"那男人满嘴苦涩，"她是一万年后爱上我的一个女人。"

我和琳还是没有说话。

"她说她来自一万年后的地球，她在废墟中找到了一张碟片，碟片里，有我演的一个广告。她说她因为那个广告爱上了我，然后，从一万年后的世界，来到今天。"

一个浪漫而唯美的爱情故事，而且能够解释很多的问题，比如为什么警方从来没有找到女设计师的家人，又比如那女设计师身体的异状，手掌心可以燃烧的火焰，还有，我想到她投湖的那个夜晚，她撕开了她的脸庞，里面只有黑色的纤维组织；还有，她的生活习惯，她不需要任何电器，因为她的那个时代，电器可能早就成为古董了！

那男人接着说道："她说五千年后，地球就进入了冰河期，为了适应冰河期的环境，人类身体变得越来越瘦小，随着克隆技术的广泛使用，男人的作用越来越小，越来越多的人都是通过克隆方式产生。在恶劣的生存环境中，男人的死亡率越来越高，直至有一天，地球上所有的男人全部都死亡了。只剩下女性。"

"而在六千年后，人类已经进入单性繁殖时期，克隆成为人类繁殖的主要方式，从理论上来说，每个女人都是不死的，她们可以通过单细胞克隆的方式生存，但是她们也发生了变化，她们的身体某些部分已经不再具有女性的特征。"

"我依然不相信她的话，接着她做了一件事情。"那男人看着我们说道，"她突然拉开了面部肌肉，里面是如枯树皮般的纤维物，发出暗黑色的光泽，跳动的血管在纤维下隐约可见。"

"她用一种很奇怪的声音说道，'你平时看到的，都是我们的面具。一万年以后，我们既不是男人，也不是你们通常意义上的女人。我们的世界里，生命是一种简单的意识结构，直到那天我发现了那个古董塑料盘，从那个塑料盘中看到你的影像后，我才知道，原来历史书里面说到的爱，真实存在过。'"

"她接着说道，'第三种人是不应该有爱的，但是那天我看到了你的古董盘后，我突然发现自己的心脏跳得很快，我的嘴唇有些变色了，而且我每一次看到这个盘子的影像都有这种情况。我进行了身体检查，计算机告诉我，我的身体没有任何问题，后来我通过把我的病症输入到计算机程序，程序告诉我，我爱上了一个人。'"

那男人说到这里突然停住了，我们不知道他在想什么，他说的不像是谎话。

"我一句话也说不出来，你们要我怎么做呢，她接着说道，为了来找这份爱，我专门订制了一副假面和肢体，然后来到一万年前，然后……"

那男人的表情很痛苦，我能理解，我甚至发现，在他的内心深处，还是有一点点爱着那个一万年后来的女人，但在他知道一切谜底之后，他选择了放弃。

但是那一万年后来的女人并没有放弃，她在他们分手之后一时气愤投湖，投湖时毁了面容，产生了鬼魂的传说；然而，她依然在等着他；他知道，他们之间的信号就是火；当所谓火灾发生过后，这个男人就会送上一束百合。这种矛盾的行为，恰恰反映了他也是爱着她的，只是，他没有办法面对现实。

我们都没有继续往下说话，那男人掉转身准备离开时，我喊住了他。

"她来了之后，西湖再也没有出现过投湖自杀事件，为什么？"

"我听她说过一次，她说西湖最初是个

陨石坑，一块冰彗星落在这里，形成坑洞，随后形成湖泊；冰彗星的残骸藏身湖底，放射着辐射。这种辐射足以令人的大脑产生幻觉，很多投湖而死的人，正是在出现幻觉之后才有了自杀的举动。她选择在这里建房，是因为一万年后人类进入冰河期，那时的人只适合在寒冷中生存。冰彗星把西湖变成了一个冷水湖，在冬天，则是一个冰湖。那些落水而死的人，现在都藏身于水底，成为一个个水晶尸体……"

"她叫什么名字？"琳突然问道。

那男人转过身去，飘过来一句话，"她告诉我，她叫FDIG17，一万年后，人的名字是根据她的核糖酸组合、血型和活动区域组成的。"

说完，他走出了水晶宫的房门，我和琳呆呆地看着他，半天，才想到了一件事情。

"刚才天空的那道缝隙，就是一个能够穿越时空的虫洞吗？"

后记 epilogue

湖边别墅发生的一切，仍然没有逃过一个人的眼睛。那个叫做FDIG17的女人，正坐在圆形的水晶球中静静地看着。

球的速度很快，按照一万年前人的计时，再过十分钟，她就可以回到她的世界。她仍通过手中的镜子看着别墅里发生的一切，她摸了摸脖子上那块翠玉，那是十年前他送给她的，在她的世界里，她还没有见过一块如此碧绿而清澈的石头。

"我就知道你会毁了所有的古董碟片。"她在心里对自己说，"我把最后一张碟片沉入了西湖底，等到一万年以后，我再把它挖出来。"

悬疑志

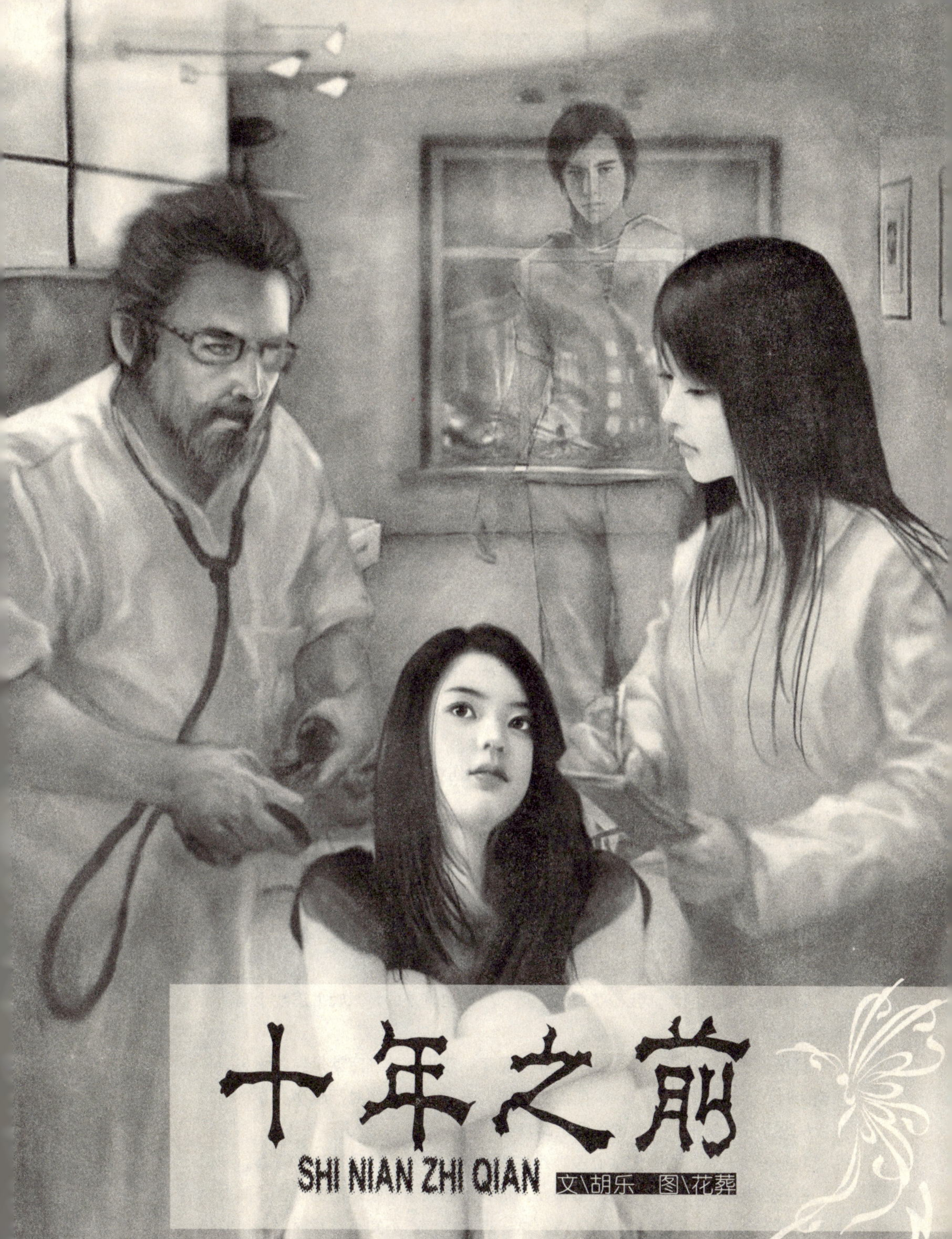

十年之前

SHI NIAN ZHI QIAN

文\胡乐　图\花葬

有些人活着，他已经死了；有些人死了，他依然活着。

1

在地铁上，一个英俊的男人坐在我对面，穿着浅灰色T恤，脚上趿拉着一双拖鞋，没有穿袜子。这是一个初冬的夜晚，我裹着呢子大衣依然觉得寒冷，而他竟然镇定自若，悠闲地吹着口哨。

口哨的旋律很熟悉，仿佛以前在哪听过，可怎么都想不起来。很快，我到站了，那个男人紧跟在我身后下了车。今天真的很奇怪，路上居然一个人也没有，不到十点所有的商铺都关了门。那个男人就在我身后不远不近的地方吊着，我快，他也快；我慢，他也慢。

寒风飕飕地刮着，我害怕极了，把提包紧紧抱在怀里奋力向前跑去。身后的男人也跑了起来，拖鞋发出的“啪啪”声像砸在我心里一样。这条路没有路灯，我在黑暗中踢到了块石头，巨大的惯性把我的身体甩了出去，右腿顿时失去了知觉。

男人已经跑到了我的面前，俯身检查我的伤势。我吓得大叫起来：“滚开，别碰我。”

男人惊讶地把手伸到了我的面前晃了晃：“由由，你看得见我吗？”我用力地推了他一把：“废话！”接着我奇怪地问：“你是谁？怎么知道我的名字？”

男人笑了起来：“你不记得我啦？我叫肖扬，咱们以前是大学同学，你是学生会文艺部长，我经常去看你演出，你跳的新疆舞棒极了！”

听到是以前的同学，我松了口气，道：“你也真是的，大晚上追我干吗，害得我摔跤。”

肖扬想了一会儿，说：“这么多年没见了，我也不敢确定就是你，刚想跟你说话时，你就走了，所以……所以我就追上来想叫住你，对不起啊。”肖扬把我从地上扶了起来。“试试，能走路吗？”

我刚走了一步，右腿便钻心般地疼。肖扬叹了口气，把我背到了背上。

肖扬的背很宽阔，趴上去舒服极了，他身上散发着一股熟悉的味道，闻上去温暖而安全，我以前闻过这个味道，这一点我确信。不知不觉我睡着了，似乎睡了很久，再醒来时，已经到了我家楼下，肖扬抱着我坐在马路牙子上。

我不好意思地从他怀中挣了出来：“我到家了，谢谢你。”

肖扬又把我背了起来，一直背到了我家。他把我放到沙发上，给我倒了杯水，关心道："由由，你的腿好些了吗？要不要去医院？"

我摇摇头，看了看表，已经十一点多了，可肖扬一点也没有离开的意思。于是我说："我已经没事了，就是很累，想睡觉，这么晚了，你也该回家了吧？"

肖扬低着头，沉默了一会说："我不敢回家，能让我住在这儿吗？"

"不行，你快走吧，谢谢你背我回来。"我一口回绝了他。肖扬叹了口气，垂着头对我说了声"晚安"，转身离去了。

我躺在床上，翻来覆去睡不着，外面下起了雪，西北风卷着雪粒，刮得窗户像蝴蝶翅膀一样扇了起来。我起身关窗户时，看见肖扬坐在楼下的马路牙子上发呆，大风不断为他变换着发型。他的双臂裸露在空气里，我突然觉得肖扬孤单而可怜，这么冷的夜晚，流浪在外，还穿得这样单薄，肯定有什么不得已的苦衷，我应该帮他的，如果他对我不怀好意，肯定早就动手了，不会傻坐在寒风里受冻。

我推开了窗户，对肖扬招了招手："你上来吧。"

肖扬的脸白得像一张纸，看来他被冻坏了，我为他拿了一条毯子，问道："你到底遇到了什么事？为什么不回家？"

他交叉着双臂，双眼望着天花板："还是不告诉你了吧，我怕你会害怕。"肖扬的这句话激起了我的好奇心，在我再三追问下，肖扬终于告诉了我事情的经过。

一年前，他带着女朋友来到了这个城市，他们刚来的时候没钱，而他女朋友又是对居住环境非常挑剔的人，看了很多家都不满意。他们在朋友家借住了很长一段时间后，终于找到了一套既便宜又舒适的三居室，一个月只要五百元钱。这个价钱在这样的大城市是无论如何也不可能的，于是他们立刻租了下来。

肖扬的女友没有找到合适的工作，一直在家待着，而肖扬又很忙，早上走了，晚上才能回来。起初一切都很正常，可渐渐，肖扬感觉两个人之间的感情淡了。女友很少主动跟他说话，不论做什么都心不在焉的，记忆力也变得很差。时间过得越久，她忘记的事情越多，有时候肖扬感觉她变成了另外一个人。

肖扬女友的父母早已不在人世了，只有肖扬一个亲人。他们去过很多医院，检查结果均为一切正常。后来，肖扬因为工作要出差一周，他放心不下她，于是就把她送到了医院。等肖扬出差回来，女友竟然奇迹般地恢复了正常，还对他关怀备至，体贴入微，两人感情很久没有这么好了。那天肖扬做了一桌菜，他们聊到了很晚，还喝了酒。

肖扬喝醉了，半夜胃里难受，起来吐了好几次，吐空了之后，肖扬突然想喝女友做的酸辣汤，女友怔了怔："什么酸辣汤？"

肖扬说就是以前你经常做的，有白菜和黄瓜的那种。女友想了一会，就去厨房做汤了。

过了很久，汤才做好，味道相当奇怪，肖扬喝了两口就不想喝了。第二天早上，肖扬醒来后女友已经出去了，他把放在床头的汤倒到锅里准备热热再喝，搅的时候，一撮黑漆漆的长发从汤底冒了出来，他用力搅了几下，发现整锅汤里有一半都是长发。肖扬像掉进冰窖里了一样冷，女友是短发，并且染了颜色，这些黑色长发是从哪来的？

中午，女友回来了，肖扬装作若无其事地问她："下周你要过生日了，想要什么礼物？"

女友高兴地跑过来绕住了他的脖子，"嗯，不要什么，你陪着我就可以了。"

一瓢冷水从肖扬头上浇了下来，下周根本不是女友的生日，她怎么连自己的生日都不知道了呢？她不仅不知道，还在装着知道。肖扬深吸了口气，继续问道："咱们出来这么久了，你爸爸妈妈一定很担心，过几天我请假咱们回去看看他们怎么样？"

女友在肖扬面颊上亲了一口。"不用啦，昨天我给他们打了电话，一切都好，你放心吧。"女友的嘴唇冰凉，死人的温度。

下午肖扬拨打了房东的电话，是空号，他顺着房东给他留的地址找过去，那里居然是火葬场。肖扬恐惧极了，他不敢回家，屋里的那个女人早就不是他的女友了，她是另外一个陌生人，并且装作他的女友。

走投无路的肖扬敲开了楼下老头的门，老头告诉他，早在三年前，房东和他的女儿在那栋房子里被人谋杀，尸体就藏在床底下。说完，老头取出了一张照片递给肖扬，照片上的男人就是房东，而旁边的那个女孩留着一头齐腰长发。

我听到这里已经不敢再听下去了，肖扬笑了："你还是这么胆小。"

我怔住了，问他："你以前知道我胆小呀？"

"咱们以前认识，你忘了吗？"

我不好意思说忘了，于是说："咱们不是同学吗？"

他仔细端详了我一会儿，才说："明明忘了，还要装作没忘。"

我的心猛地一沉。

自从大学毕业以后，我的记忆力越来越差，特别是每天早上醒来的时候，总是要想好久才能反应过来自己身在何处。一个可怕的念头从我心里冒了出来：我会不会就是肖扬的女朋友，他讲的事情都发生在了我的身上，但是我忘了。但转念一想又觉得不可能，他女朋友没有父母，而我爸我妈身体还健康着呢。

肖扬见我愣愣的不说话，拍了拍我的肩膀说："去睡吧，由由，谢谢你留我住下。"

我做了噩梦，梦里的情景狂乱而狰狞，我头疼欲裂，汗水把被褥都浸湿了，朦胧中，我感觉到肖扬握着我的手，反复说："别怕，我在这里陪你，没有什么能伤害你。"渐渐，我安定了下来，浑身像泡在温水里一样暖，过去的画面一帧帧从眼前闪过，最后定格在了我大学时代的那个篮球场，肖扬裸着上身在打球，而我站在一边抱着他的衣服，默默地微笑。

第二天醒来，肖扬已经为我做好了早餐，是火腿煎蛋，味道十分熟悉，好像我妈以前做过，又好像不是。肖扬没有给自己做，只是看着我吃。我想到了昨晚的梦，几年来我根本不记得自己梦见过什么，只知道是噩梦，可昨晚的梦却那么清晰，以至于我分不清是梦，还是记忆。

我抬起头问肖扬，“咱们以前关系不错，对吧？”肖扬点点头，我又说：“你是不是喜欢打篮球，然后我还老是去看？”

肖扬惊讶地坐直了身子：“你想起来了？”

“没有。”我垂下头。

肖扬顿时像撒了气的气球一样瘪了下去，“那你怎么知道我喜欢打篮球。”肖扬沮丧地摸了摸我的头，又改口道：“别想了，你在学校的粉丝那么多，怎么可能记得我。”

正这时，家里电话响了，刚接起来就听见了老板阴沉沉的声音。

“汤由，你怎么还没来。”我一看表，已经十点了。我急忙收拾好东西，匆匆出了门。

我们老板是个好人，但说不上为什么我很怕他，有时候感觉他像高中班主任，有时候觉得他像我爸，反正很严厉。

今天他一整天都没有理我，到快下班的时候，他才敲了敲我的桌子，叫我到我办公室里来一下。

“最近感觉怎么样？有没有遇到什么困难？”

“没有，都挺顺利的。”

“那你今天早上是怎么回事？”

面对老板的质问，我总不能跟他说我贪睡起晚了吧？于是乱编一通，说身体有些不舒服。

老板把身体往前倾了倾，关心地问：“哪里不舒服？”

“腿疼。”这可不是编的，我的腿真的很疼。

“除了腿疼还有哪不舒服么？”

“……”我编不出来了。

老板挥了挥手，说：“你回去吧，以后不要迟到。”

我莫名其妙地走了，不知道老板是在关心我，还是在暗示我腿疼并不能影响工作。

下班后，我在公司楼下见到了肖扬，我觉得奇怪，便问：“你在这干什么？”

肖扬笑了笑，“我在旁边那栋写字楼里的一家广告公司工作，离你挺近，刚好下班来找你一起回家。”

“你说什么？回家？哪个家？”

肖扬挠了挠头，笑着说：“你家呗！”

“你以后就赖我家了是不是？”完全无视我的哭笑不得，肖扬不好意思地点点头，算是默许，又说：“我不是那个意思，咱俩不是同学么？你帮帮我，等我找到房子了马上走。”

4

肖扬真的赖上我了，他也没有搬走，因

为我们恋爱了。跟肖扬在一起之后，我再也没有做过噩梦。那段时间我幸福极了，肖扬对我很好，可以说是无微不至。我们每天都有说不完的话，他会讲各种各样的故事，我总是在他的故事中入睡，他口才极好，我闭上眼睛感觉像在看电影一样。我们也经常聊过去大学时候的事情，我们认识的人和一些有趣的事。

渐渐，我感觉到有些事情十分蹊跷。比如说到某个同学的生日，我去了，肖扬也去了，生日会上发生的所有事情我和肖扬说出来都如出一辙，但我却丝毫不记得那天肖扬也存在。这种情况发生了很多很多，我细数下来，我们至少有十个朋友是共同的，并且经常在一起玩，可为什么我唯独记不起来肖扬呢？

“以前每次大家一起出去玩都有你，按理说咱俩关系应该不错，就算不好也会有些印象，可我怎么就是想不起来呢？”我经常问肖扬这个问题，每当这时，肖扬就会轻轻抚摸着我的头发，说：“可能我是大众脸，而且过去那么多年了，你忘了吧。”

可肖扬可不是大众脸，他很帅，让人一眼就忘不了，而且，我毕业还不到两年，哪里是肖扬所说过去了那么多年。

直到有一天，我在公司附近一家小饭馆吃午餐时碰见了我大学同学文静。我们很久没有见过了，彼此断了联系，我喊她的时候把她吓了一跳，她也意外极了，拉着我就不肯走。

文静混得很不错，她居然认识我的老板，还帮我请了假，下午不用上班。我们找了一家咖啡馆聊了起来，她告诉我她现在有自己的公司，还问我愿不愿意去她那里。

不知不觉我们聊起了感情经历，我告诉她我和肖扬在恋爱。刚听完，文静的表情就凝固了，问我是哪个肖扬。

“就是以前咱们学校的，高个子，会打篮球。”

文静放下杯子，交叉着双臂，把脸转向了窗外，问道：“什么时候的事？”

“三个月前，怎么了？”文静的反应令我不知所措。

她点点头，淡淡地说：“哦，没什么，好久没见了，晚上喊上他一起吃个饭吧。”

“好的，一会儿咱们去我公司楼下吧，他下了班都会在那等我。”

晚饭我们吃得十分尴尬，文静一会儿看看肖扬一会儿看看我，不知她在想什么。肖扬跟她说话她也总是爱答不理，尽管肖扬一直跟我说没关系，不介意文静这样，但我还是挺生文静的气，她既然这么讨厌肖扬，又何必叫他一起吃饭。

“我觉得肖扬不是好人，你离他远点。”临走前，文静拉住了我。

我不快地甩开了她的手，“他是不是好人我比你清楚。”

过了几天，文静又约我出来吃饭，被我一口回绝。快下班时，老板把我叫到了办公室，还是那几句老话。

“最近感觉怎么样？”

我说：“挺好的，还是老样子。”

老板又问：“身体呢？有没有哪里不舒服？”

我又说：“没有，都挺好。”

……

我们老板总是这样，可能是因为他年纪

大了的原因，特别关心下属，经常把我们找来问这问那。

老板沉吟了一会儿，又抬起头来问我："汤由，听说你恋爱了，是吗？"一听老板冒出这么一句，我顿时气得火冒三丈，文静怎么能把我的隐私告诉别人呢，而且这个人还是我的老板。就是为了报复我拒绝跟她一起吃饭吗？

我什么也没说，转身就走。老板急忙叫住我，"你别走，坐下，我认识肖扬。"

一听他这样说，我又坐了回去，我很想知道老板到底要说什么。

"是他吗？"老板从抽屉里拿出了一张照片放到我面前。照片上肖扬穿着浅灰色的T恤，脚上趿拉着拖鞋，长长的碎发在风中飞扬。

我点点头，老板也点了点头，然后说："汤由，如果我告诉你肖扬早就死了，你相信吗？"

我没好气地笑了一声："怎么可能，我现在就能把他喊来让你看看他死没死。"

"是吗？除了你见过他，还有谁？"

我说："还有文静，不信你去问她，前几天我们一起吃的饭。"

老板打了个电话，不一会文静进来了。

"那天吃饭的时候你见到肖扬了？"老板问她。

"我没有，那天就我和汤由两个人。"文静矢口否认，听到这么说我肺都要气炸了！

"你撒谎！你为什么要撒谎，你讨厌肖扬也用不着这样！"

老板从抽屉里又拿出来几张照片递给我，"汤由，你自己看。"

照片上肖扬倒在血泊里，面如死灰，浑身被扎成了马蜂窝。老板说："肖扬早就死了，身中二十八刀。"

我把那沓照片狠狠地摔了过去："你们都是骗子！"

晚上，我又做噩梦了，扭曲狰狞的色彩铺天盖地地把我掩埋，压得我无法喘息。地在飞速地下陷，我伸出手想抓住什么，却抓不到。隐隐约约中我听见肖扬在喊我："由由，别怕，那是梦，快醒醒。"

我努力想睁开眼睛，可就是醒不过来，肖扬的声音离我越来越遥远，最后消失了。

早上，肖扬像往常一样为我做好了早餐，看着我吃。我知道自己的脸色差极了，他在我额头上轻轻吻了一下。"由由，一切都会好的。"

到了公司，老板又把我喊到了办公室。说实话他说的一切我都不想听，但我又不得不听，谁让他是我老板。

老板问："昨晚是不是做噩梦了？"

我说："是的。"

老板叹了口气，"对不起，我和文静不该那样。"然后他递给我两片药。"阿司匹林，治头疼的。"

我接过来说了声"谢谢"，扭头向外走去。

老板叫住了我，给我倒了杯水，说："吃完再走。"

晚上下班时，肖扬没有像往常一样在楼下等我。我跑回家，肖扬还没回来。我心不在焉地做了晚饭，在餐桌边等他。

时间一点一滴地在流逝，我一次次跑到窗边往下看，又一次次失望地回来。到了晚上十点，肖扬仍然没有回家，一种不祥的预感向我袭来，我穿上外套出去找他。

外面就像我第一次遇到肖扬的那晚一样，冷清清的。我一面走一面喊着肖扬的名字，沿着去地铁站的那条路来回走了三遍，没有肖扬，甚至连一个人都没有见到。天空中飘着雪花，我走着走着哭了起来，我突然感觉肖扬不会回来了。

我回到家，和衣躺在床上，没有开灯。过了很久很久，我的手被人轻轻地碰了一下，我吓得大叫起来，裹着被子滚到了地上。

一个熟悉的声音传来。

“由由，你怎么了？”

是肖扬！

“肖扬，你什么时候回来的？”我一动也不敢动，安静地看他将我抱到了床上。

“由由，我一直都在，哪儿也没去。”

“你今天没有接我下班，也没有回家，我出去找了你好久，都没有见到你，你是从哪冒出来的？”

肖扬把头垂了下来，沉默了好久才开口：“我一直都在你身边，只是不知道为什么，你一直看不见我，也听不见我说话。”

肖扬把我搂得紧紧的，生怕我会跑掉一样。他对我说：“不管怎样，我都会在你身边。”

6

我躺在床上，耳边回荡着老板的话“肖扬早就死了，肖扬早就死了”。我的脑子里像塞了一团棉花一样乱，老板没有必要骗我，照片也不会说谎。如果肖扬死了，那躺在我旁边的人是谁？我背后像滑过了一条小蛇一样冰凉，不由自主地打了个哆嗦。

我把我和肖扬从认识到现在仔仔细细地回忆了一遍，很多细节都令我不寒而栗。

我从没见过他吃饭，每次吃饭他都看着我，然后说自己不饿或者已经吃过了。他一直穿着那件浅灰色T恤，从来不换，就算下雪他也是这样穿，他不怕冷吗？这时，我心里一个低沉的声音冷不防地说了一句：“只有死人才不吃饭，不怕冷。”

我浑身像筛糠一样抖了起来。

肖扬感觉到了我的异样，支起身子问：“怎么了？哪不舒服？”

我想了想，说：“肖扬，我渴了，你能帮我倒杯水吗？”

肖扬点了点头，翻身下床，赤着脚走进了客厅。我迅速坐起来把他每天穿的拖鞋从床头移到了床尾，并且翻转了一下。我小时候听姥姥讲过，鬼有时候能和人一起生活，并且跟人装得一模一样，很难分辨。但他们总是会把鞋子放在床头，鞋尖朝内摆放。如果不这样，他们就找不到上床的路，也看不见床上的人。而肖扬的鞋恰好是这样放的。

我根本不相信这是真的，我确信这只是个游戏，所以才用这个来试验肖扬，之后我就可以心安理得地跟他在一起，把心中的恐惧甩到脑后。

很快，肖扬端着水走了进来。他走到床边的时候站住了，迷惑地望了一圈，然后绕着床走了起来。

“由由，你在哪？”

我全身的血液都凝固了，肖扬温柔的声音就在我身边一遍遍绕着。我听见心中忽然刮起了猛烈的狂风，每一个器官都在风中打转。

肖扬就这样走着走着，突然蹲下来哭了，悲凉而绝望，仿佛整个世界都离他而去。我用被子把自己包裹地紧紧地，颤着声音问：“你到底是谁？”

“由由，我是肖扬啊，你在哪？”肖扬的哭声戛然而止，他站了起来，害怕地喊着：“别让我看不见你，求你了，让我做什么都行，就是别让我看不见你！”

“你为什么要来找我？”

“因为我爱你。”

“你以前有女朋友，为什么突然爱上我？你第一次来我这说的那些。”

肖扬沉默了一会儿，说：“那不是真的，而是我很久以前给你讲过的一个故事，是我给你讲的最后一个故事，我再讲给你听是希望你能记得我。”

我的精神开始有些恍惚，过去和现实交织在一起，错综复杂。

“咱们以前就是恋人吗？”我望着肖扬，肖扬的眼眶中充满了泪水，他不住地点头。

我的大脑快要爆炸了！“那我为什么会不记得你！到底发生了什么？”肖扬抿着嘴没有说话，我继续问道：“你死了吗？”

肖扬重重地点了点头，我问他原因，他却哭得更加彻底，他说他现在不在乎我是否记得他了，不要再问以前了，咱们这样不是很好么？

“告诉我，求求你告诉我，到底发生了什么？”我从床上跳下来扑到了肖扬怀里，他紧紧抱着我。“不，由由，我不能说，我不能再失去你。你不知道这十年我是怎么度过的，你不能体会我在你身边而你感觉不到我的滋味。”

十年，十年，我耳边响起了巨大的轰鸣声，像一列列火车的汽笛。梦中那些扭曲的色彩像潘多拉魔盒里的鬼怪一样窜了出来，张牙舞爪地将我吞没。我在用尽全身的力气尖叫，却听不见自己的声音。突然，一道刺眼的亮光赶走了那些色彩，老板和文静穿着白大褂出现在我面前，我的视线变得模糊了。

在老板和文静的帮助下，我恢复了记忆。

老板并不是我的老板，而是我的主治医师，而文静，既是我以前最好的朋友，又是我的主管医生。我在这所精神病院里已经待了十年，十年前我病了之后，文静为了我，跨专业考了精神科的研究生，毕业后就来到了这所医院。

我的病一直都毫无起色，对外界的一切刺激都没有感觉，文静和老板一直在努力帮我，直到半年以前，我的症状突然好转，可以与老板进行短暂的交流。从那时起，我就开始逐步康复了。城市，公司，街道，地铁，还有我的家都是我大脑幻化出来的，事实上我一直待在精神病院。后来，我认出了文静，记起了以前很多的事。于是文静和老板决定让我面对现实，恢复记忆，只有这样，才能真正康复。老板那天给我吃的不是阿司匹林，而是抑制幻觉的药物。

我和肖扬在大学里是恋人，非常相爱，我们毕业后打拼了一年多，攒了一笔积蓄用来结婚。领结婚证的那天，为了庆祝，我们去饭店大吃了一顿，吃到很晚。回家的途中，我们被一群歹徒截住了。他们拿着刀搜光了钱之后让肖扬“滚”，要我留下。肖扬知道他们想干什么，拼命拖住了他们，我跑了，而肖扬却被他们捅死了。后来警察抓住了歹徒，因为肖扬直到死了仍然死死抱着其中一个歹徒的腿，无论怎么都掰不开。肖扬死后，我的世界就崩塌了，变成了一团团狰狞的色彩，时间永远定格在了那里。

“你现在还能看见肖扬吗？”

“可以，他现在就在我身边。”

“只要坚持服药，不用很久你就可以出院了。”

“如果我病好了，还能见到肖扬吗？”

“他是你的幻觉，理论上不行。”

三个月后，我出院了。

“回去之后坚持服药，千万别忘了。”走之前，文静把我的药装在一个大包里递给我。

那天是我姐姐来接的我，她一边开车，一边絮絮叨叨讲爸爸妈妈如何开心，如何想我。我坐在后座上，悄悄把装药的大包扔出了车窗。

我靠在肖扬的肩上，安静地睡着了。不论肖扬是不是我的幻觉，这一切都不再重要。

如果疯着能让我幸福，那么我情愿一辈子当个疯子。

悬疑志

逃犯
TAO FAN
文/七柯梦
图/苍狼野兽

有人报警，那栋连地址都没有的旧楼着火了，消防车挤进市中心的时候，整栋楼房都已经被烧散了架。火被灭掉后发现有一人死亡，并无其他财产损失。那具尸体已经被烧得面目全非，但是围了不少警察，还有两名中年男女伏在尸体旁哭得可怜。据一名放学的小学生说，在发现着火之前有看到一身着灰色上衣、褐色裤子的哥哥从这栋楼里走出来。警方初步断定，那个人便是逃犯——王佳佳。

CHAPTER1

公交车上，我拉着一个碍事的大旅行箱，车载广播播着关于逃犯的新闻。王佳佳，男，24岁，身高172cm，可能着灰色上衣、褐色牛仔裤，擅长修车、烹饪，该男子于7月7日从X狱逃出，目前警方正全力追捕，有提供情报者将悬赏……车子猛地一刹，所有乘客都向前倾了一下。我皱了皱眉头，拉紧了手里的箱子杆。

只要我把箱子送到规定的地点。箱子里的人曾承诺给我比那悬赏还高的报酬。我当然清楚地知道箱子里的这个人就是那个叫王佳佳的逃犯，我也想把这个箱子拉到警察局算了。可是我也是一个正被寻找的人，加上此时脑子里又冒出了一个新想法，只能冒险当一次东郭先生了。

某种意义上说，我也是一名逃犯。我想，现在我的父母正在高价悬赏我呢。简单来说，这是我跟他们玩的游戏，离家出走，然后让他们担心。后来被找到，然后挨老爸一顿骂，听老妈哭着求我不要再做那些危险的事情。这似乎已经成了一个游戏，但是只有我乐在其中。

与每次不同，这次我遇上了这个王佳佳。我一打眼就知道他是何等人物，巧妙的易容，很强的戒心，无不说明他的智慧或者是狡猾。我觉得这个游戏因为他而升级了，不再是单调的离家出走了。

公交车停下了，是王佳佳指示的站点。我拉着箱子下车，然后在人来人往的街上确定方向。

箱子的轮子与石砖摩擦挤压发出沉重的“咕噜噜”声音，我谨慎地留意着周遭的每一个人，生怕有认识我的人或是关注这个可疑箱子的人。也许是做贼心虚的缘故，一路下来并没有人注意我，只是我自己表现得万分不自然罢了。

我走进一个破败的小区，走上狭窄的楼道，从五楼的一个砖缝中抠出了一把钥匙。然后提着沉重的箱子到了六楼，打开那个旧防盗门着实费了我不少力气。

待把门关好后我开始检查这个屋子，虽然地处繁华市区，却是个只有三十多平米的破屋子，里面唯一的电器是一个电磁炉，整个房间落满了厚厚的灰尘，每走一步都能在粉色的瓷砖地上留下一枚浅浅的脚印。

这间小屋子可能是他早就安排好的藏身之所，有一个小得不能再小的厕所，一个转身都费力的厨房，然后就什么都没有了。我细心地检查这个屋子里的每一个角落，从硬邦邦的床到橱柜里的碗，这时箱子里的王佳佳似乎不耐烦了，“咚咚”地敲箱子，我才反应过来他可能快要窒息了。

我拉开箱子的拉锁，他从里面跌了出来，侧倒在地上大口大口地喘气，地上的灰被吹了起来，似乎飞进了他的气管，他又一阵咳嗽。

我踢了他一脚，问："怎么样，还没死？"

他用怨恨的眼神看着我，反问我："你不是说救我的吗？为什么现在还绑着我！"

"你以为我抽风了会救杀人犯哪！再说你哪只耳朵听到我说要救你了？我只不过是说帮你摆脱那几个警察的追捕而已。"我只不过是利用他给我提供一个暂居的地方罢了，他是逃不出城的。

他幽怨地看着我，仿佛我现在是要把他杀了一样。估计他这辈子就栽过两次，一次是在警察手里，一次是在我手里。想到这里我不免有些得意。

"你要多少钱？我给你。可以先给你钱，你后放我。"

他的确是有很多钱，因为他就是因为持枪抢银行被通缉的，而现在那笔他当年抢来的巨款也没水落石出，不知被他藏在了哪里。

"很遗憾，我若是个穷人就会很开心地接受。可是没办法，我对钱这东西不感冒。"我转身去寻电源插座，打算给手机充电。我失踪这三天来，一直没用我原来的手机卡，而用的是一张外面摊位卖的手机卡，其优点是卡名不是我的。

"那你想怎样！"他一脸不耐烦，试图坐起来，并且成功了。

我打开了窗子，让空气涌进这个死寂的空间，说："你现在可以求救。"我承认，有点嘲笑他的意味。他狠狠地瞪了我一眼，便不说话了。

CHAPTER 2

天黑的时候我从外面带了一条绳子回来，打开门看到他乖乖地倚在床头我便放下了心。因为事先已经彻底检查了这间屋子，确定了没有能足以割断绳子的利器后我才放心把他绑在屋里。他看我又拿了一条绳子回来，并且还从口袋里掏出了一张手帕，露出了诧异的表情。他是不会知道我打算做什么的。

我把手机立在角落，然后将一张字条展开在他眼前说："一会儿我会给我爸爸打电话，你只需照着这个说就行了，其他什么都不要说，要是你敢多说一句话，我就让你永远躺在这里。"

我把电话号码输入之后，将手机放在王佳佳耳边，王佳佳似乎始终也没理解我要做什么，还是一副疑惑的神情，大概他以为这样也许能帮助他逃离这个城市吧，他并没有要跟我作对的意思。更何况，此时我的刀就架在他脖子上。

电话很快就通了。

"喂，听着，刘功在我这里，我绑架了他。你们不许报警，不然我就杀了他。"王佳佳不等对面发声便先发制人。语气强硬，是我预期的效果。

电话那边短暂沉默之后，想也不想地问："你要什么？他现在在你旁边吗……"我按下了挂断，通话到此为止。

相信电话两头同时呆住了。

“就这一句？”王佳佳问。

我没理他，吃力地反绑双手，自己真的无法完全绑住自己，但是大概那个样子就对了。然后让手机录像充分地拍下晕过去的我的样子。三十多秒后我把手机录像停止了，然后对录像的头和尾做了剪辑，之后发给了我爸爸。我把电话关机，然后扔到一边，我究竟在干什么呢？是不是还要像以前一样玩玩便回去呢？不，我不要再回去了。

在这个幽闭的空间里，可以清晰地听到两个人的呼吸声。他说：“看样子你是故意让你家人担心你，头一次见你这样的人。”

我抬头看板床尽头的他，我坐在床沿，我们俩始终隔着一个有效距离，不敢轻易接近彼此。“你有家人吧？对你好吗？”我问他。

“谈不上对我好不好，他们根本就不管我，不管我死活，不然我也不会被逼得去抢银行。”他很平静地说。我倒是笑了，说：“如果我爸妈也那样该多好。”

“你还真不一样，绑架杀人犯不说，还假装自己被绑架，吓唬家人……”

“他们对我太好了，请钢琴老师，帮我报辅导班，一日三餐的伺候，就连咳嗽一声都要问一下是不是感冒。我总觉得并不优秀的自己受不起那样的待遇，什么都不缺，处处受照顾，这让我很害怕。我也很奇怪我为什么会突然害怕起来。害怕这是一场梦，害怕它一下子消失。不知道是什么时候冒出来的想法，我想让他们不爱我。于是我调皮、我离家出走，可是这都无法让他们不爱我。渐渐地，离家出走这种行为就像是得了强迫症一样重复出现，现在连我自己也无法控制。”我环顾这个幽闭的小空间，竟然觉得要比大房子让人觉得舒服。

“有钱人还真是被钱烧的。”王佳佳撇撇嘴，有点鄙视我的意思。

“也许是潜意识想离开那里吧。因为总觉得，那样的爱我没有资格接受。”这样想下去便更不想回去了。“你……那些钱，真的还存在吗？”

他的眼神顿时变得谨慎起来，“只要你放了我。”

“先钱？”我要求。

“先钱。”他答应了我。

然后这个话题没有继续下去。

CHAPTER3

我从北郊那个废弃的下水道里，把悬在那里几年的一袋子钱拉了上来，似乎是放的时间太长了，即使那些钱被里三层外三层包得密实，如今也非常的潮。我把它们去了外袋，统统装进了我的小旅行箱里。接下来的何去何从有些困扰我。

我深切地知道如果放了王佳佳的后果可能是什么，他可能会杀了我，也可能会在逃走的时候被警察捉到并供出我的下落。而我的选择就只有杀了他。我完全可以现在就拉着这箱子钱走掉，那样王佳佳就会烂在那间屋子里，直至房子拆迁。

但是我不能这么做，杀人的事情于他来说也许是如杀只动物般平常，但于我来说是件大事，我没干过，也不想那样做。不能杀他也不能让他活下去，最好的方法便是丢他在那间屋子里，然后我走掉。

可在这之前我必须把绑架这回事了结。

我边计划着如何拍一个比较形象的自己死了的录像边往回走，发完这个录像给爸爸之后就能证明我这个人彻底地在世界上消失了。他们便也不用再如何牵挂我了，这样我也能彻彻底底地放心离开这个城市了。我拉着箱子，走回那个与这个城市极为不搭调的破楼房，它斑驳的面孔告诉我它历尽沧桑，然而它倔强地立着，仿佛还能倔强好久。

带着箱子沉重的脚步声在这窄小的楼梯道里攀爬，每一步都是一个想法，每一个台阶都是一个计划。

把钥匙插进锁孔里的时候我还在气喘，因为拎了这么一个重物而导致我现在体力有些不支。

侧身打开门然后观察里面情况，见王佳佳仍然安静地靠在角落我才放心。我先吃力地把箱子拉进玄关，然后关好门。王佳佳定定地瞧着我这一系列动作，并无话说，眼神也没有什么变化。

我站在门口，皱着眉头瞅着屋子对角的他，心里竟有些许不安。也许是不满意自己的策划吧，总觉得自己会后悔。但是还照着那计划来一步步实施。我对王佳佳说："咱们俩就此再见吧，我不杀你。"

他看着我，突然笑了："你也不会放过我。"

他果然很聪明，从他决定把那些钱的下落告诉我时起，或者更早些，他就知道我不会放了他。知道那钱下落的只有我们两个人，而且知道我的秘密的也只有他，我怎么可能放过他。

我愣在了那里，不是因为他很聪明，而是我看到橱柜里的碗，只剩下两只，原来是有三只的。这时，我脑海里浮现出我不在时的情景。他艰难地蹭到厨房，摔碎了一只碗，然后费力地割断了绳子，动作可能非常别扭，但因为对我的恨意和对出去的执著。我似乎能看到他满头大汗的样子，但是不粗的绳子还是被割开了。

我觉得我不能表现出惊慌，不然很难想象王佳佳会怎样。对，一定要镇定，我手里还有刀，而无法出去的他什么都没有。

我说："我想拍一个视频告诉爸爸我死了，然后再也不回来。你是如何打算的？"

他如一头豹子般窥视着我的举动，整个人显得异常平静，其实在等待一个时机。他说："还做杀人犯。"

听到这话我心里一抖，尽管我们的身高体重相似，但他毕竟是个杀人犯，而我不是，我尽管手里握着刀，却想都没想过杀人这回事。

现在最紧要的是如何逃出这间屋子，门虽然就在手边，可是开门的时间绝对是来不及的。我再想不出什么好的对策了，我从口袋里取出刀子，对着他说："不要动！"他似乎根本没把我和那刀子放在眼里，反剪的双手一点点地移动出来，似乎我越警告他不要动，他便偏偏动给我看。而持刀的我竟然毫无办法。

"现在好了，你可以把你的手机丢过来吗？"他盯着战栗的我。我生怕他扑过来，于是把手机丢给他，除此之外，我没有别的办法。

我真是做了回东郭先生，想到这里，我

真想嘲笑自己一番。

他应该是调出了我爸的电话号码，然后拨了过去。仍然是他先说话，“听着，你儿子在我这里，限你一小时内，给我准备一辆车在市三十六中门口，要加满油，不许报警，不然杀了他。”他的语气冷静，像是早就想好了台词一样。

因为屋子里再没别的声音，所以我能清晰地听到电话里老爸的声音，他干脆地说：“行。”而我却非常之恨，为什么对我那么好……是不是绑匪开出什么条件他都会答应？我拿着小刀的手出了汗，有些颤抖。

“那你能让我听听他的声音吗？他在旁边吗？”

王佳佳有点忧虑地看了看我，然后说：“没问题。”他用手指了指我，似乎是让我出声，而且有些威胁的架势。我不知道自己为什么要那么配合他，也许和他被我强迫念台词时候的心情是一样的吧，我也没有多抵触，就低声叫了声“爸”。这也许是最后一次这样叫了吧。

电话那头沉默了，不知道爸爸在想些什么，我不想让他记住我，我不想跟他有任何关系，他这么一沉默，我的心情也忽然不舒服起来，也许这就是人们常说的不舍吧。

“听到了吧，快点去办。”王佳佳没有废话，直接挂断了电话。其实他根本不怕什么报警不报警的，因为他现在不是一个逃犯了，而是一个绑匪了，绑匪因为手上有筹码，所以在某些程度上是不畏惧警察的。这就是所谓的有恃无恐吧。

然而他就那么确定我能乖乖地做人质？

王佳佳说：“你不是很想被绑架吗？你放下手里的刀子，咱们就这样一起离开这里。用箱子里那些钱，足以出国逃出警方追捕。”

他说得有道理，但在那之后我将被他杀掉。我摇了摇头，把刀子比在身前说：“我只想让他们认为我死了，根本没必要来真的。”

“那可不行，你要知道，警方已经知道我是绑匪了，他们能放过我吗？现在我只能顺水推舟做这个绑架你的绑匪！”

我明白，警察不能放过他，他也不能放过我。不行，我不能真的死！我只想离开他们，并不想永远离开这个世界。我还希望偶尔能回去偷偷看看他们过得怎么样，我还希望知道离开他们之后的生活……

我右手的刀子对着王佳佳，左手背过去拼命地拉动防盗门的铁扣。可是因为年头太久似乎生了锈斑，如何也掰不动。这个门锁要两手合力才能掰开……可是我哪有时间腾出右手，王佳佳已经过来了！

我胡乱地挥舞着刀子，大脑一片空白。他过来了！我的刀子划向他的脸，却被他一手挡住，我改用刺的，他一侧身便掰住了我的手腕。他从前是个修车工，力气自然大过我的。我看着刀子从自己手里翻转过来刺向自己，心脏都停止跳动了。我会这么就死了吗？会吗？会吗？会吗……

CHAPTER4

张开眼睛的时候，脸部感觉到了冰凉。我看见自己的血在缓缓地往外淌，已经染红了一片地板，我已经没有了疼痛的知觉，不知血是从哪里淌出来的。不过，往自己身上扫上一眼便看到了流血的地方，那里不但一片殷红，而且还插着我的那把刀。而再稍微往远看一点就能看到王佳佳正在窗边扒着窗户往外窥探。

我试图起来，但是身子却重得要命，且不听使唤。我想，我大概没倒下多久，血量流的并不是很多。我调整一下呼吸，缓了缓意识，然后缓缓地站起来，小心翼翼地挪向不远处的王佳佳。我听不到声音，我不知道我的挪动有没有制造出什么声音，于是我尽可能轻轻地接近王佳佳。我把身上的刀子快速拔出来，我怕速度慢了会给自己带来疼的知觉。然后尽自己最大的力气刺向王佳佳。不是一刀，我不知道是多少刀，我疯狂地将刀子插进去又拔出来，反反复复，心里想，同归于尽吧！

但是老天并没有让我们同归于尽。很久之后想起这天，我都难以相信这个事实。我是该感谢上天呢，还是该怨恨上天呢？

没错，我没有死，只是流了很多血，我给自己的伤口进行简单的处理之后，稍稍休息了一下。休息后，我把尸体拽到室中心，仔细地擦拭了一些指纹和血迹。然后把我们身上的衣服对换了一下。最后，我把橱柜里的食用油均匀地泼洒在屋子里和楼道里。

我稳步走出楼房，心里盘算着火势蔓延到了哪里。在这个热闹的市区所幸没有人注意到我，只是因为太留意身后的楼房而不小心撞到了一个小学生。刚才忙那么久，竟然忘记了我自己身上还有刀伤。这一撞，竟然撞痛了我的伤口，我皱了一下眉，小学生怯生生道：“对不起。”我摇摇头快步走出这里。

看一下表，已经过了绑架约定的时间。绑匪不可能再去取车了。

之后便像开头写的那样，我在一个地方俯视着那栋小楼发生的一切。大火帮助拆迁部门烧毁了这栋颤颤巍巍的老楼，钉子户个个非常愤怒，以为是开发商趁人们不在搞的鬼。只有进入现场的警察皱着眉头，围着一具烧焦了的尸体交头接耳。爸爸妈妈也去了，看到烧焦了的尸体和尸体旁边手机的尸体，以及残留下来的衣服碎片，还有凝固又被烧黑的血，他们痛哭不已。

不用想也知道后来怎么样了，警方只能根据现场种种判断死者为刘功，衣服碎片、手机、身高，无不证明那个躺在废墟里的是刘功。他们应该是想，绑匪撕票了或者是意外杀了人质，所以没有去取那台约好停在三十六中门口的车，他们白埋伏了。

几天后，在报纸上得知了小学生口供的那件事，这更帮了我一把。这样他们就会认为王佳佳逃了。他们的工作重心很快就会转移到追捕王佳佳身上。而我爸妈也真会以为我死了。

公交车上，我拉着一个碍事的大旅行箱，车载广播播着关于逃犯的新闻。王佳佳，男，24岁，身高172cm，可能着灰色上衣、褐色牛仔裤，擅长修车、烹饪，该男子于7月7日从X狱逃出，目前警方正全力追捕，有提供情报者将悬赏……车子猛地一刹，所有乘客都向前倾了一下。我皱了皱眉头，拉紧了手里的箱子杆。

CHAPTER5

也许你会认为我太娇惯了，连父母的爱都不想要，或者你会认为我是一个神经病。但是你不知道，那些爱本不该属于我，也许这一点连我爸妈都不知道。五年前我也是理所当然地享受着父母的爱的，直到有一天，一个跟我同年同月同日生的女孩站在我面前时，我才恍然知道我自己不是他们的儿子。

尽管那个“狸猫换太子”的计谋是已逝的奶奶独自策划并实行的，目的是想让刘家有个男孩，但是还是有人知道这件事的，比如当时的一个护士。那个女孩说并不介意那次调换，虽然自己生活没我那样优越，但是生活依然很快乐。她并不想换回来，因为她爱她的养父母。我们也知道那护士泄露秘密，只是想让我们知道真相而已，不说出来于她来说良心不安，但见我们两个当事人并不在意，于是那个秘密停止了继续传播，只有我和她还有那个护士知道。

不久，似乎是因为工作原因，他们举家搬离了这个城市。我并没有告诉任何人我不在意那件事，甚至我自己在一开始都不知道我其实是很在意的。当看着自己父母对自己如何如何好的时候，我心里就会莫名地别扭起来，觉得那一切都不是理所应当的。我不敢接受。不知是从何时起，那些鼓励、那些物质都变成了不敢接受的东西。只有我知道，那些都不是给我的，我应该生活在一个普通的家庭，享受普通的生活。那些都不是我的，不是我的……越是那样想就越无法走出这个圈，渐渐地，我想，如果他们不爱我了，我是不是就可以解脱了。

这便是我那个想法产生的全过程——无法原谅自己。

杀了王佳佳后，我处理了他的衣物和一些东西，然后离开了这个城市。偶尔，我还会回来看看他们还好吗。

有一次我看到了我的墓碑，站在自己的墓碑前，盯着“爱子 刘功”的字样，呆呆地站在那儿，竟然没有丝毫解脱感。我似乎看到他们声泪俱下的样子，妈妈伤心地抱着那块石碑久久不肯放手，爸爸默默地站在碑前回想我们一家三口快乐的从前……眼泪“啪嗒啪嗒”地打在石碑前，我竟然哭了。

王佳佳这个从监狱里逃出的逃犯终没逃过死刑，而我，终没逃出爱。我们都是逃犯，两个可怜的逃犯，一个已死，一个尚未捕获。不，现在的我不是王佳佳也不是刘功，他们都死了，那么我是谁呢？谁来告诉我。

——逃犯！

悬疑志

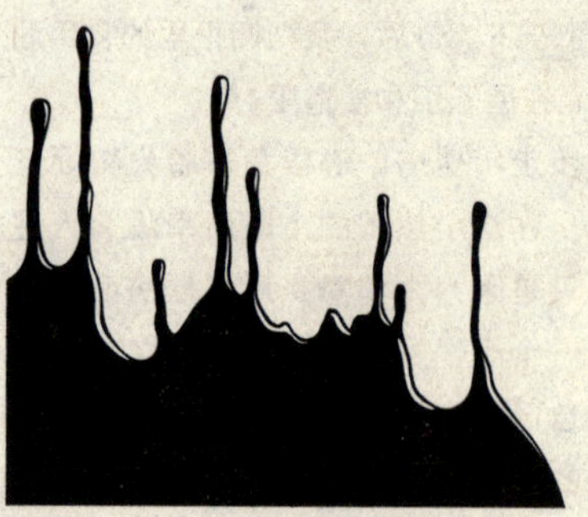

千口

文\花布

千口，日本古代妖怪。
因人的怨恨以及希冀而生。

第一次见到川木老师时，我很是不知所措。

之所以这样，是因为川木和我印象之中的形象相差太远。记得那是我第一天去上班，川木一个人躲在休息室泡茶喝，是那种老人喜好的绿茶，苦苦涩涩的，伴随着开水升腾的蒸气，他抿得小心翼翼，一袭泛黄的制服套在他身上更显老气。

说实话，我想象中的川木应该是个身高体健的中年人。

没想到，居然是个年过半百的老头。

这让我的心里很不平衡，作为川木的新助手，感觉这是老天爷在和我开玩笑。无论如何，我都无法将面前的老头和那个屡次破获奇案的警察厅大英雄相提并论。但作为新人，我还是克制了自己的不满和诧异，很恭敬地向他鞠了一躬。

川木只是微微点了点头，笑道："你就是邻水君？"

我急忙立正，敬礼："是的，佐川邻水向您报到。"

是的，我是一名警察，刚刚从警校毕业的警察。从小到大，我一直非常羡慕那些威风凛凛的警务人员，当然，我想做的是那种刑侦警察，可以与歹徒搏斗，可以靠自己的力量整治不良人员。

所以才不惜一切地考进了警察学校。

在学校时我就经常听教官和同学们提起川木的大名。每每说起他时，大家脸上都是一副敬佩非常的表情。关于川木所破获的各类案件，可以说是数不胜数，甚至有很多积攒数年的旧案，只要他出马，都可以在短时间内解决掉。

不是说大话，川木在千叶县的警察界，几乎就是神一般的存在。

像我这样一心做着警察梦的同学，都将川木视为自己的偶像以及奋斗目标。因此，想要做川木的助手就是一件相当困难的事了。说起这件事来，还有些让人匪夷所思，川木的助手经常更换，而且每一年他都会从警校毕业的学生中挑选助手。

反而对那些很有经验的警察不大感兴趣。

但是不管选择什么样子的助手，一般在一两年之内，川木便会渐渐厌烦。

因此，在警界大家对川木可以说是又爱又恨，爱的是他的能力，恨的是他的为人。但是，作为一个人才，谁都不会去得罪他。这些传言自然也传到了学校里，但我并不觉得奇怪，有能力的人一般总是有些怪脾气的。

我仍旧一心想要进入千叶县警察厅，成为川木的新助手。

或许，是上天眷顾吧，没有想到我真的会成为川木的助手。但在此之前，还有一些小插曲。初入千叶县警察厅的时候，我并没有被分配到刑侦科室，也许是因为资历不够，我成了资料库的管理员，这让我很是气馁。但一次小意外，却给了我机会。

那是一次同事聚餐，为了迎接我的到

来，我们一群年轻的同事去酒屋喝酒。

席间，有人和我开玩笑，说起了我的前女友，我们是在学校时认识的，但因为各种原因终究分手，于是，大家开始在谁甩了谁的问题上纠缠我，虽然很丢脸，也很不愿意提起往事，但我还是实话实说，明明白白地告诉他们是女友甩了我。

而且，在甩掉我之前，就已经背着我找到了新男友。

这件事，在翌日就成了同事们口中的笑谈，对于一个大男人来说，被女人欺骗的确很丢人。我感到自己很倒霉，但没过几天我就听说，川木居然亲自向上司提出调遣我的请求。

我非常兴奋，但如同我前面说的一样，在见到川木之后，我的兴奋很快转换成了失望。接下来的几天内，我没有从川木身上学到丝毫的经验。他好像对一切都无所谓的样子，一般有案件时，也只是看一看报告，或者自己坐在办公室内发呆。

久而久之，我觉得自己的选择可能是个错误。

如果再这样下去，我打算申请调职。

在做资料管理员的时候，我曾经借着工作的机会看了很多案件卷宗，其中，有相当一部分是川木亲自破获的。很多案件匪夷所思，但大部分都和凶杀有关，有一些几乎没有任何证据的悬案，在川木接手后，犯罪嫌疑人也会很快水落石出。

最为不可思议的是，大部分川木接手的案件，几乎不需要什么繁冗的侦破过程，在几天之后，川木自然会说出犯罪嫌疑人的名字，甚至包括年龄、住址，一切资料，好像在此之前，他亲眼目睹了犯罪嫌疑人作案的整个过程。

这一点来说，川木的确很神奇。

因此，虽然我的心理落差很大，但在申请调职之前，我还是非常想和川木一起参与案件的。

不知道算不算巧合，在跟随川木一个星期之后，富川发生了一起死亡案件。据说，这起案件比较棘手，上司立刻派遣川木和我下去调查。我非常兴奋，接到命令之后，第二天就跟随川木一起来到了下属的警察厅。

在那里，我们了解了死者的基本资料。

死者名叫长野水子，今年二十一岁，是一家超市的普通员工，因为是外来人，且很早以前父母双亡，几乎没有任何亲戚，所以社会关系相当简单。根据当地警察的调查记录显示，水子是一个比较孤僻的普通女孩，也没有什么仇人。

水子是从十三楼的阳台上坠楼死亡的。

离奇的是，依据案发现场的调查影像来看，根据尸体和楼间距离判断，以及死亡姿势，初步断定水子是被人推下楼的，也就是说，是他杀。可惜的是，以目前调查的阶段显示，犯罪嫌疑人还没有明确，进展不容乐观。

我和川木到的时候，水子的尸体还停放在警察局的停尸间中。

川木对案件资料和档案一点都不感兴趣，在警察向他汇报案件进展时，他一反常态地心不在焉，听完冗长的汇报之后，便要求直接去停尸间查看尸体。做警察的都应该知道，从十三楼坠亡的尸体，破损严重，一般很难再找到有利证据。

何况，还是被人推下来的。

但川木有这个权利。我也只好跟随他一起去停尸间。可我实在不愿意去那个地方，虽然身为警察，在学校也受过这方面的学习，但我们多半看到的都是照片或者影像，难得遇到实物讲解。从内心上来说，我和普通人一样，对死掉的东西有些恐惧。

或者说，是不适应吧。

在推开停尸间的刹那，我就感到浑身的汗毛不自觉地竖了起来。有警察帮我们从便捷冷柜中拽出了水子的尸体。虽然房间内温度很低，但拉开塑料袋的时候，我还是闻到了一股微微的血腥味道，望了一眼，我差一点呕吐出来。

水子的身体几乎摔烂了，她的骨头已经错位。一张脸奇形怪状，实在难以形容。

我本能地背过身去，就连旁边帮忙的警察也忍不住转移了视线。川木不愧是老警察，他面不改色地盯着水子的脸，仔仔细细地观察着。虽然不知道他在观察什么，但我还是强迫自己再次扭过头来。我惊讶地发现，川木把自己的右手伸进了水子的嘴巴里。

川木的手像是在摸索着什么，像一根棍子一样在水子的口腔中来来回回地探寻着。

我再一次一阵干呕。这时，川木已经把手缩了回来，一边用手绢擦拭着手指，一边对旁边的警察说：“死者的牙齿呢？”

警察急忙回答：“哦，在坠楼的时候，死者的牙齿都飞了出去。现在存放在法医科那里。”

川木没有说话，带着我向法医科走去。来到法医科，我们找到了装在塑料袋中的水子的牙齿。川木看了一眼，露出了一丝意味深长的微笑，随后，便带着我离开了警察厅。我实在不明白，一袋牙齿能看出什么。

我们的工作出现了停滞，不，应该说是川木的工作出现了停滞。在来到富川之后，我们仅仅去了一次警察厅便再也没有离开过旅馆，甚至连案发现场都没有去过。我很想问一问川木究竟怎么想的，但那几天里，川木完全沉浸在旅游的乐趣之中。

每天早晨起来，川木便带着我上附近的公园或者商场中转一转。

我毕竟只是助手，不敢多问什么。直到几天后，警察厅通知我们，他们抓到了犯罪嫌疑人。川木这才带着我赶到了警察厅，但我对他已经不抱什么希望了，我只是觉得，我上当了。作为一个警察，川木的行为实在让人觉得无用。

来到警察厅，面对我们的是一个二十二岁的男孩。

男孩叫长赖大朗，据水子的邻居描述，在水子死亡的当天，大朗曾经去找过水子。

而且，作为水子的前男友，他不仅有作案时间，也有作案动机——在和水子分手之后，他很快找到了新女友，但是水子并不打算放弃这段感情，经常去纠缠他以及他现在的女友。

假设说，大朗为了保持现在这段感情，在恼羞成怒的情况下，完全有可能杀掉水子。

案件似乎一下子有了突破，但大朗对此事并不承认。他虽然表示自己的确在当天找过水子，也确实是为了感情的事情，想要告诉水子不要再纠缠他，但他否认杀害了水子。可目前证据显示，只有他有相当大的作案动机。

大概因为这个原因，大朗在接受审问时，显得非常紧张和激动。

而整个过程，川木和我都没有参与，只是坐在旁边静静地听着。直到离开警察厅的时候，在车上，川木才开口说话，问了一个我觉得非常愚蠢的问题："邻水君，你觉得大朗说的是不是实话？"

我一愣，有些尴尬："这个我怎么能知道。我又不是大野水子，更不是长赖大朗。"

川木很诡异地笑了笑："也是。如果世界上的罪犯都说实话，抓进警察厅之后，就能安安分分地把一切实情讲出来，恐怕我们警察也就快失业了。但是，偏偏这世界上的人都喜欢说谎话，会说谎话，所以，我们还能工作生活。"

这句话简直是废话。

对于我的沉默，川木并没有不高兴，只是轻轻地呢喃了一句："是时候去问问大野水子了。"

因为这句话，我身不由己地哆嗦了一下——问一问大野水子？这是什么意思？一个死人能说出什么来，就算她清楚自己是被谁所杀，可死了就是死了，永远也不会回来，坐在我们面前，向我们阐述事情发生的经过。

但川木的表情却让我很诧异，那是一张相当自信的脸。

回到旅馆之后，川木叮嘱我早些休息，便独自一人进了浴室。我根本就睡不着。冥冥之中我有一种很鬼魅的预感，总觉得今天晚上会发生一些比较阴森的事情。在客厅足足发呆了半个小时，川木已经从浴室中走了出来。他赤裸着上半身，吓了我一跳。

我也吓了川木一跳，他大概没想到我还坐在客厅发呆。

在我还没反应过来的时候，川木已经顺手将睡衣套在了身上，问道："邻水君，你怎么还不回房睡觉？"

川木的语气有些不高兴，我只好悻悻地回到了自己房间。但回到房中后，我回忆刚才的画面，觉得哪里不对劲。是川木身上的疤痕，在他套上睡衣的瞬间，我看到了一些疤痕，很多，形状很奇怪。

但想来，是个警察身上多少都会有疤痕吧，何况，还是刑侦警察。

本来我想早些睡去，但那天晚上，果然如同我之前的预感一般，发生了一些奇怪的事情。在半夜的时候，我起床去卫生间，路过川木房门时，听到了一阵窸窸窣窣的声音，他应该还没有睡，似乎在和什么人说话。

当我好奇地将耳朵贴在门上窥听时，我的后背一阵发毛。

我模模糊糊地听到，有别人的声音。

川木最近很少出房门，每天天黑之后，便早早回房间睡觉。搞得很神秘。我已经懒得再理他了，既然他不愿意继续调查案件，那我只能靠自己。我决定从头开始。我先是去了水子工作的超市，了解了一下水子工作的环境和同事。

一番询问之后，并没有得到什么有价值的线索。

水子的确是一个孤僻的女孩，没有什么朋友。

从超市出来之后，天已经黑了，我一边思索一边慢慢地向旅馆走去。中途，我路过水子居住的公寓，突然很想上去看一看，于是走进了电梯。来到第十三层后，远远的，我看到一个人影站在水子家房门前。

由于走廊非常昏暗，看不清楚那是谁。可以确定的是，应该是个女孩。

那个女孩呆呆地站在水子房门前，一动不动。我忽然觉得气氛有些不对劲，一股森森鬼气瞬间笼罩了我，但我还是壮着胆子向前走去，越来越接近的时候，我忍不住喊了一声："喂！你是谁！？不要动，我是警察。"听到我的话后，那个女孩立刻向步行梯通道跑去，我想也不想，追了上去。

毕竟是女孩，在十一层时，我很顺利地将她扑倒了，是一个陌生女孩。但可以肯定的是，她和水子的死一定有关系。我立刻将她带到了警察厅，打算连夜审讯。一番审讯过后，我才得知，原来女孩是大朗的新女友，名叫松子。

松子出现的时间以及地点，似乎让我看到了突破口。

我找来心理医生和我一起审讯，几轮过后，松子果然扛不住了。她哭得很惨，但还是招认了。松子说，她就是杀害水子的真正凶手。那天，因为水子的关系，她和大朗大吵了一架，当大朗决定去找水子理论时，她也偷偷地跟去了。

在水子家的房门外，松子听到大朗和水子的争吵声。

水子仍旧深爱着大朗，她祈求大朗离开松子，重新回到她身边，可是大朗不肯。没有办法，水子变得异常固执而愤怒，她甚至开始威胁大朗，告诉他，如果不和松子分手，她会一辈子缠着他们，绝对不会让他们有好日子过的。

大朗很无奈，决定离开。

在大朗离开之后，水子和松子同时陷入了无边的痛苦之中。水子完全没有注意到，大朗走时忘记将大门关上，这给了松子机会。当时的她悲愤交加，她不明白为什么水子不肯离开大朗，成全他们，她偷偷地摸进了水子的房间。

而水子对此毫无察觉。

当看到水子站在阳台上痛哭不已的时

候，松子一瞬间起了杀意，趁着水子不注意，她飞快地冲到了阳台上，一把抱住了水子的腿，水子猝不及防，只挣扎了几秒钟，便被她从阳台上翻了下去。之后，她匆匆离开水子家。

接下来的日子，松子度日如年，杀人的恐慌无时无刻不围绕着她。

没有想到的是，大朗居然被抓了起来，她很矛盾，她想去自首，但又不想毁掉自己。终日沉沦在纠结之中，对于水子的死，她也感到很愧疚。正因为这份愧疚，她才来到水子家，只是，没有想到碰到了我。

审讯结束之后，我很高兴，觉得自己做了一件天大的事情。

再回到旅馆的时候，已经是深夜时分了。可我毫无睡意，我兴奋地打开大门，向自己房间走去时，意外地发现川木一向紧闭的房门居然微微露出一道缝隙，且有明亮的光线从中透出来。看来他还没睡，也许，是看到我不在，才忘记锁门的吧。

我并不在乎，继续向房间走去。靠近川木房门的时候，我听到了奇怪的声音。

在好奇心作祟下，我忍不住趴在了门缝后，向川木的房间内窥去。

屋内光线蒙胧，只开着一盏台灯，气氛很阴沉。川木正光着上身坐在书桌前，在抽屉里翻找着什么，不一会儿，他拿出了一个塑料包。我看得清楚，那是水子散碎的牙齿，我很奇怪，不明白川木要做什么，但接下来发生的事，让我目瞪口呆。

川木利落地取出了一颗牙齿，居然像吃药一样吞进了肚子里！

我简直不敢相信自己的眼睛，一阵寒气顺着脊背飘了过来，胃里一阵一阵地涌动。本不想再看下去，但就在我打算溜回自己房间时，川木突然蜷缩起身体，似乎很痛苦的模样，捂着肚子，缓缓地移到床上，脸色也变得铁青。

我看到川木的脸上渐渐流下了冷汗。

本想进去帮帮他，但我刚想站起来，却再一次惊呆了。

川木的整个身体因为疼痛变得僵直，他的脸色从铁青转变为灰黑，那样子就像电视里妇女分娩的模样，但他并没有喊出来，只是咬紧牙关，强迫自己从床上站起来。这个时候，我注意到他的肚子上微微裂开了一道口子。

很可怕的口子。

最初开始，那只是一道很小很小的伤口，如同针扎似的，它一点一点裂开，一点一点胀大，很规范地在川木的肚皮上画出了一个圆圈形状的口子，继而开始微微蠕动、变化，渐渐突出、变色，不到一分钟的时间，已经定型。

居然是一张嘴巴。

没错，如果不是亲眼所见，我也不相信这一切。但事实证明，那的的确确是一张嘴。在成型之后，它甚至很夸张地活动着周边以及口腔内的肌肉，如同一只新生的动物，我看到川木的肚皮也随着它的活动而挤在一起，一条舌头很自然地从嘴中吐出来，舔舐了一下干涩的嘴唇。

当然，还有一排整齐洁白、若隐若现的牙齿。

在那张嘴巴活灵活现的时候，我忍不住向后倒退了一步，不知道是害怕还是紧张，只想赶紧逃回房间。与此同时，那张嘴巴突然说话了，它微微动了动嘴唇，发音标准、口齿清晰地说道："今天，有什么要问我的吗？"

在那张嘴巴开口说话的时候，我终于忍不住大叫了一声。

我像是见鬼了一般，跌坐在地上。

这声呼喊，暴露了我的存在，川木迅速套上睡衣，大步流星地走到门口，一脸阴沉地望着坐在地上的我。我不清楚接下来会发生什么，脑袋已经一片空白，彼此僵持了几秒钟，川木幽幽地吁了一口气："你还是看见了……"

一边说，川木一边伸出手来将我拉了起来，我下意识地倒退了几步，和他保持一定距离。他转过身去，轻轻说："进来吧，既然你都看见了，我就全部都告诉你。"

不知道是不是昏了头，我竟然鬼使神差地走进了川木的房间，或许是不敢有所反抗吧。

在川木的房间，我们相对而坐，我一直盯着川木的睡衣，时间像停滞了似的难熬。他点燃了一根烟，像是讲故事一般，向我娓娓道来："邻水君，你不要害怕，没有什么东西会伤害你的。"

"可是……你肚子上的……那张嘴……"

川木狠狠吸了一口烟，说出了一句让我更加恐慌的话："这是水子的嘴巴。"

我一下攥紧了拳头，结结巴巴地说："水子的嘴巴！？这不可能！"

"确切地说，我把这种嘴巴统称为千口。"川木冷静地吞云吐雾，"怎么跟你解释呢，你相信这个世界上有妖怪吗？会发生一些在普通人思维中不可想象的事情吗？事实上，第一次接触千口时，我也很慌张。那还是我的前辈教给我的，他和我一样都是千口的载体，换句话说，这种妖怪可以成型在我们这种人身上。"

我听得很糊涂："我不懂……"

"意思就是，我们可以和这种妖怪交谈。所谓的千口，就是指一些因怨恨而死之人的嘴巴，靠着强烈的憎恨和未完成的心愿，在某种特定人群之中，它们可以再生成型，讲述死前发生的事情以及死亡时的一幕。当然，并不是所有人都能见到它们。"

"你指的是什么样子的人？"我突然对这个话题更为好奇。

川木突然笑了："那要一生一世都没说过谎话的人。比如我，或者……你。"

恍惚之间，我想起了那次同事聚会，以及川木为什么选择我做他助手的原因。

你相信一个人从小到大都不会说谎话吗？总之，我是不相信的，但我却不能否认

这个世界上有这样一类人。世界之大、无奇不有，如果连妖怪都存在，那人类不更是千奇百怪吗?

现在回想起来，我已经无法确定我是否曾经说过谎话。

但川木告诉我，一直以来，他都在寻求一个能够替代他的接班人，可惜的是，这么多年过去了，在他渐渐老去的同时，他一直没有发现那个可以依靠的“载体”。而事到如今，事情已经无需再解释什么了，那些所谓的悬案，那些所谓的丰功伟绩，都找到了一个合理的解释。

这世界上，有什么事情比从被害人嘴里直接询问答案更简单真实的吗?

自然是没有。

虽然还是有些震惊和恐惧，但秘密公开之后，我和川木之间反而变得轻松了许多，我对那个嘴巴更加好奇了，很想要再看一看。川木很大方地脱掉了睡衣：“这几天晚上，我一直在询问水子当时的情况，可是她好像不大愿意提起那天的事情。”

我这才想起来，目前我们还有案子在身。

我长长地吸了一口气，将目光集中在那张嘴上，尽量不去胡思乱想，问道：“请问，你是水子小姐吗? ”

嘴巴迟疑了一瞬，才开口讲话：“是的，我就是长野水子。”

这是一个普通女孩的声音，这种声音缓解了我的恐惧。我觉得，其实事情说开了，也没有那么可怕了。我正襟危坐，正好将今天遇到松子以及松子的证词说了出来。嘴巴再一次沉默了，这个长在川木肚皮上的妖怪，不知道在思索着什么。

这时，川木说话了：“水子，我们是在帮助你，无论如何你一定要将实际情况告诉我们。”

我紧接着说：“是的，只有这样我们才能知道谁是真正的凶手。”

嘴巴伸出舌头抿了抿嘴唇，说道：“好吧，事实上，是大朗将我推出了阳台。那天我们见面之后，吵得很厉害，我很爱他！真的！非常非常爱他！我不明白我哪里不如松子，但他不仅不肯回头，还动手打了我。我很愤怒，于是，我们扭打在一起，一路扭打到阳台上，他像疯了似的抱住了我……”

说到这里，嘴巴显得很激动，声音越来越大，最后，居然哭了起来。

我和川木长吁了一口气，彼此对视了一眼。在接下来的询问过程中，嘴巴相当配合。几个小时过去之后，我们都很累了。

川木打算结束这次会谈，很客气地说道：“谢谢你的配合。”

他的话音刚落，那只嘴巴便逐渐缩小、淡去，最后，完全不见了。

那天晚上，我彻夜未眠，经历这样一个离奇而诡异的夜晚，我觉得一切都变了，也许，这世界上所有的东西都很简单，也很复杂，而究其缘由，几乎都是因为某一句话，或真的，或假的。一直到凌晨我都在思索这个宇宙间最为玄妙的问题。

川木已经起来了，在门外敲门后，对我说：“邻水君，我们今天要去一趟警察厅。”

我急忙从屋里走出来，笑道："也是，现在是该结案的时候了。"

川木很深沉地撇了撇嘴角："现在还不一定吧。"

带着费解的心情，我和川木来到警察厅，再一次提审了大朗以及松子，在分别进行审讯之后，没想到又一次陷入了僵局，松子一口咬定水子是她害死的，而大朗则改变了之前坚决不承认的口气，他交代，水子确实是他害死的，跟松子没有一点关系。

而松子之所以这样做，是因为她太爱他了。她不想让他毁掉自己的前程，她想要替代大朗接受惩罚。

这是爱恨纠结的复杂结果，究竟谁说的是真的，谁说的是假的？

出门的时候，我再一次想起了川木之前的话——若是这个世界上，没有人说谎话假话，也许，也就没有所谓的秘密，没有所谓的迷惘了。我突然觉得，川木的确很厉害，不是因为他有能力和死去的人对话，而是因为他看透了很多我看不透的东西。

就像川木上车后问我的那句话，他说："邻水君，现在，你说究竟谁说的是真的呢？"

我哑口无言。

我发觉这个世界上最虚幻、最难以琢磨的不是人，而是人们说的话。现在有多少人为了利益、为了爱恨，甘愿口是心非。说一句假话，别人会高兴、会信任你，说一句真话，对方反而会疏远你。于是，人们都渐渐习惯了这个充满谎言的世界。

并且乐在其中。

水子的案子终究还是结案了，这自然是川木的功劳。那天晚上回到旅馆之后，他吞下了水子的牙齿，当那张嘴巴再次出现之后，我们两个人和它进行了彻夜长谈，它依然还是陈词老调，只是，这一次比上一次还要激动。

一直到快要天亮的时候，我蒙蒙眬眬中睡着了。

翌日清晨起来，川木已经洗漱妥当，准备去警察厅了。他很笃定地说："邻水君，我想今天可以结案了。"

我很是狐疑地跟随川木回到警察厅，川木单独提审了大朗，在一次又一次地心里攻坚战后，大朗终于无可奈何地承认了。他哭得很厉害，他承认，水子的确不是他杀害的，是松子在他离开之后将水子推下了阳台，而他之所以这样做，是不想伤害松子。

这也是大朗为什么在得知松子被抓之后，突然翻供的根本原因。

他说，这一切都是因他而起，他愿意保全松子，承担后果。

可是假的终归还是假的，不管过程因由是什么，它的结果也早就注定了。何况，他碰见的是川木这样一个怪人。但是，我还是有些心虚，对于案子的结果，我看不透分毫，但川木的表情却告诉我，这是一个正确的结果，无需担心。

回来的路上，我一直在向川木提问题，

想要问问他凭什么断定大朗不是凶手。

但川木一直微笑，不肯回答，直到回到旅馆门口，下车前，他才神秘地说："如果不相信，今晚我们可以再和水子谈一谈，我那里还有最后一颗牙齿。到时候，你自然就会相信我了。"

那天晚上，在川木吞进水子的最后一颗牙齿时，我觉得已经完全没有必要了。但或许，是为了让我信服，也或者，是因为其他更深奥的秘密，川木还是坚持这样做了。当那张嘴巴在他身上逐渐浮现出来后，川木和我便将大朗和松子的结果原原本本地说了出来。

意外的是，那张嘴巴再一次沉默了，而且，沉默了很久很久。

好像在嘴巴里，在川木的身体内还潜藏着一颗脑袋，在思索着只有它自己知道的秘密。直到十几分钟之后，那张嘴巴才开口说话，很不可思议的一句话，它说："我恨你们！我恨你们！我所有的一切都被你们毁掉了，所有的愿望……"

我愕然，川木却胸有成竹的模样，对我点了点头，示意我继续问。

我很谨慎地问道："水子……你这句话是什么意思？难道不是松子害死你的吗？"

"不！"嘴巴的口气很愤怒，但很快就平静了下来，长长地叹了一口气，它缓缓说道，"没错，确实是松子把我从楼上翻了下来，我恨她！但我更恨大朗！可是，我依然很爱他，即使到了现在，即使我已经死去，我依然深爱着他，你们永远不会懂的……"

我似乎有些明白了："你的意思是，你之前说大朗害死你，都是骗人的？"

到了这个时候，它已经懒得狡辩了："是的，是我故意要骗你们的。"

"为什么？"我不解。

"因为我爱大朗，但同时很恨他！如果没有他，我活着也没有任何意义，到了这个时候，我已经看透了。我想要大朗死，即使我已经死了，我也不要他留在人世间去爱别的女人，哪怕一分一秒也不愿意。我要让他陪我一起死，生生死死都要在一起！"

"就因为这个原因？"

"是的。"嘴巴苦笑了一下，"也许你会觉得不可思议，但你永远都不会懂的。只有欺骗你们，我才能和大朗永远在一起，永远不分开……"

我完全惊呆了。不知道是因为这份固执，还是因为这份爱。但事情已然有了结果，真相已经查明，就不可能再次被隐藏起来。那天晚上，嘴巴终究还是淡去了。在它消失之后，川木艰难地呕吐起来，从他胃中翻涌出几十颗带血的牙齿。

而在他的身体上，又一次留下了一个新的嘴巴形状的疤痕。

回到千叶县已经有一段时间了，川木似乎忘记了之前的一切，重新回归了平淡的生活。我的心情却久久难以平复。总是想要和川木聊一聊。一直到一个星期天，我提着礼物来到川木家。

在客厅中，我们像老朋友一样闲谈，对于千口的传说和故事，我也已不再忌惮。

川木捧着热气腾腾的绿茶，笑望着我："邻水君，是不是有很多问题想要问我，是不是想要问我，有朝一日，你能不能成为像我一样的载体；有朝一日，你能不能变成我这样的神探；有朝一日，你又是否会和我一样伤痕累累，又会不会因为一个谎言而永远失去资格？"

我苦笑，必须承认，川木已经看透了我的心思。

见我默然，川木很严肃地对我说："邻水君，你记住，这个世界上是人就可能会说谎话，不管他是活人还是死人都一样。即使有朝一日，你真的能够接手我的工作，如果你做不到用心去听，你依然无法发现事情的真相。因为，一句真话的背后往往就是一句谎话，而一句谎话的背后可能就是一句真话。"

那天，离开川木家时，无意间我又一次看到他袖口内若隐若现的疤痕，敬佩之心油然而生。

而面对这个世界，我依然很迷茫，对自己迷茫，对所有人迷茫，对真真假假迷茫。就像川木所说，即使是死人，也可能会欺骗你。而做到完全辨别真假，你不仅要学会听真话，还要学会去听假话——这个世界太复杂了。

你呢，当你在听别人倾诉时，你又会不会相信他？

会不会想到，此时此刻面对你的那张嘴巴，其实可以千变万化。

一个人，其实有千张嘴。

EspecialCriminal
InvestigativeService
ECIS
异现场调查科
皮囊
文\君天　图\BT大神

活着当然健康是最重要的，精神固然被人说得无比崇高，但如果死了，很多事情就无从谈起。是不是这样？这句话听着有点似是而非。有人说，细菌哪怕沉睡几万年，拿到合适的环境后，立即会很快复活。又好像地衣这样的所谓的低等植物，漫无目的随心所欲的生长仿佛是它们生存的唯一目的。世界上绝大多数的生物都是把生存作为第一目标。人是不是也应该这样？

那么究竟是皮囊重要，还是精神重要？活着要有追求，要有信仰，是否只是人类自己无谓的骄傲？

好吧，我们这次的故事其实讨论的并不是这个。这一次我说的只是一个和皮囊有关的故事。

chapter01

南加州大学早晨八点，东部校区的林阴道被拉上了黄色警戒线。洛杉矶当地的CSI警员一脸麻木地取好证据退了出去。一个身材高大，略微有点驼背，剃着板寸，头发花白的黑人警探带着同样剪着平头，戴着墨镜的东方人走了进来，在其身后还跟着个中长直发的东方美女。他们是洛杉矶警察局的老探长乔治·摩根，和我们E科的诸葛羽、苏七七。

在棕榈林下，一团团血肉块零乱地散落在大树之间。这些血肉并不是呕吐物，而更像是被剥去皮肉的碎尸，在这些血肉块的附近还有挂在树上的皮囊。树干上有着如熊掌扫过般的痕迹。地上有兽类和人类的脚印。

摩根道："我们对媒体封锁一切消息，甚至对内部人员也是如此。所以指定专门的CSI人员处理现场，他们处理这些现场都已经麻木了。但没有不透风的墙，最近媒体已经盯上了这个案子。"

苏七七拿出照相机，从各个角度把犯罪现场拍了下来。然后问道："同样的案件这是第几起？"

"从今年二月以来，这是第十九起。未被统计的就不知道了。在我的管区里，这是第三起。"摩根低声道，"三月开始，生化危机中心就派专案小组到

了洛杉矶，但他们解决不了问题。除了击毙了两头怪物，案件丝毫没受到控制。每个月都有新案件发生。天知道到底有多少杂种在洛杉矶。"

"你们本事也算大的，居然能在洛杉矶封锁消息，这里的狗仔队应该是全球第一。"诸葛羽用手掌比划了一下树上的爪印，那爪子大他手掌一半。

摩根笑道："因为狗仔队强大，所以我们对付他们的经验也足。但终究很难一直封锁。"

"这个……"苏七七看了眼诸葛羽，"剥皮行者，最擅长的是伪装自己。它们被魔法师归类为妖魔，实际上是比狼人更原始的种族，即便是成年的剥皮行者也没有自己的语言，但一些屠杀很多人类的年长者，会人类的语言，但只能在变形后简单使用。剥皮行者喜欢捕杀人类，杀死人类后就变成了它们最后捕杀的那个人的样子。然后慢慢消化杀死的那个人。等到它们消化得差不多了，就捕杀下一个。这里的血肉块，其实是它们上一个受害者的尸体。而我们现在仍然不知道这最新的受害者是谁。它们是最难对付的夜行怪物。只是它们的数量向来不多，所以从未有像这样集中出现的案子。"

摩根苦笑道："是啊，剥皮行者，黑夜杀手。之前，我只是这类案子的顾问。因为你知道十多年前，我曾经和诸葛羽一起办过类似的案子。但现在终于落在我的头上了。尽管我就快退休，我还是想把这案子办好再退休。我本来没啥信心，但诸葛，我没想到你居然在这个时候到了洛杉矶。"

诸葛羽数着地上的肉块，摘下墨镜道："如果我不是带着同事来，这还真让我想到了十多年前。"

苏七七问："老大，我从现场状况来看，这的确是剥皮行者做的。但是如摩根说的，已经击毙了两头剥皮行者，作为大都市怎么可能一下子有那么多怪物？"

诸葛羽笑了笑，对摩根道："这个当然还是你来解释。"

摩根看着地上的肉块，做了个手势，带他俩向外走，树林里面就他们三个人，很安静，斑驳的树影下很难相信这里昨夜发生了凶杀案。"就生化危机中心的解释。去年洛杉矶大火，那场森林大火你们应该听说过。城市周边的森林熊熊燃烧，那是九月左右的事情。所以生化危机中心的人认为，可能是有一个家族的剥皮行者在山里的巢穴被大火烧掉了。失去了巢穴的它们被迫向城市进发。这是唯一合理的解释，否则这批怪物是凭空冒出来的吗？"

"若是这样解释，他们有没有搜寻新巢穴？"诸葛羽问。

"当然搜寻了，但是没有头绪……"摩根苦笑，"不过生化危机中心掌握的资料一定比我多，所以你如果去和他们沟通，一定会有更多收获，你知道那些资料不会对我们普通警察开放。他们既然邀请你异现场调查科介入这个案子，一定会比较客气。我知道你们是由FBI邀请来交流的。我们州长找了机会向生化危机中心施压，要求他们允许你们E科参与这个案子。州长关心案子的原因，主要是很快又要开始选举了，而这个剥皮杀手的传说也不可能一直对媒体封锁。一旦曝光，不仅仅是恐慌的问题。”

“这我知道，我已经让同事去和他们交流了。我马上也去和他们会合。”诸葛羽走出警戒线，外面围观的人越来越多，他重新戴上墨镜道：“乔治，你到底还有多久退休？”

摩根摸了摸鼻子，他的脸上布满了远高出他年龄的老人斑，低声道：“五天。”

“按照你的脾气，案子没有结案，你不会走的吧？”诸葛羽笑道。乔治·摩根没有说话，诸葛羽拍了拍他的肩膀，“送个礼物给你，我一定让你准时退休。”然后，他和苏七七迅速消失在人群中。

端木笙一早来到了美国生化危机中心在洛杉矶的临时办公地点，说是临时分部，其实已经是一栋独立的建筑，外面看起来是一个普通医药中心。里面则层层防御，只怕不比核试验基地戒备差。很多美国人说二十世纪看纽约，二十一世纪看洛杉矶，所以生化危机中心在洛杉矶的分部亦已颇具规模。

衣冠楚楚相貌堂堂的洛杉矶分部东区主管格林·温彻斯特，殷勤地带着端木笙转遍了整个基地，并打听着端木美女这几日的行程。端木笙对他当然完全没兴趣，却还是耐心应酬着，在言谈中她了解到，尽管剥皮行者的案子让警察的压力很大，但对于生化危机中心来说，只是一个普通调查。最近案子的发案率已经控制在一个月三起左右，压力相对就少了很多。格林甚至开玩笑说，全美国关于吸血鬼的案子远远高于剥皮行者，这当然也不是完全没道理。

格林作为生物博士，并不觉得死人是很大的事，他关心的更多的是异世界中种族基因的问题，因此他甚至不着急带端木去看那两具剥皮行者的尸体。端木笙看到格林个人的收藏中包括不少魔法器皿，火系、水系、雷电系、死灵系，甚至还有古老的印第安人的移魂法器。格林说，他虽然并不精通魔法，但他在接触特殊生物的时候，觉得魔法是无法用科学跳过的神奇领域。

此时端木笙的E科联络器响了起来，她笑嘻嘻地接起，然后对格林道：“我们科长到了。你的部下正带他进来。”

格林发现端木笙瞬间容光焕发，不由微微皱眉。不多时，远处的过道上出现了诸葛羽和苏七七的身影。他官方化的笑容堆了来，向诸葛羽迎了过去。诸葛羽对对方心里的想法一清二楚，沉声道：“时间紧迫，繁文缛节就省略了，我们来的目的就是想看看剥皮行者的尸体。麻烦你！”

格林带领E科三人来到了东区三号研究室，通过安保系统后，大厅中央是一个十米高十米宽的水晶房，房间里面吊着一具剥皮行者的尸体，另一具则被剖开平放在停尸台上。吊着的尸体展现出剥皮行者的全貌，头更像是蜥蜴和猿猴的混合，脑后有不少辫子。背上脊柱有一对透明的翅膀，手掌和脚掌相对都非常锋利；手脚几乎是一样长短。实验室边上有一台电脑，里面正作着该生物的1：1全息投影。

“他们有翅膀，会飞吗？”苏七七问。

“不，已经退化不会飞了。只是摆设。”格林回答。

“我知道，你是研究剥皮行者的专家，也是洛杉矶捕杀它们的小组组长。”诸葛羽忽

然对格林道，“能不能简单给我说下，你的方案。”

格林摸摸鼻子，他发现自从诸葛羽来了，端木笙就不说话了，就好像小女生一样跟在身后。“剥皮行者天性凶残，最爱捕杀人类。我们目前从三月份开始，捕杀了两只，打伤了大约三只。但这已经超出了我对剥皮行者的研究，这类生物从来都没有大的家族，一般就是两到三个为伴。由于它们行踪诡秘，洛杉矶又很大。而捕杀它们靠普通警员是不行的，场面控制不好，城市就会恐慌。我所能做的就是派专人局部布控，所以你看，在总部我是光杆司令。”

诸葛羽盯着对方两分钟，问道：“也就是说，你没有进一步的具体办法。”

格林苦笑道：“没错。所以，上头说你们会来帮忙，我也很欢迎，只是不知道诸葛先生你会从何做起？”

“找巢穴。”诸葛羽不动声色道。

格林愣了一下，然后道：“具体怎么找？”

苏七七上前一步，交上一个清单道：“我需要你提供两样东西，一个是关于剥皮行者的研究报告，其中包括外形细节和动作细节。动作细节又需要有它们的动作语言和无意识动作的研究报告。另一样就是所有在洛杉矶的案子的案情报告。”

“之后呢？”格林问。

苏七七微笑道：“之后就是我们E科的问题了。”

诸葛羽看了眼一脸疑惑的格林，对苏七七道：“既然是合作关系，我们不用对温彻斯特先生有所隐瞒。你可以大约表演一下给他看。”

苏七七点头后退了几步。格林有些疑惑地看着这个美女，就见视线前方人物突然发生奇怪的扭曲，然后一头剥皮行者出现在了实验室的中央，粗看上去和吊在里面的那头几乎一样，但还是略微有些不同。

“这……”格林倒吸一口冷气，“这是刚才的苏小姐？”

苏七七向前走了两步，然后又变回了正常的样子，依然是那个顾盼生妍的美女。

格林张大嘴道：“你们是想装扮成剥皮行者的同类？一定是疯了……那些家伙最爱的就是吃人啊！”

端木笙对格林道：“如果有你提供进一步的资料，我想一切看来都会更理想。”

格林犹豫了一下，转身走到实验室另一个小间，拿出一份资料：“这一份是我研究的剥皮行者的十二个肢体语言。但这里面仅仅包括进食、尾随、打招呼等最简单的动作。另一份是我做的关于本次事件的案件报告。”

苏七七接过材料，格林看着七七的手，不由想到刚才那双爪子，心中一寒，几乎错觉地感到对方就是剥皮行者。边上旁观的端木笙皱起眉头，这个格林作为生化危机中心的人来说有点太弱了。

苏七七道：“既然你是专家，我有一个问题。据说当剥皮行者杀死一个人后，它等于把人生吞了。在之后的几天就模仿那个死者出现在世界上，在这段时间它是可以说话的，也是可以思考的。为何它脱离这个皮囊后，就又变得原始了呢？”

“这一点的确很难解释。”格林想了想道，“虽然没有任何研究表明它们是有文字和语言的。但我认为它们一定有一套互相交流的办法。可惜我们从来没有见过两头剥皮行者在一起的情况。但有一点你说得对，剥皮行者在吞噬一个人后，它在扮演那个人。在那个时期，说的是人类的语言。活动范围也和死者生前几乎一样。”

“如果两头剥皮行者在这个阶段相逢，会怎么样？”诸葛羽问。

“这……我说了，从未见过两个这种生物在一起的情况。”格林·温彻斯特道，“但有一点，我要补充一下，是对剥皮行者来说，它们还通过嗅觉来分辨敌我。你仅仅模仿外表是不够的。所以，一旦真的遇到对方，而被识破了不是同类，请尽可能地逃跑吧……这东西的综合力量未必比满月时刻的狼人强，但瞬间爆发力绝对不在狼人之下。而且天生非常的狡猾。”

苏七七耸耸肩，且不说她之前也遭遇过各种强敌，单说分辨气味，她自认还是有点天赋的。格林跑到储藏室，又拿出来了三件东西，一个是开盖后发出浓重血腥味的瓶子，这是剥皮行者的血浆。一个是一张光盘，上面记录着十多年前，美国每个乡村的探头录像的剥皮行者杀人实况，另一个是一条手链。

格林戴着手链示范着按下按钮，地上迅速凝结了一阵雾气，以及一些血块。

端木笙皱眉道：“似乎也是模仿魔法。但你本身不是法师，所以这件东西是别人做的吧？”

格林道：“这是我们中心和波士顿星辰学院的联合产品，我改进了一下，用来模仿剥皮行者的行凶环境。”

“这有啥好模仿的……不过给我用倒是正合适。”苏七七点头接过了装备。

“那瓶血浆，我们每个人分一点。”诸葛羽对格林道，“你的意思是不是说，不管它们变成什么样子，本身的味道总是在的？”

“没有那么浓烈，但是味道一定是有的。”格林回答，“而如果苏小姐要扮它们的样子，也需要带这种血腥味。”

苏七七滴了一滴血浆在手腕上，闻了闻，皱起眉头。

端木笙低声对诸葛羽道：“如果他们不给我们支援，现在唐飞和灵儿他们又不在。我们人员会比较紧张。”

诸葛羽道：“我知道。但唐飞在波士顿的事情也很重要。”

苏七七微笑道：“你们晚上安心去看湖人，工作的事情就交给我吧！”

苏七七把之前十三个案子的案发地点做成了一个公式，很快圈定了一个剥皮行者可能会行凶的范围，意外地发现湖人队的主场斯坦普斯中心也在范围内。运算过程中，她还接了唐飞的电话，波士顿的案子需要她帮忙。其他时间，她一遍遍播放着格林提供的剥皮行者杀人录像，若是别人看到录像内容，最多认为这是科幻片或者恐怖片，并不会对她多加注意。

苏七七坐在体育馆的最高处，看着下面密密麻麻的人头。在高处看下去每个人都是一样的一个黑点，但其实每个人都拥有各自的皮

囊。佛家说，臭皮囊是无用的，但又有多少人不在乎自己的身体呢？苏七七忽然有种感觉，觉得自己的意识似乎流离出人群，周围的一切都很不真实。她看着手机上唐飞的名字，莫名地非常想念起对方来。下面篮球明星进场，观众席上发出排山倒海的欢呼声。很难想象一个篮球馆居然能容纳一万九千人！但苏七七却觉得非常的孤独。

端木笙和诸葛羽站在贵宾席上注视着周围的名人，老杰克·尼尔森赫然还坐在他的老位置上。

端木笙在诸葛羽耳边道："公费出差就是好啊。来美国比去英国开心多了。"

诸葛羽笑了笑，他的心灵倾听在周围的坐席上扫过，周围并没有可疑的人。他看了眼高处的苏七七，心里忽然一阵感慨，他到上海E科已有三年，三年来七七、阿飞、灵儿三人都成长了不少。

端木笙显然看出了诸葛羽的想法："不过说起来，七七之前只能模仿人类，不能模仿其他生物。如果她能模仿剥皮行者，是否说明那东西很接近人类，还是说七七的异能有了成长？"

"我觉得是有了成长。但她的变化能力的终极形态是怎么样的。我也说不好。"球员出场式结束，诸葛羽跟着其他观众一起坐下。他脑海中想起很久以前，伦敦大战的时候那个俄罗斯人，不仅能够变化外形，更能把对方的异能一起模仿的诡异身影。

比赛已经开始，苏七七的情绪依然游离在现场的感觉外。她佩戴的警方联络器里，乔治·摩根不时地跟她汇报各方面汇总的情报，但要在偌大的洛杉矶寻找那种隐蔽的凶手，无异于大海捞针。

"我不知道诸葛怎么兑现他五天内破案的承诺。但我想既然他说了，自有他的道理。"老乔治笑道。

苏七七没有回答，多年的经验告诉她办案不能靠侥幸，但做人多少需要一点运气。在茫茫人海中遇到那个凶手，就是运气的一部分。她想着，离开位置绕着体育馆走动起来，体育馆里有各种各样的人，每个人脸上都洋溢着笑容。

忽然一种奇怪的感觉传来，苏七七感到身上的每根毛孔都瞬间张开，她转过身，一道人影正走出内馆。她紧追两步走到外面，外面的走廊因为比赛开始显得很空旷。一个黑色头发，皮肤白皙，绿色眼眸的男人在过道另一头望着她。苏七七脑海中响起一个声音："你来自哪里？"

苏七七没作任何回应，只是略带茫然地望着对方，因为诸葛羽曾经告诉他们，当遇到精神沟通者，任何疏忽都可能会被对方精神控制，头脑一片空白反而是最好的保护手段。她可以清楚地感到对方隐藏着的血腥味。

那男人抬手指了指她，然后从平台上高高跃下，落在体育馆外的空地上。他转身的时候，苏七七看到对方脖子上有一块蛇形刺青，不知道是不是她的错觉，那块刺青似乎会动。她犹豫了一下，也从高处跳下，动作并不飘逸，但平稳扎实。那男人侧头端详她，突然身上的皮肉皱了起来，整个人颤动着变成了剥皮行者的原始状态。他对苏七七抬了抬胳臂，肩膀上的小翅膀动了一下。

苏七七知道对方这是打招呼的意思，亦变化出剥皮行者的姿态，向对方打了个招呼。对方仿若一下子兴奋起来，围着苏七七跳跃转了两圈。苏七七虽然不是很明白对方的想法，但估摸着这不算是敌意，这一连串的跳跃动作，应该是古老的舞蹈。

忽然远处有人声传来，前两节的比赛结束，球馆迎来了半场休息时间。那剥皮行者双臂对苏七七舞动了下，一个跳跃翻身进入树丛消失在夜色中。

苏七七也重新恢复人形，她半虚脱地坐了下来，打开联络器道："摩根，我发现一只剥皮行者，从体育馆东面的树林消失了。他的人形是一个身穿蓝色衬衣，黑色长裤的男子，黑发白人，绿眼睛。一米七五左右的个子，身材中等。"

这个晚上并没有发生新的杀人案。在警察的档案中，苏七七找到了符合那个男子特征的人，南加州大学的物理学讲师兰迪·波尔特。摩根带人搜查了波尔特的住处，并没有发现更多的线索，为了避免打草惊蛇，他们并没有作公开的围捕。而是在对方生前工作和居住的地方布控，等待对方进入他们的范围。诸葛羽和端木笙第一时间来到了该区域，分别在街区的南北两端潜伏。因为尚未发现新的尸体，所以苏七七在完成了唐飞要求的事情后（具体工作详见上一集E科故事《骷髅》），又来到了生化危机中心的实验室。

格林·温彻斯特皱眉听着她的描述，甚至让苏七七变形为剥皮行者，重新演绎了一遍昨夜那个舞蹈。他让苏七七跳了一遍又一遍，引导着她记起了所有的动作。格林飞快地在键盘上敲打着，全息投影上出现了一头舞蹈的剥皮行者，他全神贯注的理解着每个动作，两个多小时就在那里自言自语。

苏七七无所事事，就变形成剥皮行者，一遍一遍练习着格林之前提供的资料上描述的动作。

"这些动作有些应该是这样的。"格林的声音忽然在实验室里回荡，他在电脑边一面操控着投影上的生物，一面对着麦克风指导苏七七正确的动作。"你记下来的这段舞蹈，实际上是剥皮行者肢体语言的精华。看到这段完整的东西，我几乎把之前的研究全都串联起来了！我非常感谢你苏七七小姐，这对整个剥皮行者领域的研究都很重要。这是你难以想象的重要突破。"他很快排列出一系列复杂的动作。

苏七七学得头都大了，这些动作居然代表复杂的句子，不仅仅是短语，更有连贯的长句。格林也不管她是否能记住，一股脑地灌输过来。

"上帝啊，如果你是我们研究室的人该多好。"格林把所有的知识说完，长舒一口气道，"我要想办法把你调过来。苏小姐。"

苏七七恢复了人形，摆手道："你想也不要想。"

格林像个孩子似的苦着脸。

苏七七不由皱眉问："这个领域有多少人在研究？"

"我是一个，北欧的奥丁实验室有一个。那个实验室是当年查理·诺兰的诺兰—赫

本联盟建立的。他们会研究很多冷僻项目，并且会动用资金长期维持。即便是诺兰死了以后，项目仍然在。但那个老魔法师已经八十多岁，近十年几乎没有论文发表了。”

“你是不是觉得他只拿钱不干活很讨厌？”苏七七笑道。

格林摇头道：“不，我只是担心如果他去世了，还有谁会来研究。要知道不论是科学还是魔法，都有一个共同点。即有很多学科很多项目是很冷门的，全世界只有几个，甚至只有一个人在研究，只要有人在研究就是好事情。那样也许十年或者几十年中仍然有机会有进展。但如果连那个研究的人都没有了，那么这些项目、这些科目就真的死了，和这些研究者一起死了。这才是最悲哀的事情。然后需要几十年，甚至百年后才会有新人感兴趣去研究。你要知道科学也好，魔法也好，都是无数代人前赴后继才会有进展。科学成就永远不是一个人的功劳。”

苏七七摸了摸鼻子，叹了口气，格林说的的确是事实。科学、魔法，甚至武术都是这样。唐飞也曾经就武术的发展，发表过类似的言论。不管谁说精神不灭，人还是要靠皮囊活下去，活下去才能作贡献。

“如果剥皮行者会使用意识交流，是否证明他们比你我想象的要高等得多？”苏七七问。

“我不知道。”格林眼睛直勾勾地看着前方的全息图像，“我如果能像你这样出外勤，该有多好啊。如果我能和它们直接交流，该有多好……”

苏七七只能再叹了口气。

chapter02

一整天都没有动静的南加州大学校区，进入了夜晚。

苏七七收到了唐飞的消息，那是一组画在墙上的俯瞰视角的火堆图案，没多久以后，她又收到了一个纹在尸体上的蟒蛇刺青图案。她看着刺青图案，皱眉想着昨夜看到的那个剥皮行者脖子上会移动的蛇形刺青，居然有几分接近。她在笔记本上飞快敲击着，于异神数据库中搜索资料。

摩根在网络中道：“苏小姐，我们发现嫌疑人出现在东校区，若是你需要和它取得联系，可以行动了。”

诸葛羽低声道：“放轻松，我会在一百米内。一旦它不带你去老巢，我们就当场格杀它。”

端木笙道：“尽量不要牺牲平民，但是为了根除它们，你的第一任务是不暴露自己。”

苏七七点头，把电脑交给诸葛羽转身下车。走过两个路口，前方出现了目标。今天对方穿着格子衬衫，牛仔裤拖在地上，脸上挂着柔和的微笑。“嗨！又是你。”对方再一次发出意识交流，然后才开口道，“你好。”

“你好。”苏七七依然控制住自己的意识交流能力，只是简单地用英语回答。

“没想到你住这里。也出来打猎吗？”对方问。

“是的。我也打猎。”苏七七回答。

男子侧头再次端详苏七七，低声道：“我叫克里斯。你呢？”

“我叫七七。”苏七七微笑道。

克里斯抬头看天道：“今天有个好天气。我不介意一起行动。”

“好的，那我们要找同样两个人的目标才行。”苏七七道。

克里斯笑了笑，道：“没错，然后我们就成了一对儿。真不错。”他似乎在风中闻了闻，然后道：“跟我来。”克里斯一路小跑，苏七七跟在他背后一个身位。克里斯嘴角挂着笑意，穿梭在校区的林荫道上，似乎是因为前两天的凶杀案，树林本该是大学幽会的好去处，此时一个人影也没。

两人穿过树林，前面是一个漂亮的人工湖，月色下显得分外皎洁。克里斯指了指湖边正在亲热的一对男女，眼望苏七七表露出邀请的感觉。苏七七莫名地紧张起来，她不想有人被猎杀，但是若在此停滞，根本不用指望被带去巢穴。

她对克里斯报以微笑，低声道：“我先。”她矮下身子，向下面的河岸跑去，在贴着草丛奔跑的过程中，她按动了魔法手链，河岸边起了一层薄雾，同时身体变化成了剥皮行者的样子。岸边的男女也发现了她，大声惊叫起来。苏七七扫开男子，把前面的女子抓起按入水中。

一块块血肉从水中浮了上来，紧接着是撕碎的人皮。岸上的克里斯向着月亮发出一声响亮的吼声，紧接着冲向被苏七七打晕的男子。

这时候诸葛羽出现在岸边，大喝道：“不许动！警察！”

克里斯扭头，嘴里发出尖锐的啸声，变身成剥皮行者原始的状态，挥舞利爪冲向诸葛羽。诸葛羽轻巧地让过对方的攻击，位置则正好阻拦在昏迷男子的身前。克里斯咆哮着飞扑向诸葛羽。

诸葛羽眼角余光看到苏七七已经变幻成了另一女子的形象浮出水面，于是一把抓住了克里斯的爪子，克里斯想要挣扎，却发现他整个身体都被举了起来。

克里斯发出怪叫，嘴里喷出一口毒液。诸葛羽一发力，把克里斯抛了出去……苏七七冲到挣扎爬起的克里斯身边，低声道：“快跑，来的是生化危机中心！”

克里斯回头瞪了眼诸葛羽，就用剥皮行者的形态跑了起来，苏七七跟不上他，也只能变成原始的样子。

他们沿着河道跑出校区，周围到处都是亮着警灯的警车，手电筒和警灯晃得黑夜比白昼还闹心。克里斯对苏七七比划了一个跳水的动作，一头扎入水中，苏七七没有选择的余地，只得跟着一头跳入水里。入水的一刹那，她马上沉了下去。克里斯在一旁托了她一把，苏七七模仿着克里斯的姿态，在后面跟着滑水。

端木笙把人工湖里的女生救了起来，擦着头发来到诸葛羽身边，他们手边的电脑上，显示着苏七七正沿着河道向着城西而去。

“没想到剥皮行者还有游泳的天赋。”端木笙冷笑道。

诸葛羽低声道：“七七能够迅速掌握那个身体的运动诀窍也很不容易。”他扭头问乔治·摩根，“城西是有大的废墟，还是有别的什么？这个方向你能想到什么？”

摩根看着电脑屏幕上的光点，思索道：“再向西那边有一片空置的大楼，两幢二十层左右的商务楼，是去年经济危机留下的烂尾楼。我听说你们中国也有不少？其他还有一片公共墓地。理论上，我们应该都有巡逻的警察在附近。”

端木笙笑道：“中国有众多泡沫房产，连你这个要退休的警察都知道了？”

“两处靠得近？”诸葛羽面无表情地问。

“在两个街区里，但是方向在一条直线上。”摩根继续观察着光点移动的方向道，“他们从河道里上来了。接着的去向是废弃的商务楼。”

诸葛羽道：“乔治，我需要你集中警力布控，我不需要警察去抓捕剥皮行者，我需要的只是形成包围的态势，一旦有动静，我来负责抓捕。这样可以减少不必要的伤亡。”

“我明白。”摩根点头道，“苏七七不要紧吗？”老头子对七七有点不放心。

“对她有信心一点。”端木笙笑道：“她面对过更厉害的敌人。”

苏七七跟着克里斯一路亡命，几乎精疲力竭。站在大路上，克里斯恢复了人形，向着前方一栋没有灯火的高大建筑走去。

克里斯笑道：“这就是我的家，那些警察也曾经来搜查过。但他们能搜查到什么？巡逻的警察再敬业，又怎么可能有足够人手把每栋建筑都翻遍了？不过说起来，你平时又住在哪里？”

苏七七笑了下，没回答，她吃惊地看着面前的建筑，在熟悉了剥皮行者的气味后，她可以清楚地感到，这里有许多剥皮行者，绝对不止是个位数的。克里斯带着她走近大楼，在外面的停车场的位置，掀开一块石板，石板下一片漆黑。他先走下去，拍了拍墙壁，一点不算很明亮的灯光亮了起来。

“我不常在晚上回来。要打猎，还要消化掉猎物带来的营养，并不是一件容易的事。”克里斯挥了挥拳头，他一路向下。地上不时有老鼠、蜘蛛等东西出现。

苏七七很吃惊地发现，他一路上在石壁上摸索着，手中居然多了几条人类的肢体……克里斯就像吃零食一样咬着，嘴里还嘟囔着：“求生存不容易啊。家里还有几只小的没有到外出觅食的年龄。”

“你这里还有多少家人？”苏七七问，她感觉道路仿佛又有些向上走了。

“你猜？”克里斯有些自豪，但又有些落寞地反问。

“十个？”苏七七问。

克里斯看了看她，摇头笑了起来，他用力推开前面的门，说是门其实依然是巨大的石块。苏七七走了进去，倒吸一口冷气，空旷的空间中，二十多只大小各异的剥皮行者正聚在一起。那刺鼻浓重的血腥味却不是来自它们身上，而是场地正中的几具碎尸。那些碎尸一些是人的，一些是牛的。

这里并不是封闭的建筑，而是一个低洼地，苏七七能够感到周围送来的夜风来自树林和河水。

“这也算是晚饭时间了。我知道你刚才吃过了，要不要和我一起再吃一点？”克里斯

微笑道。

苏七七平静道："不用，我刚才吃的还没消化好。"

克里斯挠了挠头，把手里提着的人腿抛向尸体堆，然后转头道："亲爱的女士，我想你不是普通警察，普通警察绝对不会具备你的能力。你到底是谁呢？生化危机中心的探员吗？"他说话的时候，周围的剥皮行者各自做着自己的事情，连看都没看苏七七一眼。

苏七七恢复出自己本来的样子，手指在腰带上颤动了几下，但她声音平静地问道："你从什么时候看出来的？"

"一开始我只是怀疑，因为你实在伪装得很像。"克里斯笑道，"一直到你跟我一起下水，我才确认。你并不会水下换气，而这是本能。"

苏七七苦笑："我就知道，但作为一个平时就不爱游泳的人类。我能一路上跟着你就很不容易了。但有一点，我要说的是，克里斯，你本身也不是正常的剥皮行者吧？"

"剥皮行者，剥皮行者……"克里斯不停重复着这个词，他坐在地上舒服地伸展了下身体，"我喜欢这个名字。而你能告诉我，你们人类认为的正常的剥皮行者应该是怎么样的？我们是否正常轮得到你们来评价？"苏七七为之语塞。克里斯指了指头上的天空道："我想不管世界如何广大，你是我所知道的，唯一一个和我们直接交流的人类。所以我把你带回来了。"

苏七七道："你不担心我把警察，把生化危机中心的人都带来？"

克里斯道："一点也不，因为在水中，我已经把你的定位程序调整了。"

苏七七冷笑道："这我倒是没想到。但就像我不了解你，你又能了解我多少？"她的大脑开始启动神奇的运算，接上了遥远的E神数据库。"如果你真的想交流，那你真的可以给我解释一下。你们的生存状态。你的家族成员数量。"

"这比我们杀人让你更感兴趣？"克里斯问。

"是的……至少我想知道。"苏七七道。

chapter03

诸葛羽和摩根站在冷清的大楼下，他面沉似水，这里没有苏七七，更没有剥皮行者。

"我们被定位系统欺骗了。"摩根不停来回走动。

诸葛羽做了个等一下的手势，他手上的联络器响了起来，苏七七的最新定位重新显示。

摩根看了下道："在距离这里东南约三十公里的地方，已经在郊外了。"他说着，步话机又响了，他听了一下，对诸葛羽道："东城发生命案，怀疑是剥皮行者所为。我们到底去哪里？"

"端木！你和摩根去东城！"诸葛羽大叫一声，他足不点地地踏空飞掠。

端木笙招呼摩根进车，摩根还没坐稳，汽车就冲了出去。

"我家族都在这里，具体数字你自己

数。这个城市虽然大，却只有我们一个家族。我们是在去年森林大火后从城外迁徙过来的。我们这些你们嘴里的剥皮行者，并不是妖魔。我们是生物链上的一环，属于进化的一部分。”克里斯平静地望着前方，“你们数量多，就认为世界是你们的。我们数量少，并不意味着我们就是怪物。我们吃人，就和你们吃肉一样。没有区别。”

“但你们吃人之后，就会变成那个人的样子，这很诡异。”苏七七苦笑道。

克里斯反问道：“我们只是生吞。你们杀死牛羊后，还要讲究各种做法，难道不更诡异？”

苏七七为之气结，又无从反驳。

“你说我是特别的。没错，我是特别的。我能用意识和他人交流，尤其是在我化作人形的时候。”克里斯继续道，“我的家族里面其他成员做不到这点。剥皮行者之间地交流并不复杂，大家只有力量的差异，想法上的差异几乎没有。但我比较特别。”

“你一出生就是这样吗？”苏七七问。

“不。”克里斯回答，“大约十年前，我的思维忽然被打开。那一瞬间眼前看到的一切都不一样了。”

苏七七问：“这是为什么？怎么个不一样法？”她的目光落在克里斯手臂上慢慢游动的蟒蛇刺青上。

“诚如你们所了解的，剥皮行者的家族一般都比较小，我们的生命通常在十五岁左右。现在如果不吃人，森林里面能够让我们吃的大型动物越来越少。人类比较美味，但是在城市里活动太危险。”克里斯看着满天星斗，低声道，“我被启蒙的那年，应该是十多岁了，也就是说，我是一个老剥皮行者。周围的一切都改变了，除了对吃人这件事情我还有嗜好外，很多事情都改变了。我开始走出那片森林，我一度走遍了美国，还去了欧洲。全世界我们剥皮行者都少得可怜，不仅是和人类相比。比起吸血鬼、狼人来说也是远远不如。你们已经开始接纳吸血鬼和狼人，但对我们剥皮行者还是畏如妖魔。”他开始喋喋不休地诉说他在欧亚游历时候的见闻。

苏七七并不着急打断他，时间一分分地过去。直到克里斯停下来，她才挠头道：“我们还没有开始接纳吸血鬼和狼人……”她眼角扫视四周，寻觅逃跑的路线，“我有一件事情觉得很奇怪。你身上这个刺青是怎么回事？”

“我不知道。这很重要吗？”克里斯道，“我只要变成人形，就有这个东西。但如果我恢复成原始状态，就看不到这个刺青。”

“那你心智未开之前，这个东西有吗？”苏七七追问道。

“我不记得。我不可能记得那么遥远的事。我们也不会记得变形过程中发生的事情。一切记忆和意识都只是在我忽然启蒙后，才被保留下来的。”克里斯打量了一下苏七七，笑道。“你不要指望走，若是你走了。我的家族就暴露了，你这样的美女一定很美味。但我不需要着急。”

苏七七冷笑道：“你能对付那些平民，却未必对付得了我。”

“是吗？”克里斯抬起双手，那手掌变成了怪兽的爪子。爪尖在地上滑过，砖石也被划开。他猛冲向苏七七，苏七七连续躲闪，还

是被他抓破了肩头。苏七七侧身对着克里斯就是一脚，那一脚正中克里斯的脑袋，但克里斯却纹丝不动。苏七七被逼到了角落里。

“我说了，你走不了！”克里斯冷声道，他说话间脑袋膨胀起来，变成了原始的样子，血盆大口唾液淋漓。苏七七的动作却突然变快了，一下就从克里斯的身上翻了出去。克里斯再转身就看到一个长发帅气，鼻子略带鹰钩的青年站在面前。“这是？”克里斯发出粗豪的声音。

“依然是我苏七七。这是我朋友的样子，事实上，我也不需要跑。”那个男子说道，有种诡异的感觉。

克里斯发出怒吼，扑了上去。又被苏七七一脚扫在头上，这次他被踢了一个跟头，力量和先前完全不是一个级别。克里斯身体膨胀起来，发出一声呼哨，周围的剥皮行者一起围了过来。

变成唐飞样子的苏七七亦有点紧张，她任由身体根据唐飞的形式发挥，所有剥皮行者的攻击都被她躲了过去。但是她做不到像唐飞那样摧枯拉朽地击垮敌人，那些剥皮行者被她打倒后，又迅速爬了起来。一个不留神，她被一只剥皮行者扑倒。她就地一滚，手上捡起两枚石块，当做暗器砸了出去，但这也仅仅能阻挡一下。苏七七有些狼狈地站起来，但克里斯已经冲到她背后。

克里斯张开血盆大口，一口吞向苏七七。突然，一个拳头从空中过来，抽在克里斯的怪兽头上。那股熟悉的强大力量把克里斯整个掀了出去。

苏七七终于松了口气，瞬间变化回自己的本来面目，叫道：“老大！”

月色下，诸葛羽杀气腾腾地站在剥皮行者前，那些怪物在他凌厉的杀气面前不断后退。诸葛羽寒声道：“一个也走不了。”刚才还是剥皮行者追逐人类的场面立时逆转，变成诸葛羽一个追杀十多个剥皮行者。

“老大，那个克里斯有问题，必须留活口。”苏七七在他背后叫道。

诸葛羽面前已经是一堆残肢断臂，他皱眉道：“问题是哪个是克里斯。”苏七七指了指被诸葛羽用大石头压着的一只剥皮行者，诸葛羽走上前去，克里斯身上的骨头差不多都断了，但还有一口气。诸葛羽命令他变成人形，并把他铐了起来。

苏七七把克里斯身上的那个刺青拍了下来，问道：“老大，我那台电脑搜索结果出来了吗？”

“电脑在端木的车上。”诸葛羽拨通了端木笙的电话，“你那里怎么样？我这里七七平安。剥皮行者的巢穴已经捣毁。告诉摩根，让他派警察过来仔细再搜索一次。”

“我这里情况有点奇怪，凶杀现场看上去的确是剥皮行者所为。你那边如果能和怪物交流，可以问他们还有没有同伙。”端木笙道，“至于案发现场，这里距离生化危机中心的实验室倒是挺近的。我本来想联系温彻斯特来看看，但我联系不到他。现在摩根带着百多个警察把现场封锁住，那个怪物应该在大楼的某个地方！”

“克里斯前面说过，他的家族成员都在这里。他还说过，这个城市里面只有他这一个家族。”苏七七道，“他不应该会说谎。另外，端木大姐，你帮我看一下电脑里面之前的任务有结果了吗？"

"等一下。"端木笙找到电脑，回答道，"有了。火堆图案是神之刺青美洲分部领头人的标志。那人叫修·阿莱芒，是星辰学院的叛徒。嗯，我听说过他，是个很厉害的家伙。而那条蟒蛇一样的毒蛇是神仆的意思，有那个文身的人，就必须臣服于主人。"

"这么说起来，克里斯的主人是修·阿莱芒？"苏七七用询问的目光望向诸葛羽，"如果这里和波士顿的案子涉及了同一个人，那这个人到底是要做什么？"

诸葛羽正指挥着公路上开来的警车，同时正思考着什么，他一把将克里斯拍醒，问道："你们家族，在生化危机中心的抓捕下，最近半年损失了几个？"

克里斯面无表情道："三个。"

诸葛羽立即在联络器里面对端木笙道："我马上去生化危机中心找温彻斯特。我总觉得那家伙有点问题。那边应该有三具剥皮行者的尸体而不是两具。"他又扭头对七七道："你把线索告诉唐飞。然后找辆警车休息一下。"

Epilogue

"三个……生化危机中心为啥要隐瞒事实？"端木笙的脑海中浮现出格林·温彻斯特看着剥皮行者时专注的眼神。

摩根走上来道："那家伙被我们堵住了。就在十楼的储藏室里。"

端木笙道："我去看看。"说着她迅速登上十楼，摩根着急地追着她，又哪里赶得上。

楼道里很安静，隐约可以听到浓重的喘息声。端木笙冷静地走过楼道，一脚把储藏室的门踢开。房间里一只剥皮行者趴在角落里，眼神犹疑不定。

"出来！"端木笙道。那剥皮行者抖了一抖，低吼一声。"格林·温彻斯特！出来！"端木笙大声叫道。

那剥皮行者猛地抬起头，一瞬间，端木笙和它眼神碰在一起，端木笙知道自己的猜测是对的。但那剥皮行者却仿佛被刺激了一样，咆哮着冲了出来。端木笙一侧身，让过利爪，双手抓住剥皮行者的后腿，手掌用力，剥皮行者的腿骨被她一掌捏断。

端木笙翻起手腕把对方丢了出去，喝道："格林！你是疯了还是怎么了？"

那剥皮行者不停咆哮，再次向端木笙扑来。端木笙无奈之下，把对方的爪子也折断了。将剥皮行者按在墙上，剥皮行者挣扎了一下，背后破旧墙壁裂开，端木笙和怪物一起翻下楼去。端木笙在落下去之前，伸手搭住了窗框。但那剥皮行者还是从十楼坠落下去。

楼下的摩根飞奔向剥皮行者，端木笙几个起落，来到摔得骨头散架，目光散乱的剥皮行者前。

"你到底是格林·温彻斯特还是谁？"

那个剥皮行者低沉着声音道："格林……是的，我是格林·温彻斯特。你是……端木小姐。"

端木笙把联络器打开，让诸葛羽、苏七七都能听到这里对话。"格林，冷静一点，

我们已经捣毁了剥皮行者在洛杉矶的巢穴。对剥皮行者而言，一个城市只能有一个家族。你能给我解释一下这里到底发生了什么吗？”

“我也不知道，我只是太想要了解剥皮行者的行为。所以，那天其实运来了三个剥皮行者，两个死的，一个重伤的。其中重伤的那个剥皮行者被我救醒。两具尸体我解剖了。这里的事情……我其实只是想多了解一点剥皮行者。”格林断断续续道。

“你怎么会变成这个样子的？”端木笙问道。

“我想多了解一些他们的思维。”格林又重复了一遍这句话，“于是，我用移魂魔法工具，把我的灵魂移入那个剥皮行者……过去……两个月，这个方法我使用过很多次，所以我的研究才取得了突破。我每一次都很小心，但我知道这里的案子就要结束了，研究的机会就要没有了。我这次移魂的力量大了点，结果整个灵魂就进入了这个身体。我忽然就很想吃人……想吃人……”说到这里，格林的气息散开了……

“他死了？”摩根问。

端木笙点了点头，摩根道：“科学家都是疯子。”

“至少诸葛羽说五天内给你解决问题，现在已经搞定了。”端木笙在联络器里道，“诸葛羽，格林·温彻斯特是最后一头剥皮行者。这里的案子结束了。”

联络器那头传来诸葛羽的声音：“你准备一下，我们马上要去波士顿。”

“唐飞案子搞不定吗？”端木笙笑道。

诸葛羽道：“骷髅案算是办完了，但是唐飞失踪了。我们有理由怀疑是刺青组织对他进行了伏击。”

“唐飞失踪了……”端木笙握紧拳头，她对身边的摩根道：“这里都交回给你了，我们马上要去波士顿。”说着她转身离开。摩根吃惊地看着端木笙长发飘扬的背影。远远就听端木笙道：“诸葛，这次我们把刺青解决了吧！”

唐飞：上集留了那么大的尾巴，这集我居然坐了一整集的冷板凳。

苏七七：你哪里有？不是露了脸的吗？

唐飞：这也算？

诸葛羽：当然算，这怎么能不算，这个脸这个鼻子难道不是你？都合二为一了。

端木笙：这也算是合体了吧？

苏七七：呸！端木你疯了吧？变形术进阶了而已！

唐飞：合体……这个想法好……

苏七七：呸！不许胡思乱想！呸！一万次！

诸葛羽：节约点口水，我们马上要对付神之刺青了。

白先生：菜鸟你好歹露面了，我何尝不是也坐了一集冷板凳。

罗灵儿：Me too!

丁奇：Me too!+1

诸葛羽：好了好了，反正下一集不就又集合了吗。

端木笙：下一集，是不是就该对付神之刺青了？

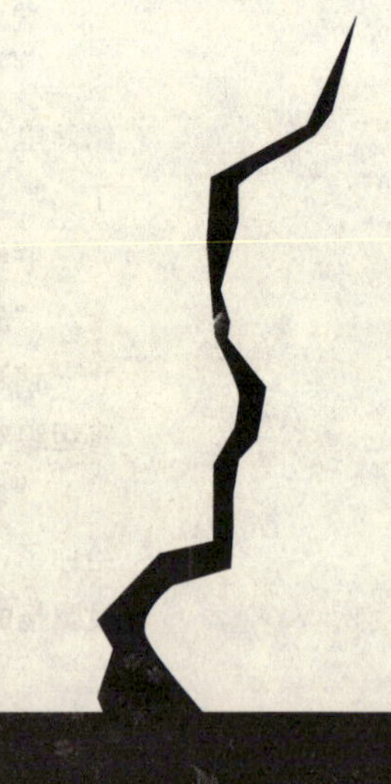

白先生：很好，我早就看他们不顺眼了。

唐飞：老白，这个我支持你！让我去打倒他们！

苏七七：你有啥好高调的，我们是去救你！

唐飞：我知道……谢谢你来救我。

苏七七：这……

诸葛羽：说起来，这次七七的能力变化了，虽然敌人不强，但也算是小试牛刀啊。老大是不是考虑让所有人的能力都升级一下？

君天：升级这种事情，也要考虑剧情需要的好不好？今天主要是这集七七做主角，所以要让她表现下。

端木笙：对哦，其实今天七七才是主角，她都没炫耀。

苏七七：因为低调就是腔调。没看菜鸟每次都那么惨吗？所谓前车之鉴啊。

诸葛羽：我激动的是对神之刺青的战争就要打响，我已经厌倦了小案子了！

君天：我也喜欢大案子，但大家现在口味都很重，只要没有绝顶高手，就都被归为小案子了。

唐飞：对付刺青我就会回来了。对不？

所有人沉默。

唐飞：反正我是要回来的！

所有人笑而不语。

唐飞：我一定要回来啊！

异故事讲堂

百烛引路

BAI ZHU YIN LU

文/不周　图/meng.w

唐诗给我电话是在周一的大清早。

他说在工作上有点要紧事，正在F市过来我这边，晌午就会到，让我过去一起吃顿饭。我信口就应承了，但电话一挂立马就忘到了脑后。那也怪不得，皆因那时我一个同事出了件大事我正往医院里赶，同事在电话里说，他那日夜班接诊的患者里，忽然死了两个人。

昨天我和他是急诊外科同值夜班，两点时忽然来了六个人，附近一家设计学院的大四学生，手手脚脚有一处没一处的擦伤淤伤，我同事给他们伤口处理过后就安置在走廊病床打消炎点滴。后来六点钟换班走了，没久接班的护士就来电话说，那六人中有两人忽然大量咯血继而休克，送急救不到一小时后，就都因为严重并发症致死亡了。

这之前要是内脏器官受过严重创伤导致内出血，根本不可能整整四小时内毫无征兆而突发并发症死掉，因为我当时也在场，院方让我赶回去说明一下情况。等把事情都办妥了又跟主任要了半天假，时候已经是晌午，刚巧就接到唐诗约我吃饭的电话。

进门就看见他坐在最显眼的位置等我，曲着食指抵了抵眼镜，朝我粲然笑道："嗨，莫辞，好久不见。"

唐诗和我本来是医患关系，后来因为一些事才逐渐有些熟络。他是F市一家生活杂志的摄影记者，经常各地奔波，在我所在的G市有分社，所以有时会乘工作之便过来邀我吃顿饭。

我问他这次来G市是忙啥来着，他摇头说这回是私事，他一个同学遇着了一些麻烦事，叫他来看看。因为不熟路，所以想让我陪他走一趟，我颔首应承了，有一口没一口地喝着茶。

他朋友家住在边区，得过环市桥，我们吃完饭过去那边正塞车得厉害，等到了地方已经快三点。

停好了车又和他走十来分钟到了一个园林小区的大楼里，我俩一边等电梯一边不着边际地聊着。我说："我不认识你朋友，忽然跟着来貌似不太好意思。"

唐诗的眼神一下子古怪了，不知道想着什么，良久才喃喃地回了一句："我跟他说了，他说没关系。而且，确切点说我跟他其实也不算认识。"

我惑然问："……不认识还找你？"

唐诗耸了耸肩，摊着手表示无奈说："这我可说不清了。"

什么叫讲不清？

我鄙夷地哼声说："不认识的还能找得着你，叫得着你名字？"

他轻笑了两声，答非所问地说："这人跟我姐很熟，前不久跟我姐说过个事情，好像遇到点麻烦，让我帮忙去看看。"

"麻烦事？什么麻烦事？"

"就是那些麻烦事。"他露出高深莫测的笑容来，透过镜片看得我心里咯噔一下。

我态度瞬间跟着正了过来，想起之前他帮过我的一些忙，如果这人说麻烦的事……那就真的是麻烦了。

我正这么想着，就听见电铃响了，刚巧就到了二十九楼。我们两人走出电梯，唐诗巡了两眼门牌，最后才在右边第二家门前停下来，按了门铃又朝我道："这人是我大学同

学，但我几乎不认得他。因为职业关系，他跟我姐比较熟，是从我姐那边找上我的。”

我甚少听唐诗提他以前，这人向来不谈自己事，不管是家庭还是工作，就算问到也只是避重就轻地敷衍两句，这回居然聊到大学时期，我自然捉住不放问他：“你大学读的哪里？学什么专业的？”

他这回倒爽快，直接就答了：“G市的设计学院，学的产品摄影，对了，就是你工作的纪念医院那附近吧？”

一说到设计学院，我顷刻就想起那死掉的两学生，本来在车上睡过一阵才缓过来的头痛，又隐隐有发作的前兆了，我叹一口气抱怨道：“唉，你还真别提……”

我那话刚说了一半，按铃那家的里门忽然就开了，出来个二十七八岁穿黑色的印花T恤青年，眉目疏朗，淡棕色的短发用发蜡纠得很是仔细，逆着光看倒有几分味道。

唐诗跟他问过好，又回身规规矩矩地指着我给介绍说：“莫辞，老朋友，职业是医生。”

那边的青年露出客气的笑容，还毕恭毕敬地向我伸出手来说：“周长笙，是唐诗大学的同学，毕业后一直留校任教，现在是大学导师。”

我也朝他讪讪地笑，三人都装模作样地客套了一番后才进了屋。

我和唐诗在他对座上并膝而坐，周长笙换了一身宽松的起居服，煮了咖啡出来就在茶几旁的沙发坐下。他打坐下就一直目不转睛地端量着唐诗，这一端量就好半分钟，唐诗却丝毫没点不自在的扭捏样子，倒是我在旁边被他余光扫烦了，正要开口问个究竟，周长笙却似乎算好了时间点把我话堵了，朝唐诗说：“我从唐咏那听过你病的事。”

病？我心下一沉，侧目朝唐诗瞥了眼。

唐诗完全无视我以眼神在给他示意，沉着声音跟周长笙说：“你就别开岔了，你之前说的事是啥？”

周长笙琢磨片刻说：“本来也不是大事，不过现在倒成大事了……”

他一边将咖啡杯往我们面前推，一边续道：“就今早，我两个学生没了。”

唐诗皱着眉宇问：“怎么回事？”

我听着心里一窒，接了话说：“你说的该不会是那事……”

两人各自看我一眼，唐诗眯着眼说：“你知道？”

我点头，接着就把外科急诊死了两个学生那事跟他们讲了一遍，唐诗一边往杯子里加放糖一边搅拌个没完，待我讲完他才细细啜了一口，朝周长笙问道：“你之前说的一些麻烦事就是这个？”

周长笙摇头说：“不，不是这个，不过，我之前找你还没发生这事，只是为了学院办公楼改建的事。”

唐诗更是丈二和尚摸不着头脑，“办公楼改建怎么了？”

“前不久学院的办公楼三楼以上重新装潢改建，其实也就楼道修葺而已。但不知道为什么，这改建后就出了怪事。”

唐诗用勺子敲了敲杯壁问：“例如？”

“三楼以上的楼层，楼道顶檐一直都在渗水。”

我觉得这例如得有点可笑，就说："是施工组的工程太豆腐渣了吧？"

周长笙眯着眼不知道拿的什么表情来看着我，说："不管阴晴那水一天滴到晚，那也奇怪，排水管什么的也都检查过，没有问题，那水就是漏个不停。"

"那还有呢？"我又问。

"晚上留校的学生也有遇到过怪事的，具体是什么我也说不太清楚，但也没出什么大意外就一直不了了之。但因为校方那边似乎很在意，所以我之前跟唐咏说起过，想是拜托你来帮忙看看。"周长笙这么说着，殷切地看着唐诗。

唐诗也不急着答应，问道："你有问过那几个学生那晚发生了什么事不？"

周长笙颔首道："问过。"

"怎么说？"

"他们画室在顶楼六楼，办公楼的传闻学校多少还是有的，所以也没人敢单独待着，一点多的时候他们六人商量说一起出去吃夜宵，结果六人出来在走道上时看见一排脸目血肉模糊的人匍匐在那里蠕动徘徊，而且见了他们就发疯似的追过来，他们是死命地逃，但他们说那时候不知怎的，居然在楼道上找不到楼梯口……"

唐诗支颐听着，食指有一下没一下地敲着沙发靠手，见我看他，也一副古灵精怪的样子冲我眨眨眼，一副不上心的样子。我心想这人打以前就这样吧，越该正经的事他越不正经。

我吊吊唇角，转过去问周长笙，"那后来呢？"

"后来是出来了，但因为下楼时有个学生摔伤了，他们就送到医院去，再后来……"

再后来，就是接之前我给唐诗阐述过的那回事了。

周长笙长长地叹了口气，用拇指按压着一侧太阳穴，"其实我一般不建议学生晚上留校，尤其是要用办公楼那边画室的，但今年我带的是大四油画班，那几个学生因为毕业展确实比较赶，前天就约了一起晚上回校赶毕业展的画作。我现在是怕可能会再出这样的事来。"

唐诗想了一下，问："你说办公楼走道改建，是怎么改建？"

"其实就是修补下破落墙壁，上上石灰这些。还有拆了几堵墙。"

唐诗神色一变，"拆了几堵墙？哪几堵墙？"

"就是走道上的几堵，你也应该知道，那旧办公楼的走道设计可不方便了。"周长笙这么说。唐诗哼笑两声，森森地说："那就不是可能会出事，是肯定得出事。"

周长笙的脸连着阴郁了好几分，"怎么说？那……那得怎么办？"

"让校方把那楼拆了，就一了百了。"

"……你说真的假的？"周长笙瞠目结舌。

唐诗慢悠悠从旁边的电话簿里抽了张白纸，取出自动铅笔按了按笔芯，头也不抬地朗声笑说："当然假的。"

他这边说着，手也不停就在纸上有模有样地画着什么。我凑过去看，那纸上就一个简易立方体，横向六条长线，纵向四条长线分割开来，看着就像是在画叠叠木。

他用笔尖敲了敲那图说："假设这个是办公楼的外观示意图。"

说罢又在旁边画了一个长方形，大的长方形里面套一个小的长方形，然后中间一条横线切割开，他又点了点这边说："假设这是办公楼楼层的平面示意图。"

他用笔一下将那立方体示意图顶上的三层圈了起来，说："我没记错这里四至六楼的主走道中央是有面墙的，你说的拆的几堵墙，是那几堵吧？"

周长笙点头，"对，就是这三层的。"

唐诗往后就开始说明了事情。

这办公楼的走道设计确实叫人觉得匪夷所思，建筑是内环型的，一共是六层，北面是一栋主楼，南面是另外一栋次楼，主楼和次楼的主楼道是以东西两侧的楼间走廊连接起来，是相通的，每层有四个楼梯口，分别都在主次楼尽头，东西两侧各一个。

"主次楼的楼道一至三层都是相通的，但四至六层开始，主次楼的主楼道中央就有一堵墙隔开了来。"唐诗指着画下来的那个平面示意图，手指顺着拉下一条直线，把长方形中间切割开来，"也就是说，如果假设主楼四楼的画室有六个，编号是4001至4006都在同一个主楼道上排开，中间一堵墙隔开，那4001至4003就是在楼的西侧，那4004至4006的画室就是在楼的东侧了。如果要从4001画室到4006画室，那就必须从西侧的楼梯口下到三楼，再绕到东侧的楼梯口上四楼才能到。"

我点头附和道："那就是说，三楼以上的楼层，如果要从主楼东侧到次楼西侧，就更麻烦了。得从西侧的楼梯下到三楼，绕一圈再上楼去才能到。"

"可不是，要不熟这楼把人绕得头都晕了，多了那一堵墙添了不少事，何况这墙也没什么作用，校方就想在修葺楼道时，顺带就拆了去。"

唐诗往沙发上一靠，挑着眉眼看他说："做这建筑设计的人不会这么多此一举，平白无故添堵墙找人麻烦的。这墙建在这就肯定有理由，你们也不问问，胡乱就给拆了。"

我说："该不会是承重墙？"

周长笙一摆手说："哪有建在楼道的承重墙的。"

"先不管怎么样，我得先去看看才知道。要真是我猜的那么一回事，如无意外，应该就能直接把事情解决掉的。"唐诗边说着边把纸折得四四方方地放进口袋。

周长笙如释重负，问道："那你什么时候去？"

"就今晚，我往后忙着呢。对了，我也有事得拜托你帮个忙。"唐诗说着，从口袋里取一个乌木小盒，扣着黄铜扣的面盖刻着一朵莲花，在里头拈出一扎红线小心翼翼地递给周长笙，那线我看着竟有几分眼熟的，"听唐咏说你认识不少民间手工艺学者，你帮我查查看这种丝线是在什么地方有人会编的。"

周长笙接到手里掂摸了一阵，反复转了两转才点头应道："这我晓得了，我会帮你问问。那今晚的事，要我陪你一起去吗？"

"当然。"唐诗说罢，跷着大拇指往我这边指着说："莫辞也会跟我们一起去。"

我瞪大眼看着他："喂……"

唐诗不再说了，直接端了杯子把咖啡喝光就收拾起东西，一手拍在我胳膊上说："好了，咱们得走了，去买些东西。"说罢又朝周长笙扬扬下巴说："那今晚十二点，我们就在学院正门碰面。"

周长笙答应下来。

临走前唐诗想起什么，问周长笙要了他带的油画班的毕业展作品上报表，他顺着表格编号扫了一遍就塞进包里。

一坐回车上唐诗边扣上安全带就边说："我们去一趟批发广场吧，买蜡烛。"

我皱了眉，"蜡烛？这个随便找个杂货店都有啊。"

唐诗在倒后镜瞅我一眼，淡定道："我要至少二百根。"

我无语了一阵，问："……做什么用？"

他古怪地笑了笑说："到时再跟你说。"

我俩买好东西，吃过晚饭又四处溜达一阵，快到十一点的时候到了学院门口，周长笙早就等在那里了。

周长笙是在校老师，随便跟门卫说一声是学生，要赶毕业展览的作品得晚上来借用画室就轻松给放行了。顺着正门的大路直入就是户外篮球场，篮球场地下是停车场，办公楼在对面。因为是设计学院的老校区，除了设计楼跟艺术楼是新落成的建筑外，其他楼层连宿舍和美术馆都是有点儿年月的了。

这学院占地面积不大，除了大道比较大外，连接两教学楼之间的小道都是小石板道，两旁一片高树林荫，不知道是不是为了体现些艺术气息，花坛里跟一些楼前空地上都摆着奇形怪状的雕塑作品，要么断肢缺脊，要么张牙舞爪，衬着四周光线昏沉树影婆娑，总觉得里头蛰伏着一些无以名状的生物，看在眼里就让人有点毛骨悚然。

我们跟着周长笙穿过篮球场往办公楼走去，远远看见前方一栋六层的旧式教学楼，楼层走道上一列昏黄的灯光忽明忽暗的，主楼东侧的墙上布满了起起伏伏的一片爬山虎，周长笙朝那边指了指说："就是那栋。"

走到过去才看见楼前是有一处宽广的空地，两圈花坛围成一个小广场，花坛里又是稀稀疏疏地放着些人体雕塑铜像，周长笙说出了

那事后，校方现在都不准学生晚上留在画室，所以这边楼一到晚上是没人在了。

我们从主楼东侧的楼梯往上走，一到四楼就觉得一阵恶寒凉簌簌地从尾脊窜上来。这楼的梯灯瓦数不大，角落处都是照不到的，使得眼前东西看起来都很是混沌。本来觉得楼层渗水本不是稀罕事，但来了才知道周长笙为什么说奇怪。这楼道顶上确实渗水厉害得吓人，一些靠墙的位置简直是冒着水出来。

唐诗走到楼道中间停了下来张开双臂在那比画道："原来的墙是在这里？"

周长笙回答："就是这个位置，往上几层都是这个位置的。"

唐诗便把背囊放下来，蹲在墙角拿着手机借着光照，不知道看什么。

"莫辞你看。"

唐诗指着那堵墙拆掉的地方，这个位置的渗水尤其厉害，墙角处都排开几个桶在接水，从顶上沿着廊柱一路往下流，地面都是一片湿漉漉的，我俯下身去看，唐诗正指着墙面拆掉糊上石灰的地方，那里连苔藓都长出来了。除了苔藓还夹杂着些奇奇怪怪的东西冒出来，我也不知道哪来的胆子伸手就去拨弄，底下居然是一片嫩红嫩白的东西，触感凹凹凸凸就像是一堆新长的肉芽，黏糊糊一片，我顿时就起了一身鸡皮疙瘩来，触了电似的收回手。这东西长人身上倒不可怕，什么伤口泛脓发肿我也不是没见过，但不知怎的，一想这东西从墙里头冒出来就显得格外恶心，而且像是放坏了的汤羹菜肴，冒着难闻的腐酸味。

唐诗被我的反应逗得笑出声来，说："让你看，亏你还敢下手去碰。"

我一脸恶心吧唧的表情，把碰过那东西的手往他肩膀上擦，骂道："靠，你就不会说一声。"

唐诗一把拍掉我的手，说："走，往上层去。"

说罢就提着背囊往楼梯口走，结果五层跟六层情况几乎一样。唐诗一副不出所料的样子道："果然，这墙一拆就把设计这建筑的人故意布的阵给坏了。"

周长笙问："什么意思？"

唐诗轻描淡写地说："你没听过吗？这学院建起前这里曾是一片居民楼，起过场大火死不少人，这事在这很是有名啊。"

"听说是听说过，但那都几十年前的事了吧，要出事早该出事了。"周长笙阴郁地说。

"就是因为建了这楼所以才没出事。"唐诗把话顿了一顿，续道："这地方阴怨气重，驱不掉就只能镇着，这楼本身就是用来把风水的建筑，而把不把得住，关键就在那几堵墙，你们居然不闻不问二话不说给拆了。"

周长笙脸色沉了几分，亟声问道："那现在该怎么样？"

唐诗把背囊放下来，拍了拍膝盖的尘土站起来道，"这楼建在这地上是用来把阴怨气困在这里的，四楼以上的那道墙就是为了使困在这里的阴气凝注不起来，也就犯不了恶，但把这墙一拆那就糟糕了。把阴气汇到一道上，偏偏这楼是内环式的又散不去。"

我问："那得怎么办？"

"也只能这样办，把东西重新困起来，不然这楼拆了也没办法。"他边说着边把背囊的拉链拉开，刷拉倒出几十包的防风蜡烛，然后自己先蹲下身去捡，说："你们每人拿几包。"

"……这是干什么用？"

"做路引用。"

"路引？"

"对，只要把那些东西从主楼的一侧引到次楼的另一侧，墙一隔起他们就认不得路。阴气聚不到一起，那些东西就能重新困起来了。"

我咽了咽唾液问："哪些东西？"

"等下你去到就会见到。"

我拔高声音说："我去？！"

唐诗笑了笑，手指在我们三人中间画了个圈说："不是你，是我们，这里有三层。"

周长笙被派遣去拉楼层电闸，等他回来唐诗给了每人三包防风蜡烛，一支红烛，还有打火机。交代说，等下三人一散，红烛就得一直点着，防风的白色蜡烛，见到那东西后就开始点，而且得每点一根，就沿路放一根，从主楼的东侧引到次楼的西侧就行。

这听着倒是不难。

我却疑惑问："为什么一定得是蜡烛？"

唐诗说："就跟中元节的河灯渡引落水鬼一样。传言阳间到阴间有一条道路，黑而且阴冷，若没灯是看不着路的，它们会随着烛火走。"

说罢，他又指着那没人，仅有一支的红色蜡烛说："这红烛是阳烛，是我爷爷百年大寿的时候点过取来的，阳气极盛，点着时阴怨气是近不了身的，所以有它在就不用怕。但一定要在阳烛点完之前过了原本建墙的地方，不然就惨了。"唐诗说起来语气淡淡的，那句"不然就惨了"也完全没有真实紧张感，他见我们不应答，又问："明白吗？"

我和周长笙互看了一眼才慎重地点了点头。

分派下来，我是六楼，从主楼西侧往次楼东侧的墙引。

唐诗是五楼，从次楼东侧往主楼西侧的墙引。

周长笙则是四楼，跟我一样从主楼西侧往次楼东侧的墙引。

三人一散，我就点着红烛到了六楼的楼道尽头，烛火的照明范围根本不大，总觉着会从哪个看不见的角落冒出来些什么，说一点不怕那铁定是骗人的。回头去看五楼的西侧，隐隐约约看见一豆大的烛火摇曳，确认那边的人是唐诗，而周长笙则是在四楼跟我同样的走道位置。

这么想着，耳边忽然传来一阵像是野兽一般粗重的呼吸声，仿佛还感觉到那般气息灼喷在脸上，带着腥臭的味道。我那一刻是惊得心口腾地发痛，差点两脚发软就倒下去。

我把蜡烛捏得死紧，壮着胆回头去看，那一楼道上满满地匍匐着腐烂焦黑的人体，从地面墙壁一直绵延到顶檐，那渗着出来的水全部都是浓黄的，那么一眼我顿时觉得力气都被抽空了，想要拔腿就跑，但就死死地钉在那儿。

那一堆东西张牙咧嘴地从七窍里冒出浓黄带血的液体来，越看越是恶心，一团团蠕动着身体往我这边过来，它一动，那些焦黑的皮肤就裂开来，绽着一堆肉芽和泛着酸臭的液体。它向前一点，又向后退了去，似乎是很怕那烛光。我这才想起该做的事，连忙把防风蜡烛点了，在地上滴上几滴热蜡把蜡烛固定稳在那里，又倒着往后走了几步，又点一支放着。

那东西还真的跟着蜡烛过来，却是走得极慢。短短的一段路，我感觉停停走走地快磨蹭了半小时，才走了一半，但手上的红烛倒已经去了大半，看着那灯花扑哧扑哧地溅开，我背后冷汗是潸潸地冒，眼看对侧五楼那边，已经有一列烛火排了开来，火光晃晃悠悠的。

等我好不容易终于绕到了次楼东侧的楼道，那红烛已经只剩下小半截了，而这时我回头想去看看还有多远才抵达那筑墙的地方时，一眼望去，那楼道中央竟就扎扎实实有一堵墙在那里，根本就过不去，我心下立马就一片透凉了……

眼见这边跟着来的东西越来越多了，到现在已经汹涌得堆叠成一层肉浪，往前看去几乎一整条走道的地面墙壁跟楼顶都满布了这些东西，我简直无法想象如果这红烛熄灭了会有怎么样的后果……

眼看就要抵到墙根，我正心里惶然不知所措，四周忽然响起呜呜的低鸣，像是压抑的呜咽和着野兽的粗喘一般，我一路往后退，那东西就像漫溢的潮水一般渐渐往我边上涌逼，烛火犹在它们尚且不敢靠近，那状况就像闯进沙丁鱼群的鲨鱼一样。眼看手上的蜡烛就要烧完了，我紧紧盯着那一星火光，却连视线都跟着摇曳恍惚起来。

忽然觉得身后一个力气把我往后带，我原以为往后就是那堵隔了去路的墙，谁知往后一靠却没靠着个实物，一个踉跄跌坐在地上，头磕在墙根，痛得我龇牙咧嘴的。再睁眼一看，四周一片烛火明亮，前方根本没什么墙，就在拆掉的墙的位置点燃着一排蜡烛，那些涌动焦黑的尸骸什么都消失了。

唐诗就站在我身后，低着眼看着我，眉开眼笑地说："怎么样？没事吧？"

我看他一眼，又看看手上冒着微烟的红烛，这才松下了一口气。

忽然被毫无头绪地牵扯上的事，也算就这么告一段落。

后来听说那墙两天就建回去了，楼道渗水的事马上也就停了。再跟唐诗提起这事，说那楼修葺之后好段时间都只是顶楼在渗水，也没出过什么恶事，怎么那天两个学生忽然就死了？

唐诗不知道从哪拿出来的一张纸，是之前从周长笙那拿来的大四油画班毕业展览作品报表。

"我听周长笙说，那群学生是一组人的，报的作品就是以那场居民楼大火做的主题，如果是哀悼或者纪念的形式创作那倒是好，但他们那一系列的作品都是带了幸灾乐祸的味道，听说校方不给展出，他们那晚是商量了结伙回学校闹事的。也只能说他们触着了霉头。"

我看了唐诗一眼将那报表塞了回去，心想那是所谓可怜之人，必有可恨之处吧。

布偶叔叔

BU OU SHU SHU

文/颜响

窗外的寒风夹着雪花不停地肆虐，屋里正开着暖气，张菲像只小猫一样蜷缩在沙发上看着电视，不时从哥哥和姐姐的手里抢过一把瓜子。妈妈却根本没有被电视情节所吸引，只是表情木然地盯着电视，似乎在出神地想着什么。

真幸福呀。张菲嗑了一颗瓜子，美滋滋地想到。在寒冷的冬天里守着自己的家人看电视……

就在这时，突然响起了一连串的钥匙开门的声音，紧闭的房门猛然打开，两个身影随着一阵刮进屋里的冷风出现，张菲不禁打了个哆嗦。

“呵呵，真冷啊。”爸爸将房门“砰”的一声关上，拍了拍一下身上的雪花，这才指着站在自己旁边，一个背着箱子的干瘦男人说道：“孩子们，孩子他妈，这是我弟弟张强，今天来探亲了，快叫叔叔。”

张菲好奇地探出一颗小脑袋，打量着这个突然出现的叔叔。只见他身上裹着一件黑风衣，戴着一顶尖帽子，一张倒三角的脸，背后背着一个黑色的箱子，看样子倒像是马戏团的小丑。

妈妈立刻迎了上去，笑吟吟地说：“快进来吧，快进来吧，以后就把这里当作自己的家。”

姐姐张梅小声嘀咕着：“我怎么从来没有听说爸爸还有个弟弟？”

还没等其他人说话，这个突然出现的叔叔把背上的箱子往地上一放，竟然是满满一箱子漂亮的人形布偶！除了面部做成了笑脸，这些布偶全部都是红色的，身上落满了雪花。恍惚间，张菲似乎看到一个做成小孩子的红色布偶颤抖了一下。

“孩子们，我来表演一出布偶剧吧。”新来的叔叔笑着说道，嘴角弯成了一个刀子一样的弧度。

叔叔的布偶剧很快就赢得了孩子们的好感，他的操纵技术实在是太娴熟了，这些和真人一样大小的布偶，他竟然能够一次操纵五个！

而且他的操纵方式似乎和其他的玩偶师不一样，只是在指尖上缠着五个线头，然后就能够通过一种透明的丝线隔空操纵布偶，他的手指微微颤抖，几乎无法察觉，布偶们似乎真的活过来了一样。

“亲爱的孩子们，我回来了。”一个身形高大的布偶走到小小的舞台前面说道，他的声音很浑厚，像极了一个父亲。

“爸爸，爸爸。”两个身高只有大布偶一半的小布偶欢叫着扑了过来。

“你回来了。”一个女性打扮的大布偶笑吟吟地说道，它是这个家庭的妈妈。

虽然听到了各种声音，但是叔叔事先已经说了，这些都是他的腹语口技所造成的，他竟然能够一次性模仿五个人的声音，可真厉害啊。

这五个布偶组成的家庭其乐融融，一起做起了丢手绢的游戏，张菲看了之后心里一阵痒痒的，不知道为什么，也想和家人们一起做游戏。

就在这时，那个贴着“妹妹”标签的小布偶绕着自己的家人转了一圈，突然扑到了张菲的脚边，抱着她的腿喊道：“救救我，救救我！”

张菲吓了一跳，刚要说什么，小布偶的父母和哥哥已经跑过来拽住了小布偶，边走边唱道：“妹妹不听话，老是编瞎话，不听话，不听话，砍掉小脑瓜。”随后就见扮演妈妈的大布偶拿出一把水果刀，刷的一声砍掉了小布偶的脑袋。

圆圆的红色小脑袋还带着针线缝制的笑脸，瞬间滚落了下来，它里面的填充物也是鲜红鲜红的，张菲似乎闻到了一股甜味儿。

紧接着，布偶妈妈拿出针线将小布偶的脑袋和身子又缝到了一起，随后他们拖着小布偶，一家人又唱又跳地回到了箱子里。

“太厉害了！叔叔好厉害！”哥哥和姐姐跳起来拼命地鼓掌，爸爸和妈妈也是一脸高兴，毕竟这么高超的操控技艺他们都是第一次看到。

只有张菲觉得有些奇怪，小布偶的脑袋虽然被缝回去了，但是她好像完全是被拖回了箱子，并没有自己走路呀。

“菲菲，菲菲，你听到了吗？又来了！烦死人了！他就不能找个没人睡觉的时间吗？”张菲正在睡觉，突然被人推醒了，她睁开眼睛一看，姐姐张梅正坐在床上，撅着嘴指了指隔壁——那里正是叔叔的住处。

一阵隐隐约约的哭泣声传来，里面还夹杂着哀求声、喝骂声、闲谈声、欢笑声，叔叔又在练习他的口技了。

叔叔住进家里已经有一个星期了，刚开始孩子们还很高兴，谁知才第一天晚上，就不断有古怪的声音从叔叔的房间里传出，吵得人睡不着觉。

问过爸爸之后，张菲他们才知道，原来这是叔叔在练习他的腹语术——不知道为什么，每次练习都会挑在夜深人静的时候。张菲睡得很死，倒没觉得什么，但是姐姐和哥哥都是一吵就醒，这几天都没睡好。

他们找爸爸提意见，却没想到爸爸讲了一大堆包容、理解的大道理，找妈妈反映情况，妈妈这几天却整天在房间里缝缝补补，不知道在忙些什么。无奈之下，他们只能忍着了。

张菲揉揉眼睛，慢慢地爬下床，打开门向洗手间走去，一边走一边哈欠连天，本来她睡得很死，可是姐姐每次都要把她也吵醒。

“啊——”一声尖厉的惨叫传来，虽然

声音不大，但是听起来却很是凄厉，把张菲吓了一跳，一下子完全清醒了过来。

声音传来的地方……是叔叔的房间！张菲来到叔叔房间的门口。她看了看空无一人的漆黑走廊，小心翼翼地将耳朵贴在了门上。

“求求你，放了我吧，呜呜……”是一个小女孩的声音。

“不要打我，不要打我，我再也不敢了……”是一个小男孩的声音。

“你这个浑蛋，你杀了小红！”是一个大人的声音。

“不要吵！谁再乱说话，就将他切成一段一段，一点一点烧成灰！没想到竟然会失控……”是叔叔的声音！

张菲心中不禁有些毛骨悚然，叔叔这是在排练哪出布偶剧？怎么听起来这么吓人……

就在这时，哥哥的房间里响起了一阵脚步声，张菲立刻轻手轻脚地跑回了自己和姐姐的房间，从门缝里向外张望。

就见哥哥猛然打开房门，敲了敲叔叔的房门，那些口技声戛然而止，不一会儿叔叔打开门，哥哥粗暴地挤了进去。

“看样子哥哥要爆发了。”张菲微微一笑，朝着身后的姐姐说道，回应她的，却是一阵鼾声……

令张菲奇怪的是，第二天早上，她预想到的场景却没有出现，哥哥反而对叔叔表现得毕恭毕敬，简直比对爸爸的态度还要好。两个人说说笑笑地吃着早餐，跟着就一起去了叔叔的房间。

随后，一声声古怪的声音从叔叔的房间里传出，听起来与往常无异，不过，却隐隐多了一种暴躁和狂怒的感觉。

看到张菲在发呆，张梅凑到她的耳边小声说道：“啧啧，老二这个没骨气的家伙，以前还说要把叔叔赶走，现在竟然跑去学口技了，鄙视，鄙视。”

“砰。”餐桌前，爸爸将盘子一推，说道：“我吃完了。”随后拿起包出门了，连声招呼都没有打。而妈妈则匆匆忙忙地将锅碗刷了，立刻又钻进了卧室里，开始了自己的秘密工作。姐姐则是背上书包跑出去和同学约会了。

眼看这个无聊的周末又剩下自己，张菲不禁撇了撇嘴。似乎自从叔叔来了之后，家里就有了很大的变化，爸爸不经常笑了，妈妈每天都把自己关在房间里不知道在做什么……

对了，妈妈在做什么呢？张菲突然来了兴趣，妈妈似乎将那台老式的缝纫机给搬了出来，每天在房间里缝缝补补，还不让他们进去……

我要去看看！这个念头猛然在张菲的脑海中冒了出来，像是扎了根一般。

过了一会儿，妈妈、哥哥和叔叔一起出门了，好像要去买什么东西，透过窗户看到他们已经走远了，张菲立刻来了精神，一溜烟儿跑到父母的房间门口，推开门走了进去。

映入眼帘的是几个白色的人形布偶，有的已经塞满了棉花，只差封口，有的还没有装上笑脸，有的则是只完成了一条手臂。地面上堆满了棉花和白色的布条，像是落下的雪片。

张菲不禁一阵扫兴，原来妈妈是在帮叔叔制作布偶啊，还以为有什么神秘的事情。

其实她早该想到，每天缝缝补补，不是制作布偶是什么呢。不过这些布偶怎么都是白色的？叔叔的布偶都是红色的呀。估计是还没染色吧。

想到这里，张菲心中一动，这是个好机会啊，她还要到叔叔的房间里去看看！

叔叔的房间里布偶更多，不同的是，这些布偶大部分都是红色的，只有两个布偶是白色的，不过每一个布偶的头顶都有一根棉线。

“哇，这么多！”张菲这才发现，原来在叔叔的大箱子里竟然装了几十个布偶，原来以前都是折叠在一起的，根本看不出有这么多。

她跑过去想要挨个儿摸摸，突然听到门外传来了脚步声。

他们回来了！

情急之下，张菲打开旁边的一扇柜门钻了进去，通过门上的通气孔向外张望着。

进来的竟然是姐姐。张菲一阵偷笑，原来姐姐也打的这个主意。

只见姐姐进来之后先是一阵惊叹，随后绕着那些挂在墙上的布偶走了一圈，挨个儿摸了起来。

张菲正要向姐姐打招呼，异变突生！

张梅刚刚碰到两个白色布偶中稍大的那一个，突然，这布偶像是活了一般，瞬间抱住了张梅，随后它的表面竟然裂开了一个口子，将张梅硬生生地塞了进去！

“呜呜……”姐姐先是发出了一声惊呼，挣扎了几下，随后就听见一阵“咯啪咯啪”的声音，张梅的身体被缓缓地挤碎了，这是骨头碎裂刺穿身体的声音……

这白色布偶竟然将张梅塞进去之后猛然缩紧，硬生生地向里面挤压了几圈，压缩出多了一个人之后的空间，恢复了它原本的大小。

只是里面的张梅再也没有了声音，白色布偶的表面，逐渐变得鲜红，一股腥甜的味道，渐渐散了出来……

“咯咯咯……”躲在柜子里的张菲牙齿不停地颤抖着，姐姐，姐姐竟然被那个布偶给吃了！张菲忽然想到了其他的那些颜色鲜红的布偶，难道每一个布偶里面，都装着一个人被挤得稀烂的身体？叔叔到底是做什么的？爸爸妈妈还有哥哥，有危险！

就在这时，房门“吱呀”一声，一张三角脸缓缓地探了进来，叔叔回来了……

张菲吓得连大气也不敢喘，透过柜子的缝隙小心翼翼地望着外面。

那个永远罩着黑风衣的身影先走到了张梅变成的布偶前面，伸出手抚摸了一下，随后喃喃地说：“张梅，我来晚了……你到底还是被……以后要听叔叔的话啊。”他手指上缠绕的棉线轻轻抖动了一下。

将张梅吞下去的布偶竟然动了，随后发出了一连串机械的声音：“听话，听话，听话……”

“啊——”张菲再也忍不住了，发出一声惨叫，推开柜门就要往外跑，却被一只有力的大手给拽住了。

是叔叔！

“菲菲，你也在这里！快跑，从窗子里跑，她要回来了！我今天本来是想让你们逃走的……谁知道……”

“呜呜，你这个坏蛋，你这个坏蛋！”张菲也不知道自己哪里来的勇气，挥舞着小拳头朝着叔叔的身上砸去。

叔叔却根本不避不闪，反而露出一丝绝望：“她要回来了。”随后他反而释然了，对张菲说道：“孩子，记住，我也是逼不得已，你看。”

随后他摘下了永远戴在头上的尖帽子，露出了一个光秃秃的头顶，在他的顶心上，竟然有一根长长的线头！这不是一根头发，而是一根棉线，仿佛是从出生就长在那里的一样。

紧接着他伸出了舌头，这是一条怎样的舌头……舌根处密密麻麻地缝着十几根棉线，牵动着整条舌头。而他的眼珠，竟然能够摘下来，只是后面同样连着一根棉线……

“嗤”的一声，如同裂帛，在张菲呆滞的目光中，叔叔已经撕开了自己的手臂，里面竟然是一团团血红色的棉花和被挤烂的碎肉……他的指尖上，那些用来控制布偶的棉线，竟然全都是从肉里延伸出来的。

“指尖有棉线的人可以操纵布偶，头顶有棉线的人就是被操纵的布偶，我只不过是一个高级布偶罢了……我曾经也有两个女儿，所以才想趁着她没有控制我的时候帮助你们逃跑……”

就在这时，叔叔头顶的棉线竟然如同眼镜蛇一般直立起来，动了一动。

他立刻变得面无表情，机械地说道：“菲菲，听话，让叔叔抱抱！”

张菲用尽全力推开了叔叔，打开房门跑了出去。

就在这时，客厅的门把手一拧，两个人走了进来。

是爸爸和哥哥!

“爸爸，爸爸，叔叔的布偶把姐姐吃了，叔叔是布偶!”张菲哭叫着向着爸爸跑去，她已经被吓坏了。

只是爸爸和哥哥却根本没有反应。他们怎么不说话?

眼看张菲已经跑了过去，爸爸和哥哥突然抬起手来，从自己的眼眶里抠进去，像是摘掉面具一样将脸上的皮肤撕了下来，露出了里面的红色布套和一张针线缝制的笑脸。张菲的身后，叔叔也走了过来，他同样将自己的脸皮撕了下来，露出了里面筋肉和棉花杂糅的脸。

张菲只觉得自己几乎要昏过去，天哪，是什么时候……

三张怪异的笑脸盯着张菲，却都一动不动，像是在表演一出怪诞的布偶剧。

张菲一咬牙，绕过爸爸和哥哥，向着门口跑去，她不知道这到底是怎么回事，她只想尽快逃离这个地方，这个曾经温暖的家，现在已经变得恐怖无比了……

突然，房门再次打开了，一个柔顺的身影出现在门口，妈妈回来了!

“妈妈快跑，妈妈快跑!他们都变成了怪物!”张菲抓住妈妈的手向外拽，却被妈妈拽了回来。

“菲菲别怕，以后他们都是你的朋友啊，喜欢吗?哈哈哈。”妈妈俯下身子笑着说，她的嘴角，竟然咧到了耳根!

张菲这才注意到，妈妈的十根手指的指尖，都有一根白色的棉线，从指甲缝里钻出来……

“你不是妈妈，你不是!把妈妈还给我!”张菲拼命撕扯着“妈妈”的衣服，却没想到竟然将她腿上的皮肤撕下了一大块，露出里面密密麻麻互相缠绕的棉花、肌肉、骨头，像是压扁的肉罐头……

“我就是你的妈妈啊，这些肉都是妈妈。”说着，“妈妈”已经摸出了针线，将一片掉出来的肉塞了回去，又把被撕坏的皮肤一点一点地缝了起来，那样子是那么仔细，仿佛在缝一件珍贵的衣服。

“咯咯咯，咯咯咯……”张菲觉得自己如坠冰窖，牙齿不停地颤抖着向屋子里跑去，打开一个房间将房门狠狠地锁上。

发生的一切简直就像是一个无底的深渊，将她吸了进去，不停地下坠，永远没有尽头。

突然，她的后背似乎碰到了一个软软的东西。

她小心翼翼地转过头来……最后一个白布人偶立刻抱紧了张菲，将她狠狠地向着自己的身体里塞去，房间里只剩下血管爆裂的“扑哧”声和骨骼被压碎的“咯啪”声……

“呼……呼……”这是哪儿?张菲能够听到自己粗重的呼吸声，却睁不开眼睛，她似乎被塞进了一个拥挤、寒冷的角落，身子都折叠到了一起，她甚至能够感觉到自己的双脚盘在了脖子上，像个杂技演员。

“地震了吗?”她无法睁眼无法张嘴，只能感觉到她所处的地方正在一上一下地晃动。幸好耳朵还是能听的，她能够听到风声和脚步声，似乎又下雪了。

好冷啊……她不禁哆嗦了一下。

“吱呀……”房门被打开了，一股热气扑面而来。

“孩子们，都来欢迎你们的姑姑吧！”

“我给大家表演一出布偶剧吧！”那个熟悉的声音在张菲的耳边响起，竟然是……是妈妈！

随后，张菲就感觉自己被人拎了起来，挡住面部的双腿也伸展开来。

透过玻璃珠子缝成的眼睛，张菲能够看清眼前的东西了。这是一户人家的客厅，两个孩子和他们的妈妈都静静地坐在沙发上，兴致勃勃地看着即将进行的表演。

随后她就看到了自己的手……这是一只棉布缝成的手，染成了深红色！她已经成了一只布偶！

她却根本不能控制这具身体，只能机械地随着头顶棉线传来的震动做着动作，和原本的爸爸、姐姐、哥哥表演着布偶剧……

天啊，让我动一下吧，一下就好……

今天王宇一家迎来了他的姑姑，虽然从来没有听说爸爸还有个妹妹，但他们还是表现出了足够的礼貌和热情。

没想到姑姑竟然会表演布偶戏！而且能够用腹语术和口技来配音！

随后，他们就看到四个布偶同时出场，表演着其乐融融的一家人。

突然，一个贴着“妹妹”标签的小布偶扑到王宇身边，张口大喊道：“救命，救命，救救我……”

那几个大布偶笑着跑了过来，把不听话的小布偶拖走了，随后他们一起用力，“刺啦”一声，将小布偶撕成了碎片。紧接着“姐姐”布偶立刻摸出针线，把“妹妹”又缝了起来，然后他们拖着“妹妹”又唱又笑，回到了箱子里。

真是太精彩了！

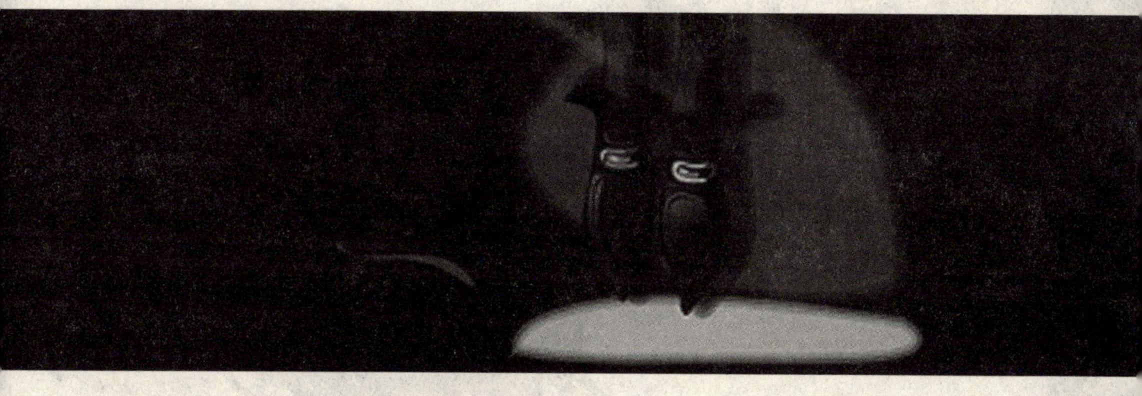

净土
JING TU
文\大神遮天 图\BT大神

永远不要尝试去预测西坎的天气，在这片望不到边际的黑土地上，除了少数几个绿洲，根本看不到生命的痕迹，只有无边无际的黑色坚硬土地，以及大大小小远古传下来的地面裂缝。车子穿行在西坎土地上是一种冒险，除了要躲避数不清的裂缝之外，天气的变化是一个更为惊险的变数。西坎白天最高气温可以达到80多摄氏度，夜晚最低气温为零下40多摄氏度，而其间不可预测的风雪、雷电、飓风等灾害性天气，总是来得如此突然，前一秒钟还艳阳高照，后一秒钟，也许你就会浸泡在冰雪和雨水之中。

昨天刚刚过去一阵飓风，西坎表面的浮尘被搅成一团黑雾，在半空中呼啸来去，折腾了大半天才算安静下来。这使得出行的计划推迟了一天。原本预计是昨天就要去净土研究基地的，那地方位于西坎的心脏地带，四周是几百公里的无人区，裂缝纵横交错，几乎无法行走。

巴里镇位于净土研究基地西北方向，镇上住的绝大多数是开发西坎的技术人员及其家属，少部分是附近的居民。谭枫林和华阳是巴里镇的气象观测员，具体任务是记录各项气象数据，以及投放气象观测仪器。

昨天的飓风让他们经历了一次冒险，华阳冒着被飓风刮走的危险，将许多闪亮的金属探测片投入飓风之中，它们将随着飓风的行动轨迹漂浮，并收集周围两米内的各项数据，通过卫星传送回巴里镇的气象研究所。

为了犒劳他的冒险精神，研究所特批给他和谭枫林两天假期。他们打算利用这两天假期去净土研究所走走——谭枫林的姐姐谭雨欣就在净土基地，上个月刚从国外访问回来，给他们带了不少礼物，甚至还给住在巴里镇郊区的八奶奶带来了不少特效药。八奶奶是一个孤寡老人，谭枫林和华阳发现她的时候，她已经在西坎的无人区流浪了几天几夜，因为缺水和疲倦几乎快要休克了。他们将她带回巴里镇，询问她的来历，她一概不知，连自己的具体年龄也不知道，只知道自己是跟随儿女来西坎旅游，不知道为什么就只剩下了自己一个人。儿子和女儿的名字她也不记得了。

这种情况他们以前遇到过几次，残疾人、儿童、老人……住在西坎周边的人们，想要将自己的亲人彻底遗弃时，通常都会选择带领他们进入西坎无人区，因为在这里没有人会发现他们的恶行，而且这里险恶的环境让被遗弃者很快就陷入死亡的绝境，永绝后患。

八奶奶就这么留了下来，镇上为了照顾她，让她居住在郊区的鱼塘边上，顺便看管鱼塘——巴里镇人不多，鱼塘其实没有看管的必要，这么做只是给了八奶奶一个自食其力的理由。谭枫林和华阳经常去看望她，每次去都带些吃的和药品。这次谭雨欣带来了药品，他们原打算第一时间就去净土研究所取，偏偏遇上了飓风。

出发之前，华阳到总务处领了一台海事卫星手机。在西坎无人区行走，这是必备装置。气象预报说今天是晴天，他自己就是搞气象的，对这类预报的可信度心里有数，尤其是在西坎，这里的气象根本是不可预测的，也许遥远的天边一只蝴蝶闪动翅膀，就会给巴里镇带来一场风暴。

出发的时候确实是晴天。他们选择了

下午四点出发，地表温度下降到了40多摄氏度，并且温度仍旧在持续下降，再过一个多小时，人就能在车外自由行走而不必担心中暑了。距离上次谭雨欣给他们打电话已经过去了几天，出发前他们拨打了谭雨欣基地的电话，无人接听；再拨打谭雨欣的海事卫星手机，同样无人接听。谭雨欣他们的工作具有特殊性，反正可以确定她是在基地里，联系不上也没关系。

在裂缝与裂缝之间小心行驶，广袤的无人区让人心头一片苍凉。车窗外视野十分开阔，西坎的土地上没有任何隆起的山峰，一马平川，除了绿洲，就是开着缝的黑土地。黑土地表面硬得像铁，车轮碾上去一点痕迹也没有——白天被太阳烘烤，晚上低温冰冻，这里的地面早就已经练就了一副钢筋铁骨。

太阳落山时简直是一幅悲壮的图案，随后西坎大地沉入无边的黑暗，他们打开车灯，降低速度，时刻留心着地面上的裂缝。直到晚上九点多钟，前方的路面忽然变得平滑，车灯照出基地的大门，他们才吁了一口气。

基地也是黑沉沉的，看不到一点灯光。华阳在大门口按了半天，也不见有人前来开门。他和谭枫林跳下车，走到门卫室一看，里头空无一人。华阳从门卫室敞开的玻璃窗内伸手进去，拨打放在桌上的电话，谭雨欣的手机是通的，但依旧无人接听。他还在踌躇，谭枫林已经按下了开门的按钮。

没反应。

“怎么搞的？”谭枫林咕哝一声，跳进窗口，电筒在墙上照了照，找到了电灯的开关，按下去，没有反应。

“停电了。”华阳说。

怪不得整个基地都黑糊糊的。

“基地是自己发电，现在停电了，估计是发电室出了什么毛病。”谭枫林打开抽屉，在里头乱翻一气，翻出了手动开门的钥匙。华阳根本没法阻止她。她举着钥匙得意地晃了晃，依旧从窗口翻出来，将大门打开，把钥匙朝门卫室的桌上一扔，自己先钻进车内。

华阳将车子开进基地大门。

净土基地他们来过很多次，里头十分规整，一进门就是一条大路，两边是巨大的仓库，堆积着基地运行所需要的基本物品。再往里走，路线变得稍微复杂一些，四通八达，分别通往不同的研究所和员工宿舍，中间也有酒吧、舞厅、歌厅和超市等娱乐场所。往常这里很热闹，在基地大门口就能听到人们说话的声音，但今天，除了呼呼的风声，他们什么也听不到。

没有灯，一路上没有听到任何声音，马路空荡荡的，除了他们自己的车，没有遇到其他车辆。宽阔的人行道上也看不到一个行人。酒吧、宿舍、超市一一从眼前掠过，在车灯照耀下露出黑色的轮廓，没有人影。

“人都到哪去了？”谭枫林不禁喃喃出声。车子被纯粹的黑暗包裹着，如果没有车灯，他们完全不知道自己已经行驶到了什么地方。她感到有些寒意涌上来，不觉缩了缩身子。

华阳也觉得有些不对劲。净土研究基地是国家机密单位，负责安全防卫的是国家高密特种部队，无论在任何情况下，部队的人都必须坚守岗位，保证基地的安全。然而，在此时，不但没有看见研究人员和家属，连往常三步一岗五步一哨的士兵也看不见，整座基地仿佛变成了空城，一点人气也没有。他再次拨打谭雨欣的电话，仍旧无人接听。

“你看到没有，到处都停着车。”谭枫林说。

净土基地车辆多并不奇怪，基地的人们就是通过这些车辆在西坎大地上自由穿行。往常来的时候，路边也到处都停着车，反正是基地内部，没有交通法则的约束，在哪停着方便就停在哪。彼此都是熟人，当然也就没有小偷，很多车停着，车窗不关，连车钥匙也不拔。有时候出来的时候，自己的车在里边拿不到，随便开着别人的一辆车就走也没关系——所有的车都是基地统一配发，不存在丢失的问题。

但所有这有关车辆的一切都有一个前提：有车的地方就有人。

而现在，只有车，没有人。

华阳知道，尽管对车辆的管理十分松散，但人离开两小时以上，附近的士兵就会将车辆关窗上锁。但现在，大部分车辆的车窗都敞开着，风从车窗中穿过，吹得里面放着的报纸和资料噼啪作响。这声音更加凸显出基地内的寂静，华阳的心也不禁有些毛毛的感觉。

“我有些怕，”谭枫林说，“快去我姐姐那！”

华阳加快了车速。

谭雨欣的宿舍位于基地中央，几个核心研究所分布在这，她的宿舍就在她所在的生物研究所边上，一栋白色的小楼。宿舍的大门敞开着，门口管理室内空无一人，一杯冰凉的咖啡放在桌上，表面结了一层膜。两人冲上二楼谭雨欣的宿舍，宿舍的门紧闭着，谭枫林从口袋里摸出谭雨欣以前给她配的一把钥匙，手有些抖——两人竟谁也没想到要敲门。

打开门后，寝室安静地出现在面前。这是一套两居室的寝室，外面是书房，里面是卧室，再往里是洗手间。书房的沙发上扔着一堆未洗的衣服，书桌上堆满了书，中间一小块方寸之地放着笔记本电脑，电脑盖上是喝了一半的奶茶和一袋开了封的薯片。

到处都是谭雨欣生活的痕迹，但没见到她本人。电灯依旧不亮。

谭枫林和华阳两人在电筒光里对视一眼，彼此都觉得对方的脸色有些吓人。两人在宿舍楼里上上下下跑了一遍，敲遍了每一间寝室的门，无人应答。

“也许他们都在研究所加班？”谭枫林咽了口唾沫道。

华阳没说话。

研究所的窗户黑沉沉的，一点光也没有。加班的说法站不住脚，谭雨欣她们的工作离开电力根本就无法展开。站在走廊的窗口，俯瞰基地，除了一片深沉的黑暗，什么也看不见，仿佛下面的一切都消失了。华阳不由抓住了谭枫林的手。

“几点了？”他问。

谭枫林用电筒照了照手腕上的表：“九点半。”

“先去研究所看看，没人的话……先弄点吃的，然后睡，等天亮了再说。”华阳说。谭枫林点点头。

研究所的门也没有关。这一点很不寻

常。无论在什么时候，研究所的金属大门始终是紧闭的，人员出入要通过旁边严格的岗哨。华阳和谭枫林来了这么多次，一次也没走进过研究所。而现在它的两扇大门就这么大大地敞开着，任由人进出，却看不到一个人。他们进去之前先喊了两声，没人应答。

小心地走进研究所，里头是幽深曲折的长廊，长廊两边是陷入墙壁的金属门，不仔细看几乎看不出门的存在。电筒的光照出几米远，除了走廊还是走廊，前方出现了分支，他们往左走，没多久又出现了分支，谭枫林还想继续往前，华阳站住了。

“别去了，万一迷路就糟糕了。”华阳说。

走廊两边的金属门全都紧闭着，显然是需要身份验证才能进入。他试着敲了敲其中几扇门，没有听到任何回音。

谭枫林的肚子忽然发出一阵咕噜声。从出发到现在，她只在车上啃过一个面包。华阳也感觉到了饥饿。

“去食堂吧。”谭枫林说。

饥饿并不是离开的理由，而是最恰当的借口——这幽深曲折的走廊，寂静而又黑暗，像一大截怪物的肠道，她产生了错觉：自己已经被某种怪物吞食了。华阳也有同样的感觉。电筒光只能照出身前的几米路，他不敢回头看——身后的黑暗无穷无尽，似乎有许多无名的怪物正在其中屏住呼吸，等待时机扑上来。他不知道自己怎么会产生这种联想。

往回走的时候，两人生怕自己走错路，幸好只拐了一个弯，很快就走出了大门口。

气温已经降到了零下十几摄氏度，呵气成冰。华阳让谭枫林先站在研究所门卫室里等着，但她不敢一个人待着，仍旧和他一起跑了出来。冰冷的风呼呼吹来，两人哆嗦着跑到车里，取出大衣穿上，又关上窗吹了会暖气，再钻出来时，感觉气温又下降了不少。再过阵子，人将无法在室外待下去，要命的是现在停电了，室内没有空调，饥寒交迫，这一晚上很难熬过去。来之前没想到这种情况，只能重新应对。食堂就在研究所大门旁边，那里或许会有能取暖的煤火。

两人顶着风狂奔到食堂边，用力一推，食堂的门就开了，闪身进去，大堂的温度和外面一样低，四面的窗户都开着，风在其中随意穿梭。他们跑进厨房，在冰箱和灶台上发现不少熟食，有酱牛肉、火腿肠、煮鸡蛋之类的冷盘，以及一大盆一大盆熟菜。谭枫林闻了闻，菜没有变味，虽然已经冰冷，但仍旧香气扑鼻。奇怪的是没有看到任何没有加工的食材，像蔬菜、生肉、生鸡蛋之类的储备物资，在厨房的地板上往往堆着一大堆，此时一点痕迹也没有，倒是墙壁上悬挂着许多腊肉、烤鸡之类的风干腌制食品。

华阳检查了一下灶台，灶上放着清一色的电磁炉。他打开灶台底下的门，在里头发现了一排停电时备用的煤炉，一排排藕煤整齐地堆放着。这下总算有了救命的东西。两人点燃藕煤，将菜和饭热了热，吃了顿饱的。华阳将两只没用过的煤炉提在手里，炉膛里塞了一腔藕煤，谭枫林找了个铁桶，拣了一桶煤提着，两个人穿过阴冷的大堂，在寒风厉啸中跑回宿舍，躲进谭雨欣的寝室，将煤炉点燃。华阳在室内找到几块铝箔，做了个简易的烟囱。

室内温度缓慢升高了，两人缩在谭雨欣的床上，耳朵里听着窗外的风声，心里都感到十分恐惧。他们从来没离开过人群，此时，这整座基地似乎只有他们两个人，这种滋味让人很难受。关上电筒就一片漆黑，伸手不见五指，几乎让人怀疑连自己也不存在了。他们讨论着这里究竟发生了什么，瞌睡渐渐上来了。谭枫林刚闭上眼睛，又连忙睁开，紧紧抓住华阳的手。华阳反手紧抓住她。两人谁也不敢睡，生怕一睡着，对方就会像基地里其他人一样不见踪影。

直到天快亮的时候，光线从窗户里射进来，驱散了黑夜带来的恐惧，两人才在极度疲劳之下沉沉睡去。

不到两小时，两人就都被热醒了。太阳已经升了起来，光线强烈得炫目，屋子里的煤炉现在成为灾难，谭枫林看了一眼墙上的温度计——摄氏30度！怪不得感觉这么热。她赶紧跳下床，打开水龙头，装了两碗水将煤炉浇灭。此时是上午九点，太阳刚刚升起，室外温度已经上升了许多，但还不是最热的时候。

“快走，趁着天不热到处看看！”谭枫林拿起大衣，将华阳从床上扯起来。

“急什么，基地反正又不怎么热。”华阳还有些没睡醒，趴在冰凉的地板上惬意地又眯上了眼睛。和其他绿洲一样，净土基地也被大片茂密的植被覆盖着，基地笼罩在绿荫中，当西坎其他地方的温度达到最高80多摄氏度的时候，基地的最高温度也不会超过50摄氏度，在室内则更低——房屋是按照最高的防寒防暑标准建造的，玻璃和墙砖都具有隔热和反射热量的功能，紧闭门窗，室内温度最高不超过40摄氏度，平时有空调调节，几乎感觉不到天气的变化，现在停电了，加上烤了一晚上的火，室内温度反而比室外温度更高。见华阳不起来，谭枫林只得将仍旧滚烫的煤炉搬到走廊上，走廊里的温度比房间里低了将近10摄氏度，十分凉爽。她在这里凉快了几分钟，又匆匆回房，打开窗户，想让外面凉爽的空气进来。

谁知道外面也并不凉快，窗玻璃烤得滚烫，一仰头就看见一轮火红的太阳。谭枫林探头望出去，目光正对着马路，马路对面是降解技术分析所和它的宿舍、食堂。白色的建筑反射出强光，将她的眼睛刺得发疼。天空像是整块都会发光似的，空气热得有些扭曲，她的汗水迅速冒出来，回头看看温度计，这么一会儿的工夫，显示的度数已经是摄氏42度。往常只是在将近中午的时候，基地才有可能达到这种温度，现在太阳刚出来不久，应该还是比较凉爽的，她记得早晨九点多的时候，她和姐姐经常在树底下散步……想到这，她顿时明白了什么，再次探头出去，禁不住惊叫一声：“树呢？”

“什么？”华阳也热得睡不着，拿着条毛巾不断擦汗。

“树都没有了！”她匆匆说完，便飞快地跑下楼。华阳紧跟在她身后。

基地一棵树也没有了。

往日浓荫蔽日的壮观景象如今消失得无影无踪。昨夜太黑没发现，现在站在基地的马路中央，才发现整个基地半棵植物也没有，地面上到处都留着深深浅浅的坑，那是曾经长出植物的地方，如今只剩下坑，坑里连半根植物的根须也没剩下。

“这是怎么回事？”两个人热得难受，一边擦着汗，一边感到心里发毛。

“动物也不见了……”他们跑遍了整个基地，人、植物和动物，都已经消失了。温度又升高了许多，他们在食堂里想找些食物来吃——经过这么一段时间的高温，昨天那些食物应该都已经坏掉了。然而，大盆大盆的熟食仍旧散发出新鲜的香味，居然没有变质。他们满怀疑惑，不敢再吃，跑到车里取了两盒饼干填肚子。

温度仍旧在升高。

在下午之前，无法出发穿越无人区。整整一个上午，他们都躲在宿舍底下的地下室内。想些什么已经不重要了。谭枫林打了个电话回巴里镇，将这里的情况报告给气象所的所长，所长感到十分惊讶，让他们尽快离开那。

下午三点，气温又开始回落。他们钻出地下室，回到谭雨欣的房间，匆匆收拾了点东西。放在谭雨欣笔记本上的奶茶仍旧散发出香味，一点变质的迹象也没有。谭枫林在谭雨欣的衣柜里找到了她的医药箱，里头放着的都是八奶奶常用的药物，大概这就是谭雨欣带回来的东西了。八奶奶就盼着这个，她将医药箱也塞进了车里。

钻进车里之前，她最后看了一眼这面目全非的基地。除了姐姐，基地的其他人她也很熟悉，算得上是朋友了。现在所有的人都不见了，她只要一想到这个就觉得眼睛发酸。眼泪能解决什么问题？她禁止自己去想，要紧的是赶紧离开。净土基地的研究项目都涉及国家机密，也许他们的失踪和这些秘密有关，至少不能连累了华阳。

一路上两人都没有说话。在无人区的中点，他们听到飞机轰鸣声，仰头一看，几架军用直升机正越过头顶往净土基地的方向飞去。他们也终于发现不对劲了吗？还是气象所的所长通知他们的呢？希望失踪的人还能够回来！

回到巴里镇，已经是晚上八点多。镇上到处亮着灯火，人影绰绰，有人在几条街外放声高歌，高大的树木散发出清香，将巴里镇笼罩在浓荫之下。从毫无生命迹象的净土基地回到这里，巴里镇显得不同寻常的可爱。两人冒着严寒先去所长家里问情况，所长说他给上面打了电话，但上面早就知道这个情况，在他打电话之前，就已经派出了飞机。

“这事你们别到处说。”所长再三叮嘱他们。

这个不用所长说。在西坎工作和生活的人，没有基本的保密常识是不可能的。

两人离开所长家，赶紧提着医药箱去看八奶奶。八奶奶知道他们要来，早就等候多时了，灶上熬了一下午的浓汤喝得两人挤眉弄眼，两条狗老远就跑出来迎接他们，在他们脚底下亲昵地磨蹭着。肚子喝饱了，身上也暖和了，看八奶奶开始犯困，两人连忙告辞，八奶奶说浓汤还剩下许多，坚持让他们第二天早晨一定要来吃，两人不得已只好答应了。

离开的时候，八奶奶一直站在门口目送他们的车，身边是她种的花，两只狗在花丛中打架，一群鸡在旁边的灌木丛中钻进钻出。

第二天大清早，严寒已经过去，烈日尚未升起，天蒙蒙亮，两人便出发去八奶奶家。街头已经满是人和车，大家都趁着天气好的时候出来活动。车子行驶到郊区，人和车少了，树木也变得稀疏，远远地看到地平线上一大片灿烂的朝霞，中间一团最亮，太阳快出来了。再过几分钟就能看到八奶奶家的房子，在看到她的房子之前，那几棵种在门前的大树首先会露出树冠来。

没多久，八奶奶的房子出现了。那房子十分熟悉，青砖砌的平房，一共四间屋子，青瓦盖顶，一砖一瓦都是气象所的人亲手砌好的，房顶上有一只风信鸡，鸡身涂成了白色，因为八奶奶喜欢鸽子，这使得她的房子具有了一种独一无二的风格。他们来过很多次，那只白色的鸡在屋顶上昂然挺立，绝对不会认错。

但现在他们真的怀疑自己是不是走错了房子。

这真不像八奶奶的房子。那两棵高大的树已经消失了，周围的灌木消失了，花丛也消失了，绿意盎然的小屋周围如今光秃秃的一片，地面上留着大大小小的坑洞，那是植物曾经存在过的痕迹。

最喜欢出来迎接客人的两条狗，如今也不见踪影。

这情形一下子让他们想到了净土基地。华阳停下车，两人飞快地跳出来，推了推门——门开着。屋子里充斥着八奶奶的气味，但哪间屋里也没看到她。昨夜喝过的浓汤在灶上发出淡淡的香气，一团面摆在案板上，硬得像块石头。看来八奶奶正打算揉面做早餐……鸡舍里空荡荡的，一地鸡毛，那些肥嘟嘟的母鸡和公鸡都不见了。谭枫林心脏剧烈跳动着，飞快地朝着鱼塘跑去，她告诉自己八奶奶一大早肯定去鱼塘了。华阳紧跟在她身后。两人清楚地听到自己和对方沉重的喘息声，原本恐慌的心更加七上八下。短短的路变得很长，鱼塘就在前方，水面荡漾着明媚的波光，湖边绿树环绕——看到那些完好无损的植物，两人松了一口气：植物还在，这里至少没发生什么变化。

下一秒钟，他们看到两个捞鱼的人，这更加说明这里没有人莫名其妙地消失。他们冲进八奶奶守鱼塘时休息的小屋，没看到任何人。

“你们看这是怎么回事？”捞鱼的人对他们说。巴里镇不大，彼此之间都互相认识。捞鱼的是一对兄弟，哥哥冯跤，弟弟冯明，说话的是弟弟。他指着岸边的一堆东西让他们看。谭枫林他们走过去，先是看到一只死狗。那是八奶奶家的死狗，额头上有一撮白色的毛。昨天这只狗还在自己脚底下撒娇，现在已经死得十分僵硬，眼睛圆瞪着，嘴巴张得很大，不知为什么，谭枫林感觉这只狗的表情十分恐怖，似乎它心里充满了恐惧。接着她便看到沾在它身上的血迹，还没来得及再往下看，便听到华阳倒抽了一口凉气。

“怎么了？”谭枫林连忙问。

“它的下半身……”华阳指着狗，话说了一半便没再说下去。

狗的下半身泡在水里。看它的姿势，似乎是落水之后，拼命地想爬上岸来，两只爪子上沾满了泥土，在岸上扒出两道长长的印迹。它的上半身躺在岸上，下半身还没来得及爬上来……湖水十分清澈，水底下的一切都看得一清二楚，然而，谭枫林靠近了仔细看，仍旧没在水里找到它的下半身。

"它的下半身不见了。"不等谭枫林回过神来，冯明已经点出真相，一把将狗的尸体提起来——狗的身体只剩下前半截，后半截不见了，截断的地方露出参差不齐的断口，仿佛被什么东西撕扯过一般。前半截的身体上，也留着大大小小的坑洞，胸腹部和前肢上的坑洞深得可以看见内脏和骨头，血水不断从坑洞中渗出来。

"这是怎么回事？"谭枫林面色煞白，不由自主地将目光投向了鱼塘。

"湖里有什么东西啃了它？"冯跤猜测着。

谭枫林和华阳没说话。他们想到了净土基地发生的事，不觉感到一阵寒意上涌。

"一早上了，一条鱼都没捞到。"冯跤说，"你们看，水底下看不到一条鱼，连水草也没有，这可真奇怪。"

经他提醒，谭枫林和华阳这才注意到，情况果然像他所说的一样。这口鱼塘是个天然池塘，水质清冽，从水面上能一眼看到塘底。往常，三米多深的池塘看起来很浅，能看到池塘底下长长的水草，无数游鱼在其间穿梭。然而，今天的池塘一片死寂，水草消失了，整个池塘里，一条鱼的影子也没看见，只有透明的湖水静静反射着阳光。

"报告所长吧，"华阳小声对谭枫林道，"让他们先封锁这里。"谭枫林点点头。她脸色已经白得像一张纸。发生在净土基地的事如今又发生在巴里镇了，她感到一场灾难正在袭来。

"我下去看看！"冯明忽然开口。华阳和谭枫林大吃一惊，华阳扑上去想拉住他，他的身子灵活得像一条鱼，转瞬间便从他指尖滑脱，没入了水中，华阳只听到谭枫林的尖叫声像刀子一样戳着耳朵："不——"

接着更尖锐可怕的惨叫声遮盖住了谭枫林的喊叫。

是冯跤。

刚入水的时候，冯明还像鱼一样摆动着身体，显出一副自由快活的模样。很快他就到了池塘底部，手在淤泥里搅动着，水微微浑浊了，他忽然在水底开始手舞足蹈，无数水泡从他嘴里冒出来，血水从身体各个部位涌出来，将他的身体完全遮盖住了。冯跤急得也要跳下去，被华阳和谭枫林两个人死命拉住了。冯明被血包裹的身影迅速上浮，一团血影之中，他两只伤痕累累的胳膊伸出来一下又沉了下去。冯跤看准那团血影，伸手去胡乱一摸，摸到冯明的手，用力往上一提——很轻。

他把冯明的一条胳膊提了出来。

除了这条胳膊，再也没有看到冯明身体的其他部位。他俯下身在那团血水中捞来捞去，血水渐渐散去，湖水又恢复了清澈，冯明消失了。

那条胳膊上布满大大小小的坑洞，有些地方白骨裸露出来。冯明似乎是在一瞬间就被什么东西啃光了。

那究竟是什么东西？

净土基地的人就是这么消失的吗？

谭枫林望着平静无波的池塘，身体一阵一阵遏制不住地战栗。

冯跤呆呆地看着湖水，怀里紧紧抱着那条胳膊。过了半晌，他忽然喃喃道："八奶奶，找八奶奶叫救护车！"他失魂落魄地站起

来，抱着那条胳膊，朝着八奶奶家的方向走去，越走越快。

“快拦住他！”谭枫林有气无力地道，“别让他靠近八奶奶的房子，那地方有问题！”

华阳飞奔出去，谭枫林跌跌撞撞地跟在后面。听见他们的脚步声，冯跤开始奔跑起来。他的速度超过了他们两人。他们眼看着他进入了八奶奶的房子，等他们也跑进去时，冯跤已经抱着那条胳膊将整个房子搜了个遍。

“八奶奶呢？”冯跤眼睛无神，“快叫救护车！”

没有人忍心告诉他：就算是神医来了，也没法从一条胳膊上复制出一个人来。

他在屋子里转了一会，忽然转到餐厅，掀开地下室的木板：“八奶奶在地下室吧？”

谭枫林心里骤然涌上一股极其不妙的预感。

地下室黑洞洞的，一股寒气从里面冒出来。此时室外温度已经接近40摄氏度，但地下室仍旧保持着阴凉。谭枫林想阻止冯跤，张了张嘴却发不出声音。她浑身颤抖着朝前走了几步，华阳扶住她，她挣脱开来，指了指冯跤，让他去拦住他。华阳刚要上前，冯跤已经进入了地下室。

他整个人就这么没入了地下室的黑暗之中。

蓦地，地下室爆发出他们从来没听过的可怕惨叫声，华阳扑到地下室门口，迅速从口袋里摸出电筒照去——他看见了冯跤。冯跤的身体上喷涌出血水，那魁梧的身材如今已经变得瘦小无比，并且正在继续缩小。

他不由自主地也发出几声惨叫，手电筒掉了下去。他坐在地上连连后退，谭枫林想去看看是怎么回事，被他死命扯住了。

冯跤的叫声消失了，浓重的血腥味传出来，几秒钟后，连那血腥味也消失了。地下室恢复了平静。

“我们快走！”华阳大声喊，发出来的声音却如同耳语。

他们几乎是互相搀扶着离开了八奶奶家。车子开得歪歪扭扭，一路上撞了好几次护栏。两个人面无人色，刚才发生的事情一遍遍在眼前重演，而谭枫林有着更深的绝望：她知道姐姐肯定已经不在这个世界上了。

车子开到镇上，一辆军用吉普拦在前面，车上跳下两个军官，让他们下车。华阳和谭枫林停下车，一个军官凑在窗口说：“我是西坎101部特种任务大队队长俞飞，请你们下车配合调查关于净土研究基地的情况。”华阳和谭枫林顺从地跳上军用吉普，车子开动了，一个士兵开着他们的车跟在身后。

行驶了不到两分钟，一股狂风迎面吹来，挟裹着大量的沙土，将车窗吹得模糊一片。天边迅速涌来一道黑线，那是西坎有名的过云风，黑云伴随着大风，飞沙走石，虽然不能造成什么伤害，但因为天昏地暗，起风时的景象还是有几分吓人的。华阳和谭枫林见惯了，并没有放在心上。然而，俞飞却脸色大变，喊了一声：“不好，过云风！快通知大队的人调火焰枪过来！”旁边的战士连忙和大队联系，然而，过云风带来的各种颗粒阻挡了信号的传播，他弄了半天没联系上，上方的天空已经被昏暗的云层遮住，气温骤降，四周变得如同黄昏，朦朦胧胧。俞飞和几个战士警惕地朝四周打量着，谭枫林忍不住安慰他：“别害怕，过云风只是看着吓人，其实没什么……”没等她话说完，俞飞忽然指着他们身后，眼睛瞪得极大：“来了！”谭枫林和华阳顺着他的目光望去，都禁不住浑身颤抖，呆在了原地，一动也不能动。

他们身后，车开来的那个方向，原本葱茏的绿树已经少了一半，并且正在以极快的速度迅速消失——空中的树冠仿佛被什么看不见的东西一口一口啃掉，或者更形象地说，像是被橡皮擦擦掉一般，就这么凭空消失了。地面上到处都是狂奔的人和动物，所有的生物都被惊吓了。许多人身上鲜血淋漓，在奔跑中逐渐萎缩到底，最后彻底消失，连一滴血也没有剩下。一切都在消失！某种看不见的东西正在疯狂吞噬着巴里镇的一切！

那东西速度很快，他们观看的这会儿工夫，距离他们很近的一棵树也开始慢慢消失。他们终于醒悟过来，撒开腿狂奔，身后的小镇，一切生命迹象正在一只看不见的大手指挥下慢慢抹去。奔跑了一阵，他们听到有人在喊他们的名字，转头一看，俞飞不知什么时候开着那辆军用吉普赶来了，他戴上了风镜，招呼他们赶快跳上车。那消失的迹象正在靠近，近得已经不容车子停下来。谭枫林从来没尝试过跳上一辆疾驰中的车，但她居然跳了上来，华阳也跳了上来。两人坐在车后，望着渐渐逼近的、仿佛一道无形刀锋的锋面——锋面那端一片荒芜，看不到任何生命迹象；这端，鸡飞狗跳，人们在疯狂逃命！

锋面的速度越来越快了。他们就快要进入无人区，前方有个巨大的裂缝，车子必须迂回前进才能绕过那道裂缝，然而，已经没有迂回的空间了，锋面紧贴着车屁股，稍微慢一点，就会攻进车内来。

车后放着的一盆仙人掌忽然消失了。

谭枫林和华阳失去了呼吸的能力，他们眼看着自己的手掌上冒出淋漓的鲜血。

但就在此时，过云风忽然消失了。就像它来的时候一样突然，它走得也没有丝毫预兆。不到一秒钟，天空中的云骤然散开，将近50摄氏度的高温当头倾泻下来，他们的皮肤晒得滚烫。

而也就在同时，他们手掌上向上蔓延的出血点停止了。已经破了口子的皮肤仍旧在朝外流血，但没有继续出现新的伤口。

“幸好……”俞飞刹住车，吁了一口长气。

他们三个人跳下车，走回小镇——镇上剩下的人都聚集在一起，稀稀拉拉，不到20个，还有两三棵树，矗立着只剩一半的身子，其他的树木已经完全消失了，地面上到处都是大大小小的坑洞。

直升飞机的轰鸣声传来，剩下的人分成几组，进了不同的飞机。

华阳和谭枫林和俞飞坐在同一架飞机内。

“这究竟是怎么回事？”谭枫林惊魂未定，望着底下已经变成无人区的小镇，感觉自己的心跳仍旧没有恢复正常。

“这一切都源于净土研究所的研究。”俞飞说，“净土研究所一直在研究用生物技术清理水域和土壤中的污染。这项研究进行到一半时，他们研究出了一种副产品。”

“那是一种非常可怕的东西，像是病毒，但比病毒扩散速度更快，能够迅速分解一切生命体，包括细菌和病毒。他们曾经尝试用它来对付病毒，但后来发现这完全没用，这东西的效果太强了，不仅能消灭病毒，还能把宿主一同消灭。他们给这东西命名为‘净土幽灵’。这种东西刚出来时，就因为其强大的威力而杀死了研究所内的两名研究员。但这种东西的弱点是畏惧紫外光和超过20摄氏度的高温，这两种东西能够迅速将它们完全消灭。研究室外的紫外光隔离层将它们阻隔在研究室内，没有形成扩散。人们穿着隔离服，用紫外光将生产这东西的研究室彻底消毒，大部分‘净土幽灵’都被杀死了，只剩下三个试管内保存着少量的标本。这些标本被完全封闭在试管内，由谭雨欣负责保存。”

“原本一切都很正常。但几天前，净土基地的发电机突然出了故障，整个基地都停电了。这对基地来说是很严重的损失，许多重要的研究成果都被移送到太阳能电力维持的低温研究室中。但低温研究室空间有限，许多价值不大的成果，要么被放弃，要么就由负责保管的研究员自己想办法处理。”

“谭雨欣当时请示过上级之后，便将装着‘净土幽灵’的试管放在自己随身携带的医药箱内。这个医药箱是充电保持低温的，可以保持200小时左右。

“我们对净土研究基地的情况只了解到这么多。接下来是我们的推测：我们估计，谭雨欣医药箱中的那三支‘净土幽灵’因为某种缘故被释放出来，导致了净土研究基地生命的灭绝。幸好西坎的高温阻隔了它的继续传播。上头和净土研究基地失去联系之后，想到了多种可能性，但到了现场一看，我们就知道，肯定是‘净土幽灵’造成的破坏——只有它才能将生命迹象消弭得如此无形。我们在基地没有找到谭雨欣的医药箱，后来才知道，它被你们带了出来。医药箱内是低温环境，我们无法确定‘净土幽灵’是否会随着医药箱跟你们一起来到巴里镇，刚来找你们，就出事了。”

听俞飞说到这里，华阳和谭枫林已经明白了一切：一定是八奶奶打开了医药箱中剩余的试管，释放出了“净土幽灵”。也许她是在快天亮的时候打开试管的，所以“净土幽灵”只来得及吞噬她和她屋子周围的生命物质，也许还附在那只狗身上逃进了湖里，随后而来的高温将外面的“净土幽灵”完全杀死，只有阴凉的地下室和湖底，仍旧保存着活的“净土幽灵”，当过云风一来，遮住了太阳光，温度降低，“净土幽灵”便出来肆虐了。

“那么，会不会还有什么地方可能藏着‘净土幽灵’？”谭枫林问。想到它们曾经躲在地下室和湖底，她就感到不寒而栗。

“不知道，正在派人探查，在这之前，西坎这片的人都要撤走。”俞飞说，“我想，它们不光是在地表运行，也许会运行到地底深处，在那里，温度很低，照不到太阳，如果它们沿着一定的途径到达人口密集的地方……”他不由自主打了个寒噤。

华阳和谭枫林也打了个寒噤。望着窗外火红的太阳，他们只剩下祈祷的能力。

女巫之手
NV WU ZHI SHOU
文\公输然

大伯做了一辈子海员，马士基航运公司位于深圳盐田港的办公室有一个靠墙角的柜子，里面存放了许多人事档案和老旧的航海日志，也许大伯的档案就躺在其中。年轻人喜爱憧憬未来，老年人热衷于缅怀过去。大伯没有子女，晚年孤苦伶仃，他白天总是窝在房间不出门，到了晚上就爱带上我来到海滩。大伯喜欢讲他年轻时候的航海奇遇，那确实该称之为奇遇，每一个听众都会觉得难以置信，但大伯又深又密的皱纹和温润的眼角总会震撼到我的心灵，让我确信它是真的。

有一个黄昏，我们坐在沙滩上吹海风，一波海浪将一个美丽得令人绝望的半透明漂流瓶冲到我的脚下。我很好奇，正想打开它，大伯却制止了我。

我不解地望着他，发现大伯的眼睛飘过一抹恐惧，是什么令这位经历无数海难却大难不死的水手感到恐惧呢?

大伯闭上眼睛，深吸一口气，又开始向我讲他的航海故事。

我18岁离开你爷爷的渔船，成为马士基航运公司的海员，第一次出海任务是运送五十个集装箱前往美国。我们的船从香港出发，要横跨世界最大洋——太平洋，穿越巴拿马运河到达美国纽约。

那是一次漫长而艰辛的旅程，航程长达三十多天。

我第一次走这么远，晕船得非常厉害。我不停呕吐，那时真怀疑自己将内脏都吐了出来。不过老海员们很开心，他们在颠簸的船上饮酒作乐，谈论正在美国东海岸等候他们的美国妞白花花的屁股。直到第十五天，我才走下床，在老海员的嘲弄声中来到了甲板。

大洋深处的海景异常壮观，海浪没有想象中的大，却延绵无尽。庞大的商船在大海上显得如此渺小，我相信如果大海发怒，一定能轻易摧毁它。这让我感到害怕。

我趴在船舷往下看，湛蓝的海水里，几条鲨鱼正与船伴游。海水清澈却又望不到底，我相信在阳光到达不了的深处，一定潜藏着某种神秘的东西。

似乎是为了印证我的想法，当时海底突然冒出一个精美异常的半透明漂流瓶，它的复古花纹猩红、艳丽，像一朵妖媚的花。我立即就被它吸引住了，大叫着放下打捞网将瓶子捞了上来。

我小心翼翼地捧起瓶子，它的表面光洁鉴人，无法吸附在上面的海水一颗颗滑落下来，像是少女的眼泪。瓶口塞了一个木塞，它很丑陋，根本无权与这个精美的瓶子挤在一起。我想这个瓶子一定属于某个美丽的女人，它装载着她的心愿在大洋中漂流，便是期待一位英俊的男子去开启、解读它。

我无法压制洞悉瓶中秘密的渴望，便抓住木塞，准备开启它。

“蠢货，快放手！”这时，身后传来船长暴怒的斥骂声。

我惊愕地回头，看见所有海员都在恐惧地盯着我，船长安平正向我冲过来。

船长长得高大威猛，他的母亲没有遗传给他笑肌，所以他不会笑，他不是在冷冰冰地盯着海员，就是在暴跳如雷地辱骂海员，他经过的地方，所有人都会自动避让，新海员尤其怕他。

他冲我大叫：“快！快丢掉！这是‘女巫之手’，它会带来死亡！”接着用力夺走漂流瓶扔进了大海。所有人都长吁一口气，轻拍自己的胸口，但船长却发现我的右手正紧紧捏着一个木塞。它是漂流瓶的木塞，船长夺走瓶子时，我因为惊愕忘了放手，因此拔掉了木塞。他的脸色瞬间煞白，狠狠地甩了我一巴掌，然后喃喃地说：“天意啊！天意啊！我们要大难临头了。”

我对船长的举动很不解，不过是个瓶子，值得发这么大的火吗？因此，我记下了船长给我的那一巴掌，却没有感到害怕。其他人却不这样，他们全都在祈祷，停止了嬉笑胡闹，每天不是在工作就是躺在床上看家人的照片。所有人都离我远远的，我变成了瘟神，是船上最不受欢迎的人。我不在乎，反正我原本就跟大家不熟。

时间在一天天流逝，船上的气氛也越来越凝重。

不久，商船通过巴拿马运河，进入了大西洋名闻世界的百慕大三角。这是一个可怕的死亡之地，数百年来，无数飞机和轮船在这片海域失踪。

那天，原本月朗星稀的夜晚骤然刮起了大风暴，商船像醉汉似的在海面上东倒西歪，狂风掀起巨大的海浪不停撞击船体。

安平船长绝望地发现驾驶舱所有导航设备都突然丧失了作用，就连指南针都在疯狂地旋转，他见人就说：“这一定是‘女巫之手’的惩罚！”当海浪冲毁甲板室时，他跌坐在地板上，沮丧地闭上了眼睛，在这个时候只能听天由命了。

海员们大喊大叫着检查设施，排放积水，与粗暴的海浪做着无助的较量。我在甲板负责加固绳索，海浪一波波冲刷上来，稍有不慎就会被卷入大海。在漆黑的夜晚这就意味着死亡。我紧紧抓住绳索，艰难前行，手掌已被勒得鲜血淋淋。风暴似乎没有停歇的意思，正当我们筋疲力尽准备返回船舱时，大海突然静了下来，那是令人惊恐不安的宁静。

十多秒钟之后，我看到一个十五六米高的海浪像一堵高墙似的向商船重重地砸了下来。“嘭嚓——”我听见船体断裂的声响，接着我飞了出去。我恐惧地大叫，挥舞着双手，终于幸运地抓住了一根绳索，但很快又被一条卷上商船的金枪鱼狠狠地砸在胸口。我双手一松，身体顺着狂暴的海水撞上绳栓、船舷，立即丧失了知觉……

我醒来时正独自睡在黑暗的船舱里，船体没有晃动，四周也没有丝毫声响，只有一舱敲骨吸髓的孤寂，显然风暴已经过去。

我摸了摸全身，没有发现任何伤口，看来“女巫之手”惩罚的对象不是我，那么……就一定是船长了！我吃了一惊，我不想因为我的过失而害死船长，我必须救他。

我立即跳下床，摸索着打开了门，外面也是漆黑一片，散发出潮湿的霉味。他们人呢？我的心有些发冷。

我凭借记忆往甲板走去，地板湿漉漉的，似乎涂了一层黏稠的东西，会是什么呢？血？！这个字突然蹦进我的脑海，我双腿不由自主地颤抖起来。难道所有船员都被“女巫之手”杀害了？我恐慌起来，祸因我而起，为什么死的却是别人？

我慢慢踱过生活舱，进入货舱，我听见一个舱室里传来“咚咚”的声响，有人！这是我的第一反应，我惊喜地推开门，里面黑糊糊的，我摸进去，轻声喊：“有人吗？”却无人回答我。正当我准备返回时，双手却摸到了一个人，一个冰凉的人，他的肌肤硬邦邦的，像冰块。我从他的手臂慢慢往上摸索，先到肩膀，很壮实；再到脖子，有喉结，是个男子；再往上，是尖尖的下巴，应该是张开大口拉尖了下巴；再往上，我摸到一排冰冷的牙齿，我大吃一惊，不安地问：“你怎么了？”突然，面前的人扑过来，将我压倒在地，我惊恐地大叫起来，与此同时，灯闪了一下，又熄了，但我还是看见了他的脸，他没有皮肤，经络、血管密密麻麻爬行在肌肉上，嘴巴大张，眼眶空空，像一个黑洞。

我吓得魂飞魄散，爬起身，撒腿狂奔，却一头撞在一扇半开的舱门上，“扑通”摔倒在地。我感觉自己掉进了一摊烂泥地里，泥地散发出恐怖的血腥味，我更加确信自己的猜测。这时，一个毛茸茸的东西爬到我的手背上，伸出它又长又湿，散发出腥臭味的舌头舔吸我的脸。那是一种令人毛骨悚然的感觉，我跳起身大叫着跑向舱口。

我撞开舱门跳上了甲板。

舱外风和日丽，所有海员都在，他们有的在奔跑，像遇到了危难；有的背靠船舷而坐，双眼迷离地望着太阳；有的直挺挺地站着，一动不动。事情没有想象中那样糟糕，真是太好了。

但我很快就察觉到了一丝不寻常，整个世界一片死寂，没有海浪声、没有人声，没有风吹过万国旗的声音。难道我聋了？我尝试着大叫：“安平船长，你在吗？”声音直贯入耳，震得耳膜“嘭嘭”响，但船长连头都没有回，海员们也没有因此看我一眼，他们把我当成了透明人。

我看了看自己的双手，手掌沾满了暗红色的黏液。

我再次恐惧起来，慢慢转过身望向舱内，地板上果真是发黑的血，足有半寸厚，它们一定沉积了好几天，因而变成了半固体状。我明白了，海员们都死了，被“女巫之手”屠杀了，甲板上的人不过是他们的冤魂。这些无知的魂魄还在忠实履行海员职责。只是他们的尸体在哪里呢？难道像我一样被安置在他们各自的床上？一定是的！难怪船舱透出阵阵腐败的霉味，那是微生物分解尸体发出的气味。

“哐当”我关上舱门，失魂落魄地走过甲板，海员们冷漠地从我身旁穿过，仿佛看不见我，也有人的眼光扫过我的脸，却只有木讷。

商船在风暴中损毁严重，控制台、起吊机、多处船舷和几处船体破裂，但还能驾驶，如果天气好，能安全抵达纽约，再修葺一番就可以胜利返航了。现在的问题是整条船上只有我一个人和一群只会瞎忙的鬼魂，我必须同时担任船长、大副、二副、水手、机械工等，这几乎是不可能办到的。

我走到船舷才发现船早已靠岸，只是停靠地不是码头，而是一蓬郁郁葱葱的青草地。为什么会这样？难道我们搁浅在某个不知名的小岛上了吗？我发疯似的跑上控制台，那里有望远镜，通过它我看见商船稳稳当当地停泊在一个圆形草地上，而草地正随着洋流缓慢漂移。空旷的世界白茫茫一片，骄阳白得炫目，细碎的浪花白得炫目，唯有这一丛诡异的青草地泛着绿油油的光。它们大多是藤蔓植物，茎叶软绵绵地趴在地上，互相交织，遮盖住了全部泥土。为什么小岛会移动，如此庞大的商船又如何驶进小岛中心？一个个疑问让我头痛欲裂，原来事情比我想象的要更加糟糕。

这时，船体突然发出“咔嚓”的脆响，我看见鬼魂们全都像打了鸡血似的，疯跑起来，那节奏缓慢的奔跑和惶恐的神情让人感觉整个世界乱了套，就像磁带播放机卡了带，电影的慢镜头。

我跟着他们跑向船尾，然后趴着往下看。我看见草地上的藤蔓像一条条毒蛇慢慢向船体盘旋，它们的头很尖，有的竟然像蚯蚓一样钻进坚固的船体，刚才的“咔嚓”声就是这样发出来的。最可怕的是越来越多的藤蔓缠住了螺旋桨，不出多久，它就会被拧成麻花，那意味着我们再也驶不出这片海域。这让我的全身都在发痒，苍天啊，我到底进入了怎样的世界？！

安平船长就趴在我身边，我看见他也在颤抖，这个平时冷酷威严的人也有害怕的时候，我只是遗憾他死了之后才明白什么叫恐

惧。他看不见我，但我却能看见他，我决定报他掌掴之仇，于是扬起手甩了他一巴掌。我的手没有在他脸上留下痕迹，安平船长却如受重击，猛然坐起，惊恐不安地四处张望。他在寻找，他一定感受到了我的存在。“林彬，是你吗？”船长突然叫出我的名字，里面充满了期盼。我听见了，它微弱得如同来自天边。接着船长摇了摇头，又说了句什么，但我却听不见了。我看见他的脸上布满了忧伤与绝望。这突然让我感动，也许这个不会笑的男人也有细腻的情感，他其实是关爱我的。

我看见安平船长站了起来，所有人都仰头望着他，他缓缓拔出一把匕首，坚毅的目光扫视全场，突然跳下了商船。

我失声大叫。

“嘭——”安平船长落入藤蔓，原来船下并非小岛，而是一片生长在水面的藤蔓交织成的绿洲。不一会儿，安平船长从藤蔓中冒出了头，他奋力挥舞匕首斩断身前的茎叶，它们流出暗红色的浆汁，迅速漂红了海水，也染红了船长。船长艰难地游到螺旋桨边，他要清理掉缠绕它的藤蔓。然而，藤蔓似乎懂得还击，它们像鳗鱼一样朝船长游去，断裂的尾巴在水面跳跃，很快就将船长包裹得严严实实，托举到水面。它们越缠越紧，我听不见声音，但我能感觉到船长的骨骼正发出“咯咯”怪响。他的嘴角慢慢溢出鲜血，眼珠几乎挤出眼眶。船上的人都在大叫、狂奔，他们手足无措，不停拿起刀枪又放下，没有人敢跳下船去营救。

这时，我看见不远处的绿叶间突然钻出一个妖媚的女人。她赤裸着身体，屈腿坐在藤蔓的枝叶间，完美的身材如同坐落在丹麦海滨的美人鱼，长长的头发湿淋淋地挂满了水珠，肌肤就像一个白色瓷器，闪烁着半透明的光。我又发现她胸前绘满了暗红色的复古花纹，跟“女巫之手”上的花纹一模一样。难道她就是女巫？我望向其他海员，他们全都惊恐不安地盯着船长，似乎没有看见藤蔓间如此耀眼的女人。

女人扬了扬手，藤蔓的缠绕力度加大，一根纤细的茎叶倏地钻进船长的小腹，船长张开大口，剧烈挣扎，伸直的脖子青筋毕现。藤蔓绿色的茎逐渐变成了艳红色，这是在吸食船长的鲜血。鲜血顺着茎叶慢慢流向那个女人，她用手掌接住，将鲜血跟一些乳白色的泥土搅拌在一起。我突然明白，她在用安平船长的鲜血制作漂流瓶！

我不知道鬼魂死去后会变成什么，但我能感受到船长的恐惧和痛苦。我必须救他，而直觉告诉我，杀死眼前的女人是唯一的办法。

我举起枪瞄准了她，她停下手望着我，那是一双美得让人战栗的眼睛，里面盛载着数不清的泪水，假如可以，我宁愿选择爱她，而不是杀她。我突然落下了泪，放下枪对着她摇头。她笑了，笑得很娇媚，我仿佛正被迷幻的彩虹灯照射。

“啊——”我大叫着再次举起枪，奋力扣下扳机。

“砰——”子弹准确无误地扎进女人的胸口，她被撞击得弹了起来，平躺着落入海面，溅起一片艳丽的水花。我看见水花中还夹杂着一朵红色的花束，那是她胸口喷射出的鲜血。

世界立即又陷入寂静，所有人都停了手，迷惑地望着远方。接着我看见藤蔓慢慢松开了船长，它们钻出船壳，滑入大海，缓缓沉入了海底。

太阳依然炽烈，世界依然寂静，但海面却愈加白亮了。海员一个接一个地跳入大海将奄奄一息的安平船长救了上来。他还没有死，腹部的伤口并不致命。刚开始我嫉恨过他，我还害死了他和其他海员，但我现在救了他，这一点点回报能让我的愧疚减轻一些。

这段经历让我感到前所未有的疲惫，也许我该好好睡一觉，然后再想出独自将商船驶往纽约的办法。我在控制台找到一把手电筒，带着它再次走进舱体，暗黑的血水像河流一样淌满过道，每一步下去都能留下一个脚印。它是同事的血，这让我痛苦不堪。经过货舱时，我用手电照了照先前压住我的人，他依然趴在地面，全身赤裸，没有皮肤。这是一具干尸，用于医学教学的样本，由香港工厂发送往哈佛大学。在干尸旁边蹲着一只黑猫，正用忧郁的眼神望着我。

我闭上双眼，凭着记忆摸索到自己的房间。当我睁开眼时，看见我的床上躺着一个人。他静静地平躺在被子里，没有丝毫动静。

他会是谁呢？怎么会爬上我的床，他没有死吗？这让我欣喜，我冲过去揭开了被子。床上确实躺着一个人，他有着一张苍白的面孔，胸口包扎着厚厚的纱布。这个人我认识，他是天底下我最熟悉的人，那就是我自己……

“这到底是怎么一回事？”听完大伯的故事，我惊讶地问，“难道死去的人是你，而不是其他海员？”

大伯点了点头。

我的脚底突然升起一股寒气，难道眼前这个陪伴了我几十年的人竟然是个死人？不可能！绝对不可能！

大伯微笑起来，他说：“在暴风雨之夜，我被金枪鱼的利嘴刺穿了胸口，船长救了我，并将我放在舱内养病。后来的经历也许只是我的一个离奇的梦，也许是真的。”

“嘿嘿，那一定只是梦罢了。”我笑起来。

“起初我也这样认为，但我问了所有海员，我的梦境跟现实发生的一模一样，商船确实被风暴刮进了绿洲，船长为了保护螺旋桨跳下大海，结果被藤蔓缠得严严实实，后来藤蔓又突然放开他，消失在了海水中。那种绿洲被称为海洋坟场，全都位于神秘的百慕大三角，商船一旦被它缠上就不可能再开走。即便到了航海技术如此发达的现在，世界上的所有船只都必须避开它。”

“船舱内的血是怎么回事？”我又问。

“它是藤蔓留下的浆汁。”

“这么说，没有人死去？”

“是的，我醒过来时正躺在纽约医院洁白的床单上，旁边坐着安平船长和一位美丽的美国妞，她是护士小姐。”

“大海真的存在‘女巫之手’这么神奇的漂流瓶？它来自哪里？”我问。

大伯低沉地说：“大海很大，却大不过地球，它是地球上的一潭死水。你见过池塘吗？如果不换水，不出两年就会发黑发臭，滋生出大量古怪的虫子。而大海已经存在了几十亿万年……人们总爱把自己的东西往大海里抛，包括垃圾和漂流瓶。看到没有，珠江裹挟入海的垃圾越来越多了。这让我感到害怕，因为垃圾会增添大海的邪恶，会变化出越来越多的漂亮漂流瓶。”

“这种漂流瓶就是‘女巫之手’？”我不解地问。

大伯点了点头，接着说：“受到侵犯的海洋会自行生长出名叫‘女巫之手’的漂流瓶来自卫，它的材质来自大海，晶莹剔透，看似透明却又见不到它的内腔；它的外形修长，雕刻着许多像乌贼又软又长的腿一样的纹路和许多奇怪的文字。见到‘女巫之手’的人很少能抵挡住诱惑而不去开启它，但瓶子里什么也没有。只要拔开瓶塞就必然会给商船带来死亡，这个传说在几千年前就开始在船员间流传。”

“太不可思议了，也许只是巧合！”我说。

大伯摇摇头，说：“1940年6月17日，英国‘兰开斯特里亚号’轮船上的一名游客也曾捡到一只漂流瓶，他好奇地打开它，发现里面空空如也。不久，这艘船行驶到英吉利海峡法国卢瓦尔河口海域时，突遭飞机轰炸沉没，约3500人遇难，‘女巫之手’的惩罚不限于形式，这是关于‘女巫之手’最近的传说。”

我惊奇得张开了口。

听完这个故事时，夜幕刚好笼罩住大地。我转了转手里的漂流瓶，在沙滩上挖了一个深坑，将它埋了下去。

从此，没有人再会发现它。

悬疑志

重生之彼时少女
文\游彧青　图\玉烟先生

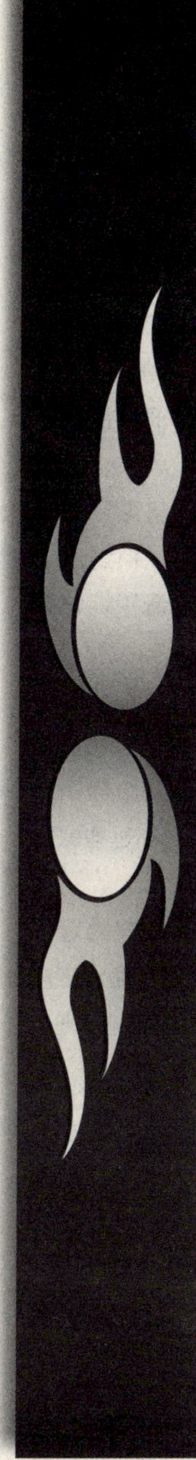

你尝试过凭借照片爱上一个人吗？

一个朋友旅美归来，这位可爱的摄影爱好者，赠给我一套影集，其中几页拍摄于美国南部一座小镇，是万圣夜游行。通过光影拿捏，他营造出一种诡异氛围，狂欢的人群看上去竟阴森可怖，女巫、僵尸、白衣鬼魂，都如真的一般。在其中一张的画面右侧，有一幢双层木屋，二楼窗里有一个人影。

我要说的便是这个人影，细细分辨，不难看出这是位身姿优雅的少女，穿蓝色连衣裙，褐色长发如瀑垂下，静立窗前，孤单地朝外望，不知何故，她未参加狂欢，像一块被遗忘在地球上的星星碎片。我被她忧郁而遗世的气质所吸引。

我让朋友为我放大这张相片，直到画面浮起粗糙颗粒。那少女是低着头的，只露出下半张脸，让人好奇她的眼睛。下巴尖尖，月色沿优雅的脸部弧线淌下，而她的身体很瘦很轻，单薄得让人心疼，似要随风飘逝。最后，令我目瞪口呆的是，她脖子上竟锁着一只铁项圈！项圈又被铁链拴住，铁链吊在天花板下，她仿佛已上吊而死。

这发现让我再也按捺不住，是谁残忍地囚禁这少女？她身上那无依无靠、忧伤绝望的气息，不间断地撩动我心弦。我怎能坐视不理呢？无论怎样，起码要去那小镇看看。

“嘿，哥们，你相信吗？我好像有点爱上这姑娘了呢。”我自嘲地笑了笑，“真荒谬，比一见钟情都不靠谱啊……但无论如何，我决定去那一趟。”我指指那项圈。

“我倒不觉荒谬。你对她有感觉，恐怕不是巧合，你知道吗——”他神秘地撇了下嘴，“这小镇恰恰位于田纳西州呢。”

田纳西州！听到这词，我浑身如被电击。世界像对折了一下，瞬间让中国内地和远隔重洋的异乡重叠在一起，撞出刺眼火花。田纳西州，那遥远陌生的土地，却与我连着千丝万缕——我有四分之一美国血统，祖父，便是田纳西人。

“这镇子，叫什么？”我问。

“加灵顿。难道……”

“老天，这正是我祖父生前居住的小镇！”

此刻是九月的一个温和夜晚，我提着行李箱，只身站在一条乡村大道上，不远处，是那座闪着暗淡灯火的小镇加灵顿。

祖母于1921年移民美国，在田纳西州采摘棉花，认识了祖父。后来她独自带着沉重往事回国，关于祖父，她总是闭口不谈。我两年前才从父亲那儿得知，祖父是被谋杀的，谋杀的手法神秘而残忍。父亲还说，如果当时居民们知道祖母已有身孕，恐怕她也无法活着回来了。原因很简单，他们不能让我祖父的血脉得以延续。

从父亲和我身上某些印迹看，这是一条诡异而可怕的血脉。

既然如此，那位少女对我的神秘吸引力，恐怕真不是巧合了，同样生长于加灵顿的血统，注定是有缘分的吧。

夏末虫鸣热闹醒神，一路碎土踩在脚下沙沙脆响，我一只手攥在口袋里，略带神经质地向小镇走去。我不断在想，是否是宿命推我来到这——爱上一个遥不可寻的少女，探索延续近一个世纪的身世之谜，追查祖父离奇死亡的幕后元凶……我再次掏出相片，对照了一下，小镇和相片里迥异其趣，显得温馨可人。很快，今年的万圣夜就要到了，不知那时，它又是什么样呢?

我掏出一副墨镜戴上，大步向灯火通明的街道走去。

当天夜里，我辗转多处，终于找到了一家旅馆。乡野星空璀璨，布置好后，我乘着夜色出门溜达，点起烟，感到身处异乡了无牵挂的安逸。

突然，在街角另一头，我隐隐听见几个男人在悄声商量什么。好奇心起，我踮脚贴了过去，恨不能把耳朵插进墙。

“好的。十月初会把药粉寄给你们……是的，直接寄到你们每个人家里，这样才不会招人注意。要知道，‘他们’是特别容易惊动的。”

“哈，就等万圣夜那天了。要让‘他们’好好尝尝……”

药粉？万圣夜？我撞见了一场阴谋？“他们”是指哪一群人呢？想到这，我屏住呼吸，生怕被墙对面的人发现。

不一会儿，窃窃私语停下，五个身形干练的人路过拐角，向街对面走去。这五人看上去很不一般，走路迅疾利落，很像受过专业训练的潜行者，他们身着棕色风衣，腰带上隐隐挂着徽章，我定住视线，将徽章图案刻在脑中——一张南瓜灯的脸，一柄剑从右上方斜斜刺穿这脸，看上去略带滑稽，略带阴森。

看来他们属于一个秘密组织，正策划一场不能被外人所知的行动。

很快，五人走远，剩下另外几个男子，仍逗留在那儿闲聊，不过此时聊的都是些家常琐事了。

我壮壮胆，退后几米，随后故意踏着大大的脚步声，走出阴暗小巷，出现在路灯下。几个男人看见我，愣了一下，又继续聊起来，没有怀疑的意思。

他们几人衣着也很一致，均为蓝色工作制服，常见环卫工人穿的那种。在他们身旁，停了一辆红色巨型卡车，车厢由两只庞大铁罐组成，不知装着什么。一只黑猫蹲在高墙上，俯视卡车、车旁的人和几米开外的我，一丝妖异悄然升起，令蒙着万物的夜色也蠢蠢欲动。路上行人寥寥，黑猫长吟一声，落到墙后去了，我掐灭香烟，转身离开。

加灵顿的街道枝蔓颇多，不知不觉竟让我迷了路，已近深夜，我才大概弄清旅店的方向，穿过条条蜿蜒的小巷朝那儿摸去。转过一个弯，突然看见地上竟蹲了个人，背对着我，正“咔嚓咔嚓”啃什么东西，状似饥渴至极，在这样寂寥的夜，让人不由得毛骨悚然。滴滴答答的，那人手中的食物流出串串血水，敲响了石板路。

我转过身，准备逃走。

“谁？”一个声音，一个女人的声音响起，我不禁顿住脚步，回过头，发现地上那人已站起来，也扭头直直地盯着我看——

月光照得她焕然一新，照亮了她脏兮兮的蓝色连衣裙、凌乱的褐色长发、风尘仆仆却依旧美丽的脸颊，以及一双闪着青蓝色光泽的眼。我认出来了，她，就是我在照片中爱上的女孩！

然而此刻，她身上透出的完全是另一种气质，野性的张力绷紧了她的身体，与照片中那忧郁单薄的女孩判若两人。这一年来，在她身上发生了什么，让她变成今天这副模样？还是说，她本来就是这样子，那美好的剪影不过存在于我的想象中而已？

但无论如何，一看到那青蓝色双眸，我就像被石化了一般走不动了。

“啪嗒。”女孩将手中吃了一半的食物丢掉，那是一只鸡，生的，一只爪子还神经性地抽搐着。

她是饿极了吗？

“我，我迷路了。”我结结巴巴地解释道。

“你住哪儿？”她抹了抹嘴巴，大大咧咧地问，透出一股可爱劲。她的嗓音粗哑质朴。

“长耳精灵旅店。”

“跟上，我带你去。”她甩了下头发，毫无戒备地转过身。

我愣了愣，直觉告诉我她是可靠的，于是我连忙跟上，心想今晚真如坐过山车一样。

转眼逝去一周。

在这一周里，我整日整夜呼吸这片土地上的空气，感到内在自我开始释放，这里给我真正故乡的感觉，仿佛我出生之前曾于此居住多年。

短短几天，我就和爱玛熟识了，这位有些放荡不羁的蓝裙子女孩，被原始活力的光芒笼罩着。她在镇子上打些零工，以此养活自己，她父母双亡，独自居住在一栋双层小屋，就是照片上那所。我们一起去辽阔的南瓜地里捉蜻蜓，攀爬几人合抱的参天巨树，在月色下潜入深蓝色的大湖中游泳。爱玛告诉我她从小养成了吃生东西的习惯，甚至逼着我也要吃。她脸上有天然的雀斑，被秋日阳光晒着，一脸温暖笑容。只是有时候，我会觉得她有些可怕——

每到夜里，当她睡着时，当她身上那股原始的野蛮的味道像日光一样渐渐收敛时，她身上会浮起另外一股十分诡异的气息。这种时候，那感觉就像是，她体内的另外一个自我醒了过来。这种气息，恰恰就是我在照片中所感受到的忧郁、孤独、单薄的气质，只不过近距离接触时，我发现这气息还带着一丝阴森，仿佛她真成了一具被项圈勒死的尸体，散发出隐隐的死亡味道。

这究竟是怎么回事？是我太过敏感以至产生幻觉，还是真的有幽灵附着在她体内，又或者这一切背后潜藏着更加复杂的内幕？

我感到这女孩身上秘密太多，是啊，就连她去年万圣夜为何独自在家，脖子上又为何锁着一只铁项圈，我都还没问呢。刚到她家，我就注意到了那间在万圣夜幽禁过她的小房间，位于二楼东侧，现在上了把厚重的铁锁，我问起时，爱玛只说是储藏室。我又问是否有陌生人袭击或绑架过她，她也一概摇头否定。

“今年万圣夜的游行，你会参加吗？”我旁敲侧击道。

“当然会啊，我每一年都参加的。”她望着橡树上的一只知更鸟，“每一年，都一定参加。”

“那……你要化装成什么呢？”

她转过头来笑了：“你猜呢？我已经选好了。今年，我们俩会一起扮成那样东西。”

“为什么？我要按我自己的意愿化装，比如扮成一只骷髅，或是科学怪人……”

“不。到时候，你一定别无选择的。”她神秘地笑着说。

周末晚上，我们俩都喝醉了。第二天早上醒来，楼下门铃大作，我头痛欲裂，爬起来，这时楼下传来开门声，以及爱玛和别人打招呼的声音。

我小心地戴好墨镜，穿衣下楼，看见她正把一只沉沉的大塑料桶搬进屋来。

“有人送东西来，是吗？”我问。

“对的。我专门为你订的。快，帮我抬。”

“咬苹果游戏用的？”我好奇起来，下了楼，两人一起把那只桶抬进厨房。

“不。这里面装的是一种饮料。好啦，你可以尝一尝。”她欢快地倒了一小杯给我。

我拿起杯子，端详片刻，这是一种少见的绿色液体，绿色浓得化不开，却又清新醉人，比压缩果汁要自然许多。奇妙的是，我感到内心有一种莫名的渴望，非常非常想将这饮料一饮而尽，就像囚犯面对监狱墙上的一只洞口，迫不及待想冲向自由。

我用舌尖点了点，芬芳可口，我没再犹豫，一口喝干了。酒入胸肺，有微微燃烧之感。

“这是什么？”

“嗯，我们管它叫回灵酒，是只有在万圣夜，人们才舍得喝的。”

“回灵酒？呵呵，难道真能召唤什么灵魂回来吗？”我笑了。

“当然能啦，你等着瞧吧。”她半开玩笑地答道。

我伸出手，摸了摸她甜润的脸，感到自己已无法自拔地爱上了这个女孩。

当天早上，爱玛去餐厅做服务生，我则一个人跑去了镇图书馆。

来此多日，我虽然不停打探，爱玛却始终对自己的过去守口如瓶。最多惹到她不耐烦时，会说一句：我现在还无法完全信任你，但你放心，一切等到万圣夜那天，所有你想知道

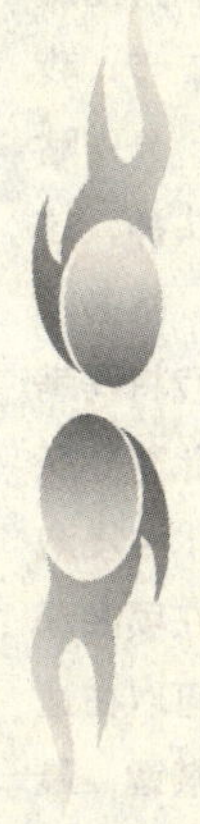

的，都会明白的。

无奈，看来要破解我的身世之谜，找到杀害祖父的凶手，还得寻求更多途径，不能完全指望这女孩——尽管我总觉得，她一定和我有着更深的联系。

去图书馆的路上，我又撞见了那天夜里的红色巨型卡车，轰隆隆穿过市中心。我没把那夜偷听到的事告诉爱玛，原因是，我曾在她的卧室中发现一件破旧风衣，上面恰恰也有一枚长剑刺穿南瓜脸的徽章，所以据我猜测，爱玛很可能就是那神秘组织的人，既然如此，我又怎能向她“泄露”她自己的秘密呢？我可不想让她觉得我知道太多。

来到图书馆，我首先调出了历年死亡事件登记簿和谋杀案登记簿。从1921年翻起，在谋杀案登记簿上没有记载任何与我祖父有关的案件，看来官方根本没把祖父的死当成是谋杀。再看死亡事件登记簿，终于，在1924年，我找到了写有我祖父名字的一页，只短短几行字的描述，上面说祖父尸体呈焦炭状，专家认为是被闪电击中而死。闪电？这真是个滑稽的解释，我摇了摇头，一点也无法相信。只可惜，线索到这就终止了。

无聊之际，我无意识地一页页翻着书，直到距今仅有五年的1980年那一页，一张黑白照片跳进视线中，生生绊住我的目光——

照片上是一个自杀身亡的少女，20岁，身穿蓝色连衣裙，褐色长发，眼神忧郁，五官精致而优雅，我惊呆了，这女孩和爱玛长得一模一样！没错，细细看去，女孩右眼眉梢下有一颗雀斑，与爱玛那颗雀斑的位置分毫不差！

一瞬间，无数种可能性席卷了我的大脑，这一切究竟是怎么回事？爱玛，她是活人还是死人呢？或者，她本身就是个幽灵，还是个被幽灵附体了的女孩？又或者说，她和这死去女孩间还有某种更复杂的联系？

我双手颤抖不止，只觉自己一定是生在梦中，再想到爱玛睡着时身上那阴森的气息，我更是茫然又心痛，只好合起书本，匆匆逃离了。

当天晚上，我没有再去找爱玛，而是一个人躲在旅店里，细细整理思路。

据说，旅店老板娘是个可以通灵的人，于是我向她提了些问题。最终，无比幸运地，从她那儿我得知了这样一种可能性，有关幽灵附体——通常来说，幽灵要么升入天堂，要么变为游魂，只有极少数会被禁锢在某个固定地点，成为怨灵，这样的幽灵会拼命寻找宿主，以便通过宿主的力量逃出禁锢，而被附体者则会在外貌上一点点变成那幽灵的模样，他自己却一无所知，直到最后，他的自我意识逐渐淡薄，精神世界完全被幽灵的意志占领，所谓的附体也就成功了。要解除这附体，也不难，只需帮那幽灵破除禁锢，它一旦获得解放，不再需要宿主，便会直接离开。

将她的这套说法与爱玛的情况一对比，我相信真相已经大白——爱玛确确实实是被幽灵附体了，而这个蓝衣幽灵的禁锢物，便是那只铁项圈。于是，我向老板娘讨来了解除禁锢的几件道具，装进行李箱里，准备第二天晚上行动。

夜深了，我还在为这件事感到紧张又兴奋，难以入眠。一想到爱玛，她的音容笑貌便钻进脑海中，我心里充满了甜蜜、痛苦和犹豫，我不知道，自己是爱她的外表多一些，还是爱她内在的活力多一些，倘若附体幽灵离去，她变成另一番模样，我们的爱情又会朝着怎样的方向发展呢？说真的，我真不想失去现在的她，因为实在太过完美，所以我承受不了一丁点的改变，但不作出改变，却又会把她推向死亡深渊。

终于，第二天的夜晚准时降临了，我获准在爱玛家中留宿，还十分正人君子地主动睡到一楼客厅的沙发上，弄得爱玛有些不开心，不过她没说什么，独自回房睡觉了。

很快，午夜十二点的钟声响起，我偷偷摸上二楼，用早已复制好的钥匙打开了那扇常年锁着的小门。一进屋，一股霉味夹杂着灰尘气扑面而来，好不容易才忍住喷嚏。我借着蜡烛光线，眯起眼细细搜寻，果然看到一条从天花板上垂下的铁链，尽头挂着铁项圈，上面的锁已有些生锈了。我按捺下心跳，壮起胆子走向这鬼气凝结的物件，放下行李箱，一件件掏出道具。

第一步，我用一面面小镜子铺出一条小路，从铁项圈正下方一直延伸向窗口，月光点缀上去，为女鬼指引了离开的路；第二步，我再用红、蓝、白三色水晶拼成三双眼，分别贴在三面墙上，代表冥界招魂的三位狼头神，这种带有强迫性的暗示，是在告诉女鬼，她必须跟着狼头使者离开这儿了；第三步，我将写满汉字古文的驱鬼符贴在铁链之上，以此剪除妖气的根源；第四步，我掏出事先在圣水中浸泡了十三小时的一枚别针，悄悄把它卡在项圈深处，再将项圈摇了三下，提醒女鬼她可以在适当的时机用别针撬开锁，解除自己的禁锢；最后，我在镜子、水晶、符纸和别针上都洒了隐形药水，以免惊动爱玛，此时她处于幽灵附体的状态，最忌讳被这些东西扰乱了心魄。

一切做完后，我终于释然地松了口气，重新锁上房门，摘下墨镜，回去睡觉，如果一切顺利，爱玛身上那个鬼魂应该不久就会离去。

真没想到，朋友照片上那让我心生涟漪的倩影，竟然是一个幽灵，真是造化弄人了。

日子过得很快，等我意识到的时候，万圣夜已近在眼前了。

关于祖父的事，有一些进展。我从一个老得不成样子的女乞丐那儿得知，在我祖父死亡的前一天夜里，他被几个男人捆绑着出了镇子，之后便发现了他的尸体。对于我最感兴趣的祖父的血统一事，这老太婆却一无所知，只叫我去问加灵顿东北区一个比她还要老的巫师。然而等我登门拜访时，却发觉那巫师已死去多年。

与此同时，我还发现了一件怪事——有

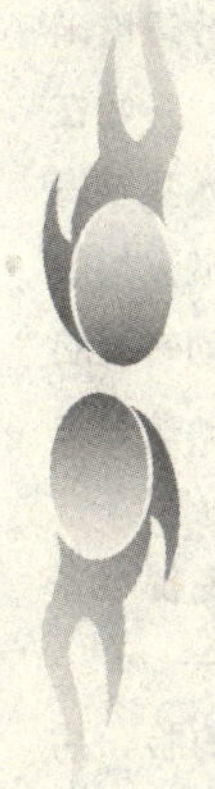

一次路过镇上的公共垃圾场，我无意中瞥见了几只铁项圈，还连着锈迹斑斑的铁链，走近一看，发现造型与爱玛的项圈如出一辙，不知是谁丢弃在这的。难道还有别的少女被囚禁吗？我摇摇头，告诉自己别太敏感。

另一方面，爱玛的情形并没有明显好转。每夜睡着后，她身上仍飘浮起几乎是显而易见的另外一种气息，忧郁孤单，像徘徊在死神的黑袍子里，似乎那幽灵对她特别留恋，即使自由就摆在面前，还是迟迟不走。不过到了白天，爱玛又焕然一新，大大咧咧地笑，在荒野里纵情高歌，并且每天仍然逼我喝那来路不明的回灵酒，看着我喝时，青蓝色的眸子里还会闪出期待的光泽。

“亲爱的，你为什么一直戴着那副墨镜，不肯摘下来呢？是为了藏住什么秘密吗？”

我本想回答说是因为怕光，不过一听她最后一句，立刻来气似的答道：“是啊，就是为了藏住秘密不让你知道。你秘密都那么多了，我再不积攒几个，不就吃亏了吗？”

“嘻嘻，随你吧，反正我知道的。”她狡黠地笑了笑，继续雕刻南瓜灯去了。

三天之后，万圣夜如期而至。想起爱玛总说的那句“一切等到万圣夜那天”，我心中有隐隐的不安夹杂着期待。

窗外日头渐斜，忙碌的下午就这样过去了，爱玛的小屋打扫一新，楼梯上装饰着红蓝彩灯，房里到处点缀了黄澄澄的南瓜，充满节日氛围。她仍是坚决不许我自行准备服饰，说已为我挑选好要扮演的怪物了。

不知为何，我总觉得她今天特别深情，我的一字一句、一颦一笑，似乎都得到她加倍珍惜，而且，她今天一定是狠狠地哭过，自从早上接了一通电话后，双眼就一直红肿着，眼角还有未干的泪痕。不过想到是过节，我决定以后再问。

傍晚时分，爱玛躲进黑屋子里照镜子，据说未婚女子可以在里面看见未来丈夫的样貌，不过，如果她们将于结婚前死去，镜中便会浮现一个头骨。照完镜子出来后，她脸上一副困惑不安的神情。

“怎么样？我出现在镜子里了吗？”我打趣地问道。

“嗯。”她红着脸点点头，又小声说，“不过，会有一样东西要死去了呢。”

“什么？镜子里还显示别的了？”我疑惑道，心想总不会是附着在她身上的那个幽灵吧，幽灵怎能再死一遍？

“好了，不说这个了。我去准备晚餐。”她突然贤惠起来，转身去厨房了。

终于夜幕低垂，爱玛还在制作坚果甜点，我便独自蹲在台阶上吸一根烟。街上，几个妖怪的影子踱过，渐渐弥漫起朋友照片上那种氛围，我突然明白过来，那氛围并非他刻意营造出的摄影效果，而是确切存在的事实。

月光刺得我眼睛有些疼。

西街的风比平时凉了许多，我转眼望去，只见三四个白影，半悬于空中，正哧溜着掠过街边草坪，刮起缕缕草屑，待到近了，才看出是蒙着布单的鬼魂，但那布单似乎太轻太薄，与真实的幽灵形体无异。与此同时，对面那幢屋子里走出两具僵尸，一个脖子上插着一柄菜刀，一个肚子破了洞，正汩汩地流着血脓，他们一瘸一拐地走来，很远就能闻见腐烂的恶臭，月色打在他们脸上，照出铜铃般硕大的金黄色眼珠，分外瘆人。

转眼间，街上热闹起来，凄厉的欢呼声在高空中划过，我抬头望去，薄云中蹿出两把扫帚，上面斜倚着忸怩作态的女巫，长长的鹰钩鼻在月光中透出青色。在成群结队的蝙蝠簇拥下，街头拐角处，优雅地走来一群高贵身影，他们身着中世纪贵族服饰，脸庞秀美异常，是一个古老的吸血鬼家族。阴风阵起，天地变色。食尸鬼驼着背，手抓鲜血淋漓的残肢断臂，在大街上号啕；头角嶙峋的红脸魔鬼，摇曳起长戟般的尾巴，将蹄子在石板路上踏响；鹰身女妖疾电般掠过头顶，石像鬼的红眼睛闪着恶毒的光，极远处的平顶屋顶上，一个高大身影仰天长啸，那是血肉缝于针线之下的科学怪人在宣泄坎坷命途的痛楚。无头骑士的马蹄声震慑人心，恍若平地惊雷，散漫悠闲的惨白色骷髅们，洗净了身上的陈泥，开始在街边酒吧里和女妖打情骂俏，最后刻入我脑海的，则是无处不在的南瓜灯，闪着地狱火焰般诡谲的光线，每当你看向它时它便自动转过脸来，直直地和你对视，笑容冰冷一如断头台上的路易刀。

“吱呀”一声背后的门开了，晚餐准备好了？我如释重负地直起腰，转身——

一头高大的狼人，正挺着颀长的脸，用闪出青蓝光泽的双眼盯住我，粗重的呼吸中夹带着野兽饥饿难耐的呻吟，尖牙，利齿，小半截露在外面的血舌，狼眼特别小，却锋利如刃，我感到浑身上下都在冰冻之中。

“怎么样？我刚刚换的装扮，很像吧？”狼人说话了，是爱玛的声音，却仿若来自另一空间。狼嘴撇了个弧度，笑起来，那笑容让我心脏几近痉挛。

“爱、爱、爱玛？”一串咕哝从我嘴里弹出来。

“进来先吃饭。”狼人不由分说地拉住我，茸茸的毛像刺。

“咔嗒”一下门关了，我被一把扔在座位上。

“嗯，在吃饭之前呢，你先给我把这杯酒喝干。”她递来一只大杯子，满溢着回灵酒，“快喝，我自己都已经喝了满满一大杯呢。”

“不，我不要……”我挣扎着想要拒绝，但爱玛，或者说狼人，已强硬地举起杯子往我嘴里灌来，绿水四溅，我感到要昏死过去，但那液体一流入，胸腔立刻腾起火焰——是比以前喝这酒时要强烈得多的灼烧之感。

一杯见底，我感到浑身燥热，血脉贲张。与此同时，有什么东西松了开来，全身上下，每一处都有东西松了下来。仍旧是那种迫不及待冲向自由的感觉，似乎一切束缚都被松开了，那因操心自我修饰而生的持续性紧张，那因屈从外界规范而生的社会性疲惫，统统山崩地裂般地松了下来。

“感觉如何？”爱玛期待地问，又一次笑起来，这一次，我感到这张笑脸减淡了诡异可怕，反透出一股淳朴的温馨。

“……”我挣扎着想说话，却一个字也吐不出。恰在此时，毫无征兆地——

“嗖”一声，微光刺过，爱玛的表情僵住了。

她额头上直直射入了一根银色长针！

是谁？！

我回过头去，只见二楼楼梯处，站着一个白皙的身影，蓝裙褐发，那是人形的爱玛！只是，哪里不对劲，她的身体好像太单薄了一点……

但不及我多想，同样的一根长针也已插入我额头，整个脑袋瞬时发麻，下一秒钟，便堕入昏沉暗夜。

不知身在何方，我听见一男一女的谈话，是我和爱玛的声音，只是这声音比梦境还轻薄，比丝雨还细微，什么也听不清，像被时光洗了无数遍的老照片，淡黄影像和纯白背景渐融为一体，有质消弭于无形。

终于，我的眼皮勉强能抬起，一条缝从这混沌世界中打开，我完成了一次小型的开天辟地，得窥四遭景物的真貌。

我和爱玛，背靠背，双手紧锁，被关在二楼那间属于幽灵的小屋。此刻，天花板上垂下的铁项圈终于打开了，别针也已不知落在何处，那个幽灵，已逃走了吗？

说话声吸引着我，两个人影缓缓清晰起来——站在前面的是人形爱玛，双手抬着一只很轻巧的小弩，上面闪着银针的光芒。而后面那个人……戴着墨镜，身穿白色衬衫，长着一张，我的脸！

突然间，我意识到什么，低头一看，自己的双臂、胸脯、整个躯干竟已被银灰色的狼毛覆盖，我，已变成了一头狼人！

一切束缚打开后，真实的我竟是一头狼人吗？我不敢再继续想下去。

再往那两人看去，终于发现，他们的身体之所以不对劲，是因为过分单薄了，在他们的外表之下，根本没有实在形体，事实上，眼前站着的，是两张人皮。没错，两张新鲜而完整的皮。

他们亲密地贴在一起，看上去也很相爱的样子。

人皮爱玛一边监视着我们，一边笑着和人皮的我说话，声音轻若蚊蚋，全无一丝力感。

身后一阵窸窣，狼人爱玛也醒过来了。

“爱玛？”我试探道，心中盛满疑问。

“嗯，你没事吧？”狼人粗哑的嗓音传来。

“那……那两张人皮，是怎么回事？”

“哦，这，这是加灵顿的秘密。”她叹

了口气，娓娓道来，“你是不是觉得，这个镇子上的万圣夜鬼怪们特别真实，根本不像装扮的？没错，的确不是人打扮的，而是真的，你所见是事物的真实面貌。事实上，加灵顿三分之二的居民，包括我，都不是人类，只不过，为了在这混沌的世间生存，我们被迫从尸体上偷来了人皮，用魔法加工后，包裹住自己，借此伪装混迹于人类中。唯一能脱下这可憎的衣服，尽情让肌肤享受解脱的机会，便是一年一度的万圣夜。所以，对人类而言，这也许不过是纵情享乐的一次普通狂欢，但在我们眼中，万圣夜却是神圣不朽、至高无上的节日，这一天属于妖魔鬼怪，属于我们，属于被世界所遗忘、被正义所鄙夷的另外一边，属于发自内心的真实和尽情燃放的自由生命。”

“人类把万圣夜看作一场盛大的假面派对，如果沿用他们这一观点，那么可以说，对我们加灵顿的鬼怪而言，一年当中，三百六十四天都是万圣夜，都是在漫长而压抑的‘假面派对’中度过，只有万圣夜才不算是万圣夜。你知道吗？在我们鬼怪眼中，人皮的的确确算是最丑陋可怕的假面了，真的是很适合万圣夜的恐怖游行。”

“至于回灵酒，它的功效，便是饮下之后，让人皮剥落，让内在自我挣脱，所以每到万圣夜前夕，大家准备脱去人皮衣服之时，回灵酒在加灵顿镇的需求便直线上升，不得不用一辆红色巨型卡车运送。万圣夜一到，大家脱去衣服后，便可以无所顾忌地加入人类游行队伍，而不用担心被发现，尽情享受一年中这短暂的闲暇。此外，令人吃惊的是，这些人皮居然是有自我意识的，也许是死人亡灵的一部分魂魄滞留于人皮而造成的。所以，为了防止人皮在离开我们的这一段时间里逃走，不得不家家户户装了铁项圈，把它们锁住。今晚，算我们倒霉吧，这张该死的人皮不知靠什么方法，撬开了项圈，还偷到了装有麻醉针的小弩。哼，你看她，那么轻的东西都抬不稳呢……”

听到这儿，我不觉脸颊发红，原来我一直在帮倒忙，根本不存在什么附体幽灵，只是一张人皮而已，却在我的“帮助”下惹出了这么大的麻烦。回想起来，爱玛每夜睡着时，那股诡异的气息便是来自这死人的皮吧。

“爱玛，那……我呢？”我意识到自己的身世之谜。

“哈，亲爱的，你装什么人类哪？看到你的第一眼，我就嗅出你身上的狼人血统了，是从你祖父那儿继承下来的吧。听我一个树精朋友说，当年，加灵顿镇还以正常人类居多，你祖父被人发现后，几个男人把他烧死在郊外了，这是那时候对待我们这种东西最常用的办法……你身上的狼人血脉是很高贵的，只不过因为是混血，被人类那部分压抑得太久了，为了帮你解脱，我想到了回灵酒，于是就让你每天喝一点。怎么样？脱掉人皮，感觉如何？哼，说实话，你在狼族的地位还要高于我呢——依据双眼之色，世界各地狼族的尊卑序位是：青红为末，青蓝为中，青白为宗。就连冥界的狼头神也要遵循红蓝白之序。现在，你那副该死的墨镜终于摘掉，可以露出眼睛来了吧？来，让我看看你青白色的眼眸，究竟有多美……”

月色下，我转过脸，两头狼依偎在一起，相对而视，她的青蓝色眸子清凉如水，我的青白色双眼也得以重现光辉。

“啊——啊——”身旁，突然传来两声惨叫！

不知为何，两张人皮身上忽地腾起阵阵轻烟，“刺刺”声不绝于耳，人皮因为高温而在轻微燃烧中迅速蒸发了，银针小弩摔落在地，像是他们的最后一记丧钟。这两张可怜的皮，刚刚因为百年难遇的机会而获得独立，还没想清楚下一步该干什么，就化为烟尘了。

看到那张陪伴我二十多年的外皮，顷刻间化为灰烬，我意识到自己再也无法回到过去了，但奇怪的是，我竟未有丝毫感伤，心中反倒升起缕缕快意。

“奇怪，他们怎么了？”我问。

爱玛伸出鼻子嗅了嗅，“这味道……是他们！”

“谁？”

“快，咬断我的胳膊。”爱玛命令道。

“什么？”我蒙了。

“算了，你不咬我我咬你了！”话音未落，爱玛竟真的张开血盆大口，一下咬断了我的左臂！

“啊！”我惨叫一声，抽出左臂，却意识到如此一咬，我左腕上的铁锁便被甩掉了。紧接着，左臂断口处一股急热，刷刷两下，新的半截胳膊长了出来，完好如初！

“狼人是有超高速再生能力的，笨蛋。”爱玛鄙夷地评价道。

“我懂了。”我沉着地点点头，开始明白做一头狼人的感觉，立刻张开嘴，朝着自己的爱人咬去。

五分钟之后，我和爱玛重获自由，但不及舒口气，爱玛立刻拉着我去了地下室。地下室的一面墙上，有一条密道。

“快，从这里，逃出镇子去。”

“干吗要逃？”我不解道。

“路上解释，我还有重要职责在身呢！”爱玛用力一推，我们两只狼便一块滚进了幽深隧道。

原来，那两张人皮是被毒药溶解掉的。

燃烧时，爱玛一闻那味道，便知这种特殊毒药是来自怪物猎人。看来，怪物猎人们是准备在这个万圣夜采取行动了。万圣夜前，加灵顿的妖怪们必然都会喝回灵酒，所以可想而知，怪物猎人找上了负责运送回灵酒的工人们，指使他们投毒。而且猎人的确聪明，知道这毒药不能直接针对怪物本身，一来可能误伤正常人类，二来大多数怪物免疫毒药，下毒不仅伤不了他们反而会打草惊蛇，于是，他们将投毒目标转移到了怪物们的人皮衣服。这是相当狡猾的一招，因为怪物依靠人皮衣掩藏自己，一旦人皮被毒死，他们将无法变回人形，那么当万圣夜结束，其他正常人脱去化装时，他们的怪物身份便被一眼揭穿了。到那时，早已蓄势待发的怪物猎人们便能大肆屠杀。现在回想起来，其实人皮衣的死亡也早已被预测到了——她在镜子里看见的，是已经变成狼人的我，头上却还浮着一张薄薄的骷髅脸。可以说，照镜子时，是她和人皮，两个“姑娘”一起照的，结果却一喜一悲。

“怪物猎人的标志是……？”我趟过密道中的脏水，四条腿并力飞奔。

“一柄剑，刺穿了南瓜脸。”爱玛闪电

般在前方带路。

“哦。我上次在你房间看到一件有那徽章的风衣，还以为你也是那个组织的呢……”

“笨蛋！”爱玛咆哮一声，“一次我被围捕。杀了一个女猎人，换上她的衣服，才混出去的。”

“他们这次来了多少人？我们要不要拼一拼？”我收爪不及，踩死了一只路过的老鼠。

“拼不过。每次围捕，他们都会来至少两百人。现在这可是个热门行业，不过，等我们死绝了，他们也要烟消云散了吧……”爱玛低声答道。

“扑通”一声，密道尽头的一扇树叶门被扑开，外面，是无边无际的深山老林。跑了这么远，我竟一点不觉得累，只呼哧呼哧，朝月亮吐出高扬的白气。

“我们去山顶。”爱玛说道，直立身体，双腿一蹬，跃上几十米高的山坡，“快跟上，笨蛋。”

一分钟后，我们攀上了加灵顿附近最高峰的峰顶，俯视底下点满南瓜灯的小镇，温馨安详得像一只摇篮，伴着萤火虫在飞舞。只是当我眯起狼眼，借助超凡视力望去，却看见小镇附近埋伏着一个个全副武装的小小人影，透出一股可笑又倔强的杀气。

山顶，有一座微型烽火台，掩藏在岩石灌木之中，隐秘难辨。

爱玛敲亮火石，点燃了烽火。火焰倏然腾起，像一窝抢食的银色小鹰。倘若从远处望去，除非十分细心，否则应很难看见山顶这撮银蓝色火焰，它毫不起眼，极易淹没于浩瀚星海中，凡人必然无法察觉。

不过，它甫一点亮，我便注意到镇子里的狂欢队伍发生了微妙的变化——游行速度慢了下来，人群也越发分散，吸血鬼一行反应最快，已经开始往家赶了，其他人也一边维持着状似热闹的景象，一边借机潜逃。不一会儿，虽然整个狂欢节的氛围似乎并未改变，但我明白，加灵顿的怪物们已统统注意到山顶烽火台的警告，察觉了近在咫尺的危机，开始为逃命作准备了。

“呼——逃过一劫了吧？”我搂住爱玛，轻声问道。晚风轰隆隆地驶过我耳畔，那份属于狼的野性开始在我体内萌发，大自然中原始的神秘力量轻抚我心，使我感到一种久违了的前世才有的自由与热血。

“大家都意识到危险了。只要有机会，他们定会逃走。无论如何，加灵顿是再也不能待下去了。从今以后，不会再有鬼怪来这儿。可惜的是，我们大家都还没来得及彼此告别，道一声珍重呢……”爱玛深情地望向这片生活多年的家乡，知道以后将无缘再见，冷风吹湿了她青蓝色的双眸，我才发觉，这副模样的她其实更美。

“好了，没事了，只要他们安全活着，总有机会再见的。”我抱紧她，轻声安慰道。

“不。”她突然推开我，“目前为止，只有我们俩是安全的。只要怪物猎人的包围圈不松动，大多数朋友都是没有机会逃走的。”

“那、那怎么办？”我紧张起来，略有不祥之感。

“只有一个办法。”爱玛的声音突然柔和下来，“亲爱的，你愿意和我同去冒一个险

吗？”

“愿意。”

“好的。”她握紧我的爪子，“那就跟我一起……”

群星像夜之女神的刺绣，那点点碎碎的美好，迷离了我青白色的眼。

“嗷呜——”我俩并肩，伸长脖子，对着月亮，仰天长啸。比一般狼嗥清奇而惨厉得多的啸声，像两根长长的小提琴弓，来回划过凄冷的月光琴弦。声波远远散开，音量丝毫未减，穿透了加灵顿镇的夜雾，传入每一个怪物猎人耳中。

眨眼间，狼嗥便在猎人当中引起巨大骚动，无数个小人影朝这边望来，看见山顶那两只高大的狼人影子，惊喜地几乎要跳起来，很快，数十个小人影就迈开步子向我们追来。我再往镇子里看去，发现不少鬼怪也在望着我们，几个吸血鬼向我们鞠躬谢礼，无头骑士举剑致意，女巫们则摘下尖顶帽子表示感激。

“这有四百多个猎人，至少三百个会来追杀我们。朋友们很容易逃走了。”爱玛俯视着土崩瓦解的包围圈和愈来愈多朝这边包抄的人影，欣慰地说，“因为，我们两个是赏金最高的猎物，镇子里所有怪物加起来，恐怕都不及我们值钱。”

“为什么？”我问。

“越是稀有的品种，赏金越高。我也是今早才刚刚得到确切消息，关于三天前南美洲的一场大规模屠杀……”爱玛突然紧紧地抱住我，“亲爱的，你知道吗？世界上只剩下最后十个狼人了，我俩就是这其中之二。我们这曾经盛极一时的伟大种族，不久，就要消亡了。”

听到这消息，我浑身如电流通过，也不禁流出泪来。

“快跑吧！”爱玛抹干眼睛，“三百多个怪物猎人，我们能逃出去的概率，大概只有千分之一呢。”

“是吗？”不知为何，我竟笑了起来，“那恐怕我们得跑快一点了。但是，不要分头走，好吗？”

“嗯，好啊。”她也笑了，轻轻拉住我手。

我轻叹一声，抬头最后望了一眼苍穹，万圣夜的星星、月亮和空中流云，都已沉入半睡半醒的朦胧中，山下是延绵不绝黑漆漆的大地，加灵顿镇像一颗即将湮灭的珍珠，而我们这座孤岛似的山也就要被追杀而来的茫茫人潮所淹没。再也回不到过去了。不知明年此夜，倘若我们还活着，又是在哪里，和谁一起欢庆脱去人皮的自由时刻呢？我和爱玛，两个年轻的狼人，转身跃下高高山顶，奔向无尽幽远的森林深处。

悬疑志

文\许伟才

1

那棵大树很怪，虽然生长得高高大大，却没有一片叶子，就连树枝也快掉得精光。

它是一棵枯树。

枯树也并不奇怪，问题是周围比它矮小的树木都长得郁郁葱葱，反倒是这棵大家伙遭了灭顶之灾。

更令人惊愕的是，浓浓的黑色从那棵枯树的树根向上涌去，那不是一种自然的黑色，像是墨汁里掺加了地沟油一样的污秽。

我和李众看呆了，毕林森也看得呆了，握着方向盘的手下意识地一抖，他那辆刚买的二手别克就一头栽进枯树旁边的大泥坑里。

毕林森猛踩油门，别克笨拙地扭动着，但除了把泥坑的臭气搅拌出来以外，半寸也没移动。

泥坑里很臭，而且那臭味很特别，就像呕吐物里面夹杂着烂杏仁的味道。但我和李众也没法子，脱了鞋跳进泥坑里气喘吁吁地推起了车。

李众刚做完阑尾炎手术不到半个月，出苦力的差事自然落到了我的头上。

我使出吃奶的劲儿推，一边忍受着泥坑里不时散出的怪异的恶臭气味一边抱怨，但嘟囔声在一秒钟前戛然而止。

我发现李众的脸色突然间变得惨白！他的两只手像投降一样举在了半空，左腿半抬着久久不往下落，似乎脚下是一个地雷！右腿虽然踩在水坑里，却筛糠一般抖个不停！

"怎么了？"我紧张地盯着水坑，但除了浑浊的泥水，看不清里面到底有什么。

"我……我好像踩到了死人……"

我又吸了两口空气，蹿进鼻子里的臭气果然和尸体的腐烂味道有点像。顿时，李众的哆嗦传染到了我身上，手一松，毕林森的二手别克"扑通"一声倒栽进了水坑里。

"你们俩不使劲儿推，咱们啥时候能出去啊！"毕林森扭头喊。

我和李众谁也没理他。

刚才汽车猛烈的冲击将李众脚下的泥水掀走了大半，把他踩着的东西显露了出来。

那不是尸体。

却比尸体还让我们目瞪口呆。

那是一个近似椭圆形的、像一个锅盖式样的褐色肉球！它中间鼓鼓囊囊的，像是充了气，到了四周的边缘又变得很薄，在泥水的震荡中微微颤动着，除去那淡褐色的“皮囊”，就像是一大块泡在泥水里的肥猪肉。

“这是什么东西？”李众喃喃着问。

“一大坨烂肉吧？要不然这个水坑怎么这么臭？”我说着，折断一根枯树枝试探着拨弄了几下那个怪“物”。

树枝末梢传来的感觉告诉我，这东西的表面有点像粗糙的猪皮，但再使点劲儿往里刺就觉得里面软乎乎的。

像肉，又似乎不像。

李众瞅瞅我，我对他摇了摇头。

突然，惊喜的声音从我们身后传来：“我的妈呀，咱们发财了！”

我俩齐刷刷地扭头向毕林森看去，只见他满脸惊喜，手指颤抖着指着怪物说：“这东西看起来像传说中的太岁！”

毕林森的话我们信，因为他正在医学院念研究生。

“太岁这东西既不是植物，也不是动物和菌类，是咱们自然界里的第四种生命形式。”毕林森兴奋得两眼放光，但刚说了一句就被李众打断了。

“一会儿再给我们上课，先告诉我们这东西有什么用，咱们怎么就发财了？！”

“听说太岁是种神物，长在土壤里，很少能被发现。最主要的是这东西有很奇妙的功效，即便不能起死回生，也能保治百病。我看报纸上说，有的人得到了太岁，吃了以后神清气爽，啥病都没了！去年有人在拆迁工地挖到了一个，你知道卖到什么价吗？卖到了五万块钱一两啊！”

这番解释不是毕林森说的，而是我这个土木工程系的大学生凭着看过的报道回忆出来的。至于我们的研究生朋友，早已懒得说话，手忙脚乱地踏入泥水之中，吃力地挪动着“太岁”。

我和李众也不再说话，急忙冲进水坑里，和毕林森一起小心翼翼地捧住了太岁。

一种比猪皮粗糙一些的感觉从手上传了过来，不知道是不是浸在泥水里的缘故，还有一些滑腻腻的感觉。我们三个人一起用力，将太岁从水坑里抬了出来，从胳膊的吃劲儿来看，这东西足有五六十斤重。

把太岁抬进了后备厢，毕林森擦了擦汗水，谨慎地向四下看去。我和李众也立刻反应过来——如果这真是太岁，就千万不能让别人知道，多一个人分钱，我们就少赚一份银子。

视线之内，我没有看见一个人影。事实上，我们三人就是为了尽情兜风，才把车开到了这片荒无人烟的地界。左侧是铺满了杂草和灌木的丘陵；右边是已经收割后的荒芜的田垄；往前是一段崎岖的土路，被刚下过的几场暴雨蹂躏得凸凹不平；后面，也就是我们来的方向倒是一条略微平坦的道路，不过一路上我们都没看见车辆和行人，除了一阵阵黑烟从几百米外制药厂的烟囱里冒向天空，让人感觉一点生机以外，这里的一切都死气沉沉的。

当然，有生机的还有我们三个人浓重、兴奋的喘息声，和汽车被推出水坑、卷着泥水向回程奔去的轰鸣声。

几个小时以后，我们到了目的地——医学院。

连日的暴雨将医学院后门附近的人浇得干干净净，再加上今天是周日，校园里更是萧索得很。顾不得被雨淋，我们用外套包裹住“太岁”，急匆匆地赶到了实验室。

毕林森有实验室的钥匙，我们要在这里对这个看起来像是太岁的怪物检验一番。

我们把披着肥厚的“肉膜”的太岁放在了一个大托盘上，用清水冲洗一番后，太岁彻底地被冲刷干净，泥浆里的恶臭也随之消散得干干净净。

毕林森则将一个带着氧气面罩的仪器扣在太岁上，然后接通了电源。

“这是干什么？”李众问。

“进行二氧化碳测定。”毕林森紧紧盯着仪表盘上的数字变化，过了没多久，他猛地一拍李众的肩膀，兴奋地说：“它是活的！这个东西能产生二氧化碳，就说明它有呼吸作用，有呼吸作用就证明了它有一个代谢过程，只有活物才能代谢！”

我们不禁倒退了几步，惊愕地看着这个一动不动的怪物，可并没从它身上看出一点鼻子、嘴、眼睛的轮廓。

“可……可它靠什么呼吸，吃东西？”

“这我哪知道。”毕林森耸了下肩膀，“我只知道太岁是介于原生物和真菌之间的黏细菌，是自然界非常稀有的大型黏细菌复合体。说简单一些，太岁就是地球上的第四种生命形态，正处在生命演化的一个岔路口上，往左拐就会发展到植物界，右拐就会向动物界发展，原地不动就变成了像蘑菇灵芝一样的真菌类。不过，仅凭二氧化碳测定还不能证明它是太岁。”

说完，毕林森戴上了手套，拿着手术刀走近太岁。我和李众顿时兴奋地瞪大眼睛，都想看看它看起来坚韧的外层里面到底是什么东西！

手术刀轻轻地抵在太岁的皮上，毕林森轻轻压了压，随即冲我们坏笑道：“注意了啊，一会儿我切下去的时候，里面的东西可能喷你们一脸。”

“少废话，快切吧！”李众兴奋地捅了毕林森一下，也在这一捅之间，手术刀“噗”的一声刺了进去!

一股像肥肉似的东西从切口处缓缓冒了出来。

没有任何气味，只是瞅起来黏糊糊的，微微颤动着。

“有点像猪脑。”李众咽了口口水。

我忍着涌上来的酸水，狠狠踹了他一脚。

毕林森仿佛没注意到我们的举动，趴下身子仔细地嗅了嗅，从他的表情上看没有什么异味。紧接着，他拿起小镊子小心翼翼地夹了一小块“肥肉”，坐在显微镜前，仔细检查起来。

我拿过手术刀，在“太岁”身上比量了几下，然后操刀切了下去。

“你干吗?”

“把它分成三部分啊。这东西要不是太岁，咱们就把它扔了；要是太岁的话，咱们仨一人一份。”

李众嘿嘿一笑，几步就蹿了过来，翻过来调过去瞅了十几眼，指着中间的一块说：“这块归我啊!”

“多点少点没关系，太岁切了以后没多久还能长大。”毕林森忽然来了一句。

我俩不约而同扭过头：“这东西真是太岁?!”

毕林森又盯着显微镜瞅了半天，狠狠地打了个响指，说：“里面的细胞结构和原始的鞭毛细胞非常相似，进化程度介乎于藻类和原生动物之间。这些都和科研报告中对太岁的化验结果相一致。”

李众一个高蹦起来，又捂着肚子呻吟了几声，看来阑尾炎手术的刀口还没完全愈合好，不过这不耽误他高亢的声调：“这么说，这东西肯定是太岁了?!”

我的心也怦怦跳了起来，直勾勾看着毕林森。

毕林森也激动得满脸通红，看着切成三份的太岁，咽了好几口唾沫才缓缓地说：“看起来像，但……是不是太岁……得吃进去才能试验出来。”

实验室里顿时陷入沉寂。

三双眼睛相互瞅了半天，又会聚到太岁身上。

许久，李众的声音喃喃地响起来：“这东西虽然显微镜下没发现有毒，可吃进人肚子里谁能保证没事呢?”

我一拍大腿。“这还不容易，你们实验室不是有不少小白鼠用来医学实验吗?”

话音刚落，我们三个人就直冲向关着小白鼠的铁笼子。

不大一会儿，一个活蹦乱跳的小白鼠被李众用镊子夹着尾巴拎了出来。

毕林森用挖匙挖了一小块太岁身上的“肉”，凑到小白鼠面前，吱吱的叫声中，小白鼠飞快地吃了进去。

李众摸了摸小白鼠的肚子，一努嘴：“再喂点，吃得多才能看出效果来。”

几分钟以后，小白鼠的肚子已经鼓得溜圆，我们三个人的视线才离开小白鼠。

“至少明天才能看出小白鼠有没有事，

咱们——”

毕林森指了指切成三份的太岁。

我和李众想的也是这个问题，又是一顿包裹之后，我们三个人各自背着一份太岁离开了实验室。

分手以后，我无意中回头看去，只见李众并没有招手叫出租车，而是径直向一直在学校门口乞讨的一个老乞丐走去。

这小子意外地得到了宝贝，打算给老乞丐点钱，发发善心？

我猜不透，也没工夫多想。

现在最要紧的是把我的宝贝赶紧带回家里。

回到家，我立刻就把腌菜用的缸腾了出来，将太岁小心翼翼地放了进去，再在盖子上压上了一袋大米，这才放心地躺到了床上。

只是尽管始终闭着眼睛，我却辗转反侧难以入睡。好容易朦朦胧胧地有了点睡意，忽然听到一阵阵细碎的声音从阳台传来，像是有人在轻轻拨弄着阳台窗户！

我猛地瞪开眼睛，屏气又听了片刻，顿时惊出了一身冷汗。

那声音在我窗户前慢慢移动着，一会儿细微，一会儿又强烈起来，还夹杂着小白鼠一样吱吱的叫声。

我慢慢地下了床，踮着脚尖挪到阳台门前，深吸一口气后猛地冲了进去！

阳台上空无一人。

黑惨的夜幕中，窗户外面一棵大树伸出来的几根枝条在风中摇晃着，不时扫着窗户。

我长出一口气，揉了揉已经疼起来的太阳穴，把缸上的大米搬下来，谨慎地向里面看去。

我的太岁原封不动地待在缸里。

只是稍微小了一点。

小了一点吗？

我不敢确定，因为大脑混沌成一锅粥，或许是这个原因让我的太岁看起来变小了。

我检查了一遍门窗，重新躺回床上。这次我睡得很香，直到电话铃声把我吵醒。

“快起来，过来看小白鼠！”毕林森在电话里兴奋地喊。

从声音听，我就知道这是个喜讯。脸也没洗、牙也没刷就奔出了房间。

当我赶到实验室的时候，毕林森正兴奋地看着笼子里的小白鼠。

它活蹦乱跳地吱吱叫着，不但生气勃勃，看起来比昨天的精神头还要大。

我松了一大口气："看起来咱们捡到的真是太岁！"

毕林森如释重负地嗯了一声，忽然问："对了，李众呢？"

“我怎么知道？你没给他打电话吗？”

“这小子手机、家里电话都没人接，能跑什么地方去？”

我俩纳闷地对视了两眼，我一拍脑门："哎呀，这小子昨天走的时候特别古怪，他没直接回家，我看他直奔校门口那个老乞丐去了。"

“老乞丐？”毕林森疑惑地摇摇头，走到窗前向外看去，从实验室恰好能看见校门口的情形。

然后他一动不动地呆住了。

“怎么了？”我跑到窗口，顺着他的目光看过去。

也顿时呆若木鸡。

校园门口那个瘫了左半身、只靠着右腿一步一步挪动的老乞丐竟然在走着向路人乞讨！

虽然步履蹒跚，但很明显，他的左腿能动弹了！

“啊！”的一声惊叫，同时从我和毕林森的口中发出，我俩似乎都明白了什么，掉头向外冲去。

我们飞也似的奔出教学楼、奔出校门，直奔向老乞丐。

“老、老大爷！”我气喘吁吁地拉住老乞丐，“你、你的腿怎么好了？”

老乞丐满脸冒光，呵呵憨笑着说："你说这也怪了，昨天一个小伙子给了我一块肥肉，还说只要我吃了还给我一百块钱。你说，这好事上哪儿捡去啊？我就把那块肉吃了，哎呀，那哪是什么肉啊，一点滋味也没有。不过到了半夜，我这身子就像着了火一样烫，我就四下找水喝，等找到了水，你猜怎么——我这条破腿竟然能动弹了！"老乞丐兴奋地挥了挥胳膊，"你看，我这胳膊前几天划破了一个大口子，一直没长好，就这么一晚上都结疤了！"

听到这里，一直叉着腰呼呼喘着粗气的毕林森一屁股坐到了地上。

我也明白了，既好气又好笑地瞅着毕林森："靠，弄了半天咱俩谁都没李众聪明，咱们还琢磨用小白鼠做实验，人家早想到用人做实验了！"

毕林森凄惨地咧咧嘴："你还有心思高兴？"

“怎么了？这不正好说明那个太岁的神效嘛！”

如果不是在大街上，我几乎要手舞足蹈起来了。

“你这个笨啊！”毕林森痛苦地捶着地，“李众既然早知道了这个太岁的疗效，怎么不告诉咱们？！今天早上又为什么不接咱们的电话？！他摆明了是不想告诉咱俩，他要独吞太岁！”

“可他怎么独吞啊？他只有一份太岁……”

我刚说完，脑袋就嗡的一声。我记起，我们三个好朋友相互间都有家里的钥匙！

“还傻等什么啊！李众现在正趁咱们不在家的时候，偷咱俩的太岁呢！”

毕林森的话提醒了我，浑身的力气一瞬间都集中到了脚上，我们俩疯了一样向各自的家中狂奔！

我慌乱地打开家门，直扑向阳台。

大米袋子仍压在缸上，我顾不得看位置和昨天是不是一样，胳膊一抡就把米袋子掀翻在地。深吸一口气后，我打开了缸盖。

我顿时傻了。

紧接着欲哭无泪。

缸里空空如也，除了缸底有一摊水渍以外，太岁已不见踪影！

紧接着，毕林森的电话也打了过来。

“你那里怎么样？”他带着哭腔的声音传进来。

“完了，没了……”说出这四个字，我浑身都软了。

“他妈的！我饶不了他！”毕林森怒骂了一声，啪地挂掉了电话。

我也从失魂落魄中惊醒过来，直扑向李众的家。

我俩脚前脚后赶到了贼巢穴，相互凝视一眼后，都紧紧攥住了拳头。

我拿出钥匙，屏着呼吸轻轻插进门锁，突然间一拧！

带着一腔怒火，我和毕林森猛冲进门！

一股腐败的恶臭扑向了我们。

随即，我就看见了李众。

他正躺在床上，一动不动，如同死人。

但他没死，因为脸上正泛着通红的颜色。

毕林森抢上两步，把手伸向李众的额头，立刻被烫得抽了回来。

“靠，他在发高烧，足有四十度！”毕林森惊诧地说，视线也从李众的脸移向盖着被子的肚子。

臭气就是从这里发出的。

我的手抽搐了一下，但还是伸了出去，和毕林森一起轻轻拉开被子。

我立刻就扭过头，“哇”地吐了起来。

——李众的肚子像个锅盖一样膨出着，而阑尾炎手术的刀口已经迸开，一团白腻腻的东西像菜花一样长在肚子外面！

“李众，醒醒！出什么事了？！”毕林森用力摇晃着李众，在剧烈的震动中，他缓缓睁开了眼睛，痴呆的眼神无力地转了半天才认出我们两个。

“我、我吃了几口太岁，就、就什么……也不知道了……”艰难地说完，李众又是一阵寒战，张着大嘴费力地呼吸着。

“你的太岁呢？！”我忙问。

李众勉强举起右手，指了指床下。

我忙趴下身，只见床底下有一个木头箱子，忙拽了出来。

和我的缸里一样，里面空空如也，太岁踪迹皆无！

救护车载着我们三人，呼啸着奔向医院。

耳畔除了救护车刺耳的鸣叫以外，就是一个充满着疑惑的声音：“小白鼠和老乞丐吃了太岁都没事，李众怎么吃了以后会变成这样？！难道是因为李众做了手术，肚子上有刀口的关系？”

但那个老乞丐的胳膊上也有伤口，怎么反倒愈合了呢？

我看了看在昏迷中仍紧锁眉头、龇着牙的李众，又瞅了瞅身旁的毕林森，他也一脸的恐惧和茫然。

之后的几个小时，我始终都处在浑浑噩噩的梦中。

眼前闪现的只剩下手术室门上的红灯。

那盏红灯不停地旋转着，仿佛和李众的血管连在了一起，每转一次就有一滴血液掉落下来，直转得我头晕眼花，即便是手术结束，坐在李众的病床前，看着输液器落下来的每一滴药液，我的视野里仍然是通红的颜色。

现在，我什么也不敢看，特别是李众。虽然做完了手术，用上了进口的抗生素，但烧仍然没有退。

毕竟是医学院的研究生，毕林森比我镇定的多，李众下了手术台以后他就忙前忙后，但他的脸色却越来越阴沉。

“别走来走去的了，搅得我心乱！”我嘟囔了一句。

“我还闹心呢。医生说李众不但刀口都绷开了，腹腔里面也感染了……”说到这儿，他瞅了瞅李众，声音哆嗦着对我说：“而且，从他肚子里取出好几块白腻腻的东西！”

“白腻腻的东西？”我一时没明白过来。

“就像太岁那样的东西！”

“那化验结果是什么？”

毕林森嘴角抽搐了一下，挤出几个字：“说是一种腐败坏死细菌的滋生体。”

我不由自主地打了个寒战，猛回头盯向

李众的肚子。

虽然被厚厚的绷带缠着，但我好像看见太岁的白汁正一点点向外溢着。

“到底是怎么回事？你不是说太岁没有毒吗？”我愤怒地摇着他的胳膊。

“你冲我发什么火？！实验的时候你也看见了，小白鼠没事啊！那个老要饭花子也吃了，也没事啊！我怎么知道毒从哪里来的？”

他的怒火把我的怒火浇灭了。

我呆呆地看着李众，一筹莫展。

四小时过去了，抗生素已经换到了第五瓶，李众除了体温稍微降一些以外，仍没有多大的起色。

他依然昏睡着，眉头依然没有松开，呻吟声也没有停止。

有变化的只有两个。

白腻腻的汁浆开始慢慢溢出绷带，医生刚取了一些去做化验。

再一个变化，就是我的大脑。

小白鼠和老乞丐吃了太岁都没事，而且老乞丐的偏瘫还好了！这说明太岁至少没有毒。

如果太岁没有毒，那么李众吃下去的就肯定不是太岁！

那会是什么呢？

忽然间，我的眼前出现了连续的、恐怖的图像——

毕林森悄悄地跟在李众的后面，看着他把一小块太岁递给了老乞丐。

他偷偷地看着，吃惊地皱起眉头，但很快便舒展开了。

随着“哼”的一声，毕林森闪身离开，径直奔向李众的家。打开房门以后，毕林森掏出一包药，细心地洒进了水杯里，做完这一切，他环顾了一下四周，又蹑手蹑脚地退了出去……

想到这儿，我惊恐地向毕林森看去，倏地惊出一身冷汗。

他眯着眼睛，若有所思地看着李众的肚子，可是他的眼神里没有半点关心和牵挂，却充满了憎恶，除此以外，他的嘴角上还隐隐挂着一丝古怪的笑！

我举起颤抖的手，指向他：“毕林森，是你给李众下了毒，是不是？！然后你偷了他的太岁，早上打电话让我去医学院的时候，其实你就在我家外面，我一离开你就把我的太岁也偷走了。之后，你急匆匆地赶回去，把所有的事情都推到李众身上！”

毕林森仿佛什么也没听见，只是用那双空洞的眼神看着我，好像我并不存在一样。

我气得一把揪住他的脖领，拳头刚挥舞起来，他突然苏醒了一般大叫一声："我们都忘了一件事！"

"什么事？"

"你还记得我们发现太岁的那个地方吗？"

"怎么了？"我努力回忆着。

"那棵枯树你没觉得奇怪吗？在它周围的树都没事，偏偏这棵树枯死了，要是有虫害也不能只祸害这一棵树啊？还有那棵树的颜色，黑得吓人……对了，还有发现太岁的那个泥坑，怎么那么臭，而且那臭味还特别怪？"

我使劲儿抽动了两下鼻子，那气味仿佛又闻到了。"是啊！你的意思是那个水坑和枯树有什么问题？"

我俩对视一眼，又瞅瞅病床上的李众，转身向外奔去。

毕林森的二手别克开得飞快，不到一小时便呼啸着冲出了市区，道路两旁的楼房越来越少，只剩下前方的制药厂还算是一个高大的建筑区。

道路也越发颠簸泥泞起来，这是连续十几天的暴雨造成的恶果，再加上下水管道的堵塞，前方几乎没有了道路的轮廓，仿佛成了一片片小的沼泽地。

我们顾不了这么多，毕林森狠狠踩着油门，汽车卷着泥浆一路狂奔。而我则瞪大了眼睛瞅着倏忽而过的树木。

"快停车！前面就是那棵树了！"我突然发现了那棵枯树，抓着方向盘疾呼。

汽车嘶吼着停下，我和毕林森跳下来向那棵大树猛冲过去。

但跑了十几步以后，我俩都愣住了。

这不是我们发现的那棵枯树。

虽然和那棵树一样叶子几乎掉光，变态的黑色已蔓延到树干中段，但要比我们看见的那棵枯树矮了很多。

我们喘着粗气向四周看去，不由得都战栗起来。

周围的十几棵树也像是病入膏肓一般，树叶枯萎着，虽然还挂在树上，但也都摇摇欲坠。那种怪异的黑色沉浸在每棵树的底端，或许一阵风吹过就要蔓延上去。

"这里到底怎么了？"毕林森恐惧地喃喃着。

我没有吱声。

因为说不出话来。

我的眼睛被不远处的一个污秽的泥坑死死地拽住，一眨也不敢眨，只是手不由自主地抽搐起来。

那个泥坑如同发现太岁的泥坑一样，散发着一股怪异的气味，但和那个不同的是，它正"咕嘟咕嘟"地冒着气泡！

就像是地底下有一张恶魔的大嘴，正冲着泥坑呼呼地喘着气，在气流的冲击下，连周围的枯草也抖动起来。

作为土木工程系的学生，我猛然意识到我们站着的地面正在松动崩解！

"不好！"我拽起毕林森，疯了一般向

最近的一棵枯树奔去。

就当我们的手指刚刚触及粗糙的树干时，几声低沉的闷响从身后传来，而脚下的泥土更是吃不上力气，每踩一下都似乎脚更往下陷落一分!

顾不得回头去看，我用尽全身的气力猛地一扑，终于撞到了那棵枯树上。紧跟着毕林森的身躯也直扑过来，将枯树撞得瑟瑟发抖。

我浑身如散了架一般，不但如此，全身还撕裂一般疼痛，但现在这些都不重要了，我擦了一把被撞得汩汩流出的鼻血，转头看去。

浑身顿时一阵剧烈的痉挛，而旁边的毕林森早已张开大嘴，哇地吐了出来!

8

刚才的那个泥坑已被彻底地掀开一个大口子，暗褐色的污水从里面的一个大洞喷涌而出。

涌出来的不光是污水，还有几团褐色的肉球，就像是我们发现的太岁一样。

不过这几个肉球在动，似乎有无数个虫子拥挤着爬在上面。我任凭鼻血流淌，腾出手揉了揉眼睛。

这次我看清了。

在那几个大肉球上扭动的是数不清的蚯蚓!

大号的蚯蚓。

它们像小蛇般大小，扭动着灰暗柔软的躯体在肉球上缠绕着，但刚缠住没多久便像是虫体里有炸弹一样砰然崩开，白腻腻的虫肉黏黏地粘到了肉球上。

而伴随着蚯蚓的崩裂，还有一种特殊的气味散发出来，比上次闻到的还要强烈，我似乎在哪里闻到过，却一时想不起来。

就在这时，身旁的毕林森恐怖地“啊”了一声。

“怎么了？”我惊恐地问。

“那是药味，抗生素的药味!”

确实，从蚯蚓体内，乃至整个水坑里散发出来的就是浓烈的抗生素液体的药味。

我顺着水坑向远处的制药厂看去，顿时明白了。

“他妈的，一定是制药厂的污水排放出了问题，搞不好就是这几天的大雨

把排放管道冲坏了，含有大剂量药品残渣的污水改道流到了这里！”

我扭头向毕林森喊道，却看见他的脸色面如死灰，手指甲狠狠地抠进树干里，抠得鲜血淋漓，却浑然不觉！

“你怎么了？！”我吼道。

半晌，他才惨然道：“我知道我们捡到的太岁是什么了！那是无数个蚯蚓的尸体！”

我呆呆地看着他，听着他的喃喃自语：“制药厂里含有大剂量药品残渣的污水流到这里，土壤里的蚯蚓吃了以后体内就形成了某种化学反应，所以才变得这么大。”

“可它们为什么会死呢？”

“各种生物的体内都是有各种细菌存在的，平时它们处在一个平衡的状态，一旦某种细菌增多，就会造成机体内环境的紊乱……蚯蚓就是，它们体内含有了大量抗生素，就迅速形成了耐药性，而其他的细菌就会趁虚而入，这个时候蚯蚓反而一点抵抗力也没有了……那几棵枯死的大树也是这么被残害的……”

他呆呆地看着那几个“太岁”，欲哭无泪。“那个太岁，虽然表面上看是蚯蚓尸体聚集形成的，但实际上就是另一种细菌的滋生体。这种东西是抗生素培养出来的，所以在有抗生素的环境下才能存活，遇到体内含有抗生素的人，他就变成这个人体内的寄生虫，不但疯狂地生长，还能破坏这个人的机体环境。李众刚做完阑尾炎手术，用了不少抗生素，吃了太岁以后就成了……而那个老乞丐根本没钱吃药，吃了这种东西反而使血脉通畅……而我们拿到家里的太岁，因为没有了抗生素的滋润，自然就死了，化成气体消失得无影无踪……”

“我们只要得了头疼脑热的小病，就不分青红皂白地吃那些抗生素，搞不好哪一天我们也会变成太岁！”

我冲毕林森嘟囔了一句，却突然发现他的身子剧烈地颤抖起来，眼睛失神地凝望向半空，仿佛看到了世界末日。

我顺着他的目光看去，浑身的血液也在那一瞬间都凝固了。

——晦暗的半空中，无数只苍蝇嗡嗡地飞舞着。

我的眼睛花了，仿佛看见它们一边抖动着翅翼一边怪异地膨胀着，然后发着凄惨的嗡嗡声飞向四面八方……

悬疑志

测心吧！

MeasuringHeartBar

当夜幕降临，满街飘浮的南瓜灯，各种诡异的服装、面具，孩子们未吃完的糖果和尖叫……全都给万圣节蒙上了一层神秘的色彩。

鬼怪附身？状况不断？不用担心，辟邪绝招不会少！《悬疑志》贴心附加10年十一月、十二月双月爱情、财富运势，还不快来仔细阅读一番！

白羊座

总运：★★★★★

速配星座：双子座

禁忌：小心老人家。

辟邪关键词：羊齿灰、辟邪红布包

魔法分析：在万圣节前后羊儿热衷于搞怪，小心在晚上碰到喜欢搞恶作剧的小妖精，让你常处于兴奋状态，无法安睡哦！

运势分析：本月的爱情运势乍看大鸣大放，其实颇需谨慎拿捏分寸。比起其他领域的精彩多变，财运相形失色许多。

金牛座

总运：★★★★

速配星座：双鱼座

禁忌：只要他自己不被吓到，就百无禁忌。

辟邪关键词：大蒜、头发丝

魔法分析：为了融入节日的氛围，金牛们喜欢扮鬼吓人，可没曾想在充满恐怖气息的黑暗中，没吓到别人，却容易把自己吓得半死。

运势分析：本月爱情运势有点微妙，冷热交杂的情况同时并存，让你心里别是一番复杂感受。财运还算不错，毕竟工作得这么卖命，没有金钱回馈也是不可能的。

双子座

总运：★★★★

速配星座：天蝎座

禁忌：不要打公共设施的主意啊！

辟邪关键词：朱砂粒、灯心草、黑豆

魔法分析：在万圣节前后，你情绪波动较大，晚上心情不好时千万别乱砸东西，怒气与噼哩啪啦的碎裂声会招来所谓的“鬼怪”哟！

运势分析：本月爱情运势还算不错，即使偶尔出现状况。财运平静无波，如果想通过兼差来增加收入恐怕成功的机率不高。偏财运也不佳，想买彩券试手气的话，不建议大手笔下注。

狮子座

总运：★★★★

速配星座：巨蟹座

禁忌：不要闹得太疯狂。

辟邪关键词：桃木梳、红布条

魔法分析：狮子们对夜生活情有独钟，不过要小心撞到“鬼”把“胆”吓破啦。

运势分析：本月份爱情运势很旺，你的热情终于有了挥洒的舞台。本月的财运普通，之前虽然解决不少棘手的问题，但目前没有太多能让你财务更上一层的有利因子。

双鱼座

总运：★★★★

速配星座：处女座

禁忌：不要情绪化哦。

辟邪关键词：艾草枝、叶

魔法分析：万圣节前后四处充满神秘气息，让你有些不安，晚上睡觉特别容易做噩梦，会让你联想到民间所说的“鬼压床”、“鬼魇”。

运势分析：本月爱情运势没那么旺了，但想得很开的你仍是一派潇洒看待世间情事的姿态。本月财运还是没有起色，虽然没有额外的助力，本身已经勤勉认真地工作，而且认为钱财乃身外之物，得之我幸不得我命，所以在尚可维持基本生活的情况下，你也懒得拼搏。

巨蟹座

总运：★★★

速配星座：天秤座

禁忌：不要走夜路。

辟邪关键词：干姜片

魔法分析：在万圣节前后巨蟹身体状况不佳，特别容易感受到四周的诡异气息，眼前会浮现各种“鬼影”，这都是精神压力太大的缘故。

运势分析：本月份爱情运势趋于沉寂，对比上个月的热情氛围，更觉若有所失。本月的财运也不如人意，需注意破财的可能。

12星座辟邪vs运势急急如律令！

天秤座

总运：★★★

速配星座：双子座

禁忌：不要过分追求优雅气质啦！很破财的哦！

辟邪关键词：柳枝、黑绳、橄榄果

魔法分析：万圣节前后你与朋友的往来特别热络，晚上也常呼朋引伴嬉戏玩闹，玩笑之间容易引起黑暗中的“恶魔”、“鬼怪”的注意。

运势分析：本月份的爱情运势不错，谈情说爱让彼此更相知相惜，也让彼此之间心灵更贴近。本月份财运下滑不少，而且到月底更是明显，要懂得节制哦！

处女座

总运：★★★★

速配星座：白羊座

禁忌：不要忘记跟同事的互动。

辟邪关键词：铜钱、红丝线

魔法分析：你面对不按牌理出牌的状况难以招架，害怕嘈杂、恐怖的情境，待在家里是个不错的选择。

运势分析：本月份爱情运势颇有波折，恐怕浮现一些问题，需要费心费时调适。本月财务运势不太好，不时有些小状况突然破坏你的计划与成果，让你不免有些自怨自艾。

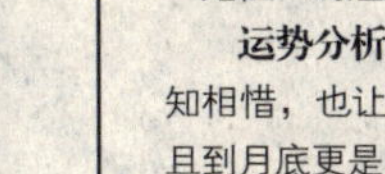

天蝎座

总运：★★★★

速配星座：白羊座

禁忌：不要忘了带着另一半一起玩儿！

辟邪关键词：纯黑衣裤鞋袜

魔法分析：在万圣节的夜晚与心爱的TA邂逅那该有多浪漫、有趣呀！天蝎们的桃花不少，小心招来“小色鬼”，让你陷入感情困扰。

运势分析：本月爱情运势骤然降温，在寒风刺骨的冬季里，你倔强地告诉自己：一个人也能过得精彩。本月财运相当不错！在事业领域冲锋陷阵，你的企图心丝毫不差地反应在存折进帐数字上。

射手座

总运：★★

速配星座：金牛座

禁忌：不要钻牛角尖！

辟邪关键词：黑布袋、茴香豆

魔法分析：“没做亏心事，不怕鬼敲门。”万圣节对你来说充满了趣味，什么鬼呀、怪呀吓不着你。不过，黑灯瞎火之时，不怕鬼、胆大的往往被胆小的吓得半死。

运势分析：本月爱情运节节高升，许多桃花树在等你抱。本月财运不太稳定，尽管对于增进入账绞尽脑汁，但是空有拓展财源的企图心，却没什么实质上的进展。

魔羯座

总运：★★★

速配星座：射手座

禁忌：不要只准备一个方案！

辟邪关键词：八卦镜、圆形小镜

魔法分析：你对自己的学习、工作甚少怠慢，万圣节前后每每到了晚上，四周时而喧闹，时而静谧，让你在夜间学习、工作时，时感背后阵阵凉意。

运势分析：本月的爱情运平淡却不失韵味。无论局势为何，你都能维持心中的宁静而欣然接受。本月的财运普通，仍足以维持基本的日常开销，无须费心额外张罗。

水瓶座

总运：★★★

速配星座：狮子座

禁忌：切记！三思而后行！

辟邪关键词：糯米、头发丝

魔法分析：在万圣节充满“鬼趣”的节日里，你的想象力也变得异常活跃，“如果能交个鬼朋友那该多有趣呀！”

运势分析：本月爱情运势还算不错，随着外务缠身的状况日益缓和，你有更多时间与心情关注私人领域的经营。本月财务运势普通，加上与朋友交际活动频繁热络，不知不觉中花费过凶，让财务更为吃紧。幸亏年运木星发挥守护的作用，加上意外得到周转的机会，终于勉强打平收入与开销，让你有惊无险地撑过这一个月。

悬疑资讯车

悬疑影像馆

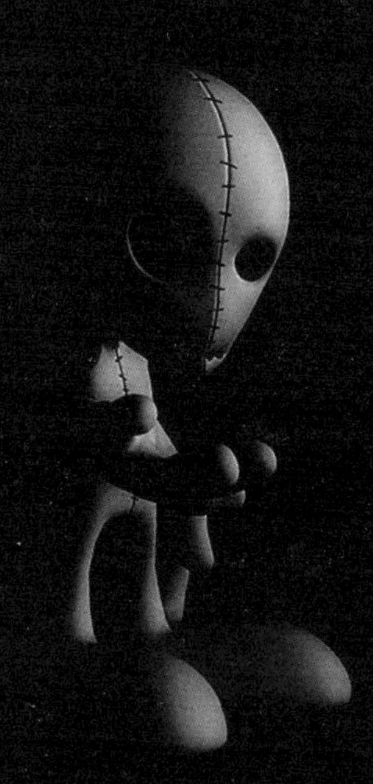

万圣节
值得看的十大恐怖电影

剧情简介：很多人心中都有黑暗的一面，却很少有人像他这样纯粹的邪恶……

1978年，美国，伊利诺斯州，Haddonfield。

一个生来心中就充满了邪恶与仇恨的男孩麦克·麦尔斯，终于在他10岁那年露出了他狰狞的恶魔脸孔。

在那年万圣节的夜晚，他残忍地用棒球棒将母亲的男朋友一棍一棍地锤成了肉泥，然后又将自己的姐姐肢解得支离破碎……警方将这个心灵扭曲的少年送到了疗养所进行看管。

在那里，一个名叫萨米尔·鲁米斯的医生负责调教他。萨米尔·鲁米斯想尽办法接近这个少年的心灵，试图去影响、改变这个疯狂的少年，但他所有的尝试都以失败而告终。

在被关押十七年后，麦克·麦尔斯终于找到机会逃出了逼仄的牢笼。压抑已久的仇复心终于得以释放，他迫不及待地回到Haddonfield，去寻找他唯一真正爱护过的妹妹洛丽。

只有萨米尔·鲁米斯知道他的目的所在，也只有萨米尔·鲁米斯知道任何不幸遭遇麦克·麦尔斯的人都将以最惨痛的方式付出生命的代价。他要去警告那的人们，保护洛丽，并尽力抓回麦克·麦尔斯。作为医生的职业道德和作为普通公民的良知让他踏上了这条与人间恶魔的死亡角逐。

推荐理由：累计9部、长达27年历史的《万圣节》系列，无疑是恐怖片家族中的一位血腥元老。

心理畸形的迈克尔举刀屠宰无辜民众的时候，竖锯先生恐怕还在襁褓中撒娇、人皮客栈估计仍是一片未开垦的处女地，惟有“板斧”杰森、“梦魔”弗莱迪能与之一较长短——总之，几位被妖魔化的杀人狂前辈早有热卖全美的辉煌历史在前。也许是不爽《电锯惊魂》连蒙带骗出到了第四部，迈克尔再度披挂上阵。有摇滚界出身的罗伯导演掌勺，相信垂老的《万圣节》定能焕发另类青春。

剧情简介：故事发生在伦敦。年近三十的肖恩是一个一事无成的普通人，和自己的朋友皮特以及艾德同住在一幢破旧肮脏的房子里。生活工作都一事无成。

突然有一天，整个城市被一群僵尸占领，正常人被它们咬伤之后也会变成僵尸，病毒和恐慌在整个城市里迅速蔓延。肖恩从宿醉中清醒过来，拖着正在玩电子游戏的艾德前去营救自己的女友和母亲。当他们会合在一起之后，已经被成群的僵尸所包围，现在必须依靠自己逃离险境……

《僵尸肖恩》Shaun of the Dead
导演：埃德加·怀特
主演：比尔·奈伊
西蒙·佩吉 凯特·阿什费尔德
推荐指数：★★★★

推荐理由：《僵尸肖恩》这部另类的僵尸片算是最有乐趣的僵尸片，西蒙·佩吉和尼克·福斯特的活宝组合真的不逊于任何一对喜剧搭档。充满喜感的西蒙·佩吉是不容错过的英国男演员，另类的《僵尸肖恩》把拯救爱情、弥补亲情的情节掺在与僵尸的战斗中并不做作，让影片没有拘泥于以往类型片单调的杀戮和尖叫上，诸多搞笑娱乐的桥段让人忍俊不禁，更是让这部内容丰富题材交汇的僵尸片格外精彩，良好的口碑，观众的热捧让这部另类僵尸片挤入了最受欢迎的僵尸片行列。

《闪灵》The Shining
导演：斯坦利·库布里克
主演：杰克·尼科尔森
推荐指数：★★★★★

剧情简介：杰克·托伦斯是一名作家，为了摆脱工作上的失意，他决定接管一家奢华的山间饭店。那是一间座落偏僻，处处露着阴森之气的大屋，据说它的前一任管理者曾莫名地丧失了理智，并杀害了他的全家。杰克却没有把它当作一回事儿，他只想找一个清幽的地方专心写作。于是，他不顾朋友丹尼的劝告，和妻子温蒂一起搬进了这幢饭店。他们制订了新的规矩，杰克还专门设立了一个供自己创作的休息室。然而，诡异渐渐地从平静的表面浮现出来。杰克开始经常出入饭店的酒吧，寻找有关自己的过去，回忆脑海里那些血淋淋的画面；反常的事情终于无可避免地发生了……他的儿子也因此有了超感应能力，并能够看到旅馆中过去曾发生的恐怖的杀人事件，并与黑人厨师进行着精神沟通。

推荐理由：这是斯坦利·库布里克的里程碑作品，色彩明亮，气氛阴沉，恐怖气氛潜藏在男主角的性格转变之中，技术上的成就远超过一般同类电影的水准。流动的低角度跟拍镜头的出色运用，几个追杀与逃跑场景中精巧的蒙太奇手法，从楼梯上涌出的洪水般的鲜血，时隐时现的女孩，处处表现出卓越的戏剧张力。看此片如同一场颠簸离奇的旅行，进入一个小说家疯狂的内心世界。影片并不以血腥的镜头取胜，而是挖掘内心深处的恐怖，那围绕在旅店四周沉重怪诞的寂静使人颇有患了幽闭恐怖症般的迷惘怅然。

《电锯惊魂5》Saw V
导演：大卫·海克尔
主演：托宾·贝尔　斯科特·帕特森　朱莉·本茨
推荐指数：★★★★

剧情简介：前四集中所有挑战电锯的人都是非死即残，约翰的尸体还在医院的停尸房，李戈警官身负重伤，躺在仓库里，探员皮尔兹在医院里养伤，探员斯特拉木依旧失踪……

当然，这样哀鸿遍野的结果比起当初被屠戮的过程来说已经是天上人间了。暴力美学这种后现代词汇当然不足以形容在这里发生的一切，人类残忍的本能似乎才是影片真正的主旨。

推荐理由：自从第一集以密室生存与杀戮作为噱头之后，随后的几集都在第一集的基础上进一步延伸其剧情，于是关于“竖锯”老者的背景、杀人的深层动机等等逐一呈现，而杀人狂的新信奉者、警察的侦破过程等等新加入的元素也使得续集的内容更加丰富。

当然，最核心的故事，依然是那些从睡梦中醒来茫然不知，却要面对恐怕是人生中最残酷的一次考验的实验者们……

在这一集内，以往四集中留下的诸多疑点将会在本集内逐步揭开。

剧情简介：有这样一个传言：看过一盒神秘影带后，你会收到一个电话，预言你将于七天后死亡。女记者雷切尔不相信这们荒谬的传言，直到四名青少年离奇死亡，巧合的是他们在死前七天都看过一盒录影带，她决定去探查究竟。经过追查，她发现这不单是个传言，而是一个诅咒，但她始料不及的是这诅咒到了自己儿子及前夫身上。七日期限，诅咒能否破解？录影带背后是否暗藏契机？性命可否确保？

推荐理由：日韩的恐怖片不同于西方的血腥恐怖片，更注重的是环境和心理的描写。西方则是科学的计算加上血腥的镜头，能看出欧美的人重视科学理论和视觉刺激，而忽视心理和环境的描写。

剧情简介：美国军队在“御夫座”星球上安置了一个太空探测站，这里曾经活跃着一群由雷恩和格迪曼“克隆”出来的异形，其中有一个名叫莱帕利的女人，她便是两百年前异形女皇怀胎后生下并转世投胎人类的异形人。雷恩和格迪曼拿莱帕利作异形种类的研究，一艘叫“贝蒂”的宇宙飞船正运送一批被麻醉后冻僵的地球人到“御夫座”的星球上去，他们是被诱拐来的，准备去孵化异形女皇生下的许多蛋。在“贝蒂”飞船上有个名叫考尔的年轻女人，她想办法要破坏孵化异形蛋的计划，当她来到莱帕利的大本营，发现异形已被移走。在“御夫座”上工作的许多军官和科学工作者都被异形杀害了。莱帕利具有两面性，她同情并帮助考尔，一同抗拒洪水侵入，并制服了准备运往地球的异形人。

推荐理由：在拍摄破胸虫破胸而出的那个镜头时，拍摄现场只有约翰·赫特一个演员。这一幕对影片来说很重要，演员的反应则更为重要。导演想表述的不止是恐惧，还有人类对生的渴望。所以拍摄时，三台摄像机都集中于演员身上，而不是桌子上。这一幕的效果是：影片上映时，不少女观众随着破胸虫的出现也冲出了影院。

剧情简介：12岁的里根·麦克尼尔被恶魔附身，她的母亲克里斯·麦克尼尔、父亲卡拉斯和招魂的牧师梅林为了解救小姑娘的灵魂而与魔鬼不懈斗争。

推荐理由：本片讲述一个魔鬼附身的故事，但蕴涵着更深的社会涵义。本片曾被影迷评为影史上最为恐怖的电影，在最初放映时曾造成观众吓晕等事件，以至于护理人员被剧院招来随时待命，成为当时电影史上最具有争议性的一部电影之一。

剧情简介：在黑暗的地下世界生存着两个种族——吸血鬼和狼人，两个种族一直处于彼此争斗的状态。吸血鬼部落统治着地下世界，狼人部落则处于弱势，双方都在为铲除对方而排兵布阵。吸血鬼女战士"月之女神"西丽妮获知狼人族企图绑架人类医生迈克尔。敏感的西丽妮认为里面隐藏着不可告人的阴谋，决定独自调查此事却受了重伤，幸好遇到了迈克尔的帮助。西丽妮把迈克尔带入吸血鬼领地，途中却发现了迈克尔的秘密：迈克尔是狼人和吸血鬼的混血儿，这种混合血统使迈克尔具有某种神秘力量，因此他的狼人族同胞企图饮食他的血液获得打败吸血鬼的力量。西丽妮在与迈克尔相处中渐渐爱上了迈克尔。然而，两个部族并不因为他们的爱情停止争斗，一场大战开始了。

推荐理由：吸血鬼和狼人题材一直是西方恐怖电影的两项最爱，本片将这两个题材合二为一，为观众描绘一个充满神秘和暴力的地下世界。片中运用不少特技镜头，再配上震撼视觉的化妆效果，令影片充满神奇恐怖的气氛。

剧情简介：在偏僻郊外的一幢古怪的别墅里，住着蔷花、红莲一家人。在父亲与继母认识后的某日，母亲在衣柜里自缢身亡，姐妹俩承受不了这沉重地打击，双双住进了精神病院。回到家后，怪事接连不断地发生，妹妹红莲在夜晚看见了母亲的鬼魂，继母的爱鸟中毒而死……姐妹俩和年轻貌美的继母之间的仇恨错综复杂地展开了。直到有一天，外出的父亲回到家中，两姐妹却发觉继母的房间渗出大片的血渍，在一个染满血迹的大麻袋里，似乎还装着一个被肢解的尸体……

推荐理由：从导演金知云的《三更之回忆》，就可以看出他对惊悚片种的处理别具一格，从鬼魂的角度为视点出发，再带出整件事的来龙去脉，《蔷花，红莲》的灵感源自蔷花与红莲的古老传说，金知云以一种双重的叙事结构来讲述了这个恐怖的故事。

剧情简介：位于德克萨斯州特拉维斯县的一间农庄被大批警察包围，警察发现屋内有33具尸骨。这桩碎尸案使得人心惶惶，无人知晓凶手到底是谁，纷纷传言他戴着人皮面具并挥舞着电锯。不久，警察和FBI合力击毙了一名神秘的戴着人皮面具的人，但事后并未做任何取证和调查工作，案子便草草了结了。随后的几年，又发生了多起类似凶杀案，当初那个被杀的人被证实并非真正的“人皮魔鬼”。电锯下的唯一幸存者终于说出当年的恐怖情景，案件也因此逐渐水落石出。

推荐理由：1974年，原版《德州电锯杀人狂》让所有观众都大惊失色、不寒而栗，影片故事的创作灵感源于一系列真实事件，很多人将影片誉为最伟大的惊悚片和恐怖片的里程碑，该片进而潜移默化地影响了不计其数的电影。尽管拍摄成本只有不到15万美元，但其全球盈利已经超过了1亿，并被世界各地的影迷奉为Cult经典。

悬疑资讯车

这本悬疑小说真好看!!!

总有一本悬疑小说，是你的最爱。

请把你最爱的那一本悬疑小说，推荐给所有的《悬疑志》读者。

要求：推荐给大家你最喜欢的，最爱不释手的，最想推荐给更多人看的一本悬疑小说。国内国外的图书均可！推荐理由，把你最直观的感受写上就可以了。100~200字左右！

PS：这个栏目，是完全由《悬疑志》的读者来参与的噢！

栏目信箱：xuanyi@booky.com.cn

【书名】《夜谈24楼》

【作者】王硕

【推荐人】静（上班族）

【推荐理由】在你居住的城市，有这样一座神秘的大楼，当城市沉浸在无边的夜色之中，诡异的故事就会在此悄然上演……

《夜谈24楼》，这里是最恐怖的灵异事件集中营：一楼102的女主人已经失踪多日，这天却以奇特的方式回来了；三楼302上初中的女儿一天突然带回家一个新交的朋友；十二楼1201的男生何方，最近疯狂地迷恋上祖传的皮影戏；二十四楼2402的上班族伊苏，这天竟接到电视台的邀请，登场一档由观众来投票的互动节目，等待她的有掌声，更有……

24楼中每一层都有离奇的故事在发生，诡异的24楼，神秘的72房客，令人胆寒的恐怖事件每天都在发生！今夜，你还能安然入睡吗？

【书名】《饕餮娘子之岁寒记》

【作者】佟婕

【推荐人】夏虫语冰（读者）

【推荐理由】佟婕的《饕餮娘子》一直是天涯莲蓬鬼话最热的帖子。清丽典雅的文风，奇诡紧凑的故事，再加上一道道美食，无人能出其右。她的文字被誉为中国志怪传统完美的现代复活。在她的书里能读到《红楼梦》、读到《聊斋》，也能读到日本悬疑天才乙一的味道。

看看第二部里面的美食美点吧……岁岁糖，金谷酒，阿官鸭，青柳芽，五色饺，红禧饼，娘娘米，奈何包，九回肠。是不是每一样都让你流口水啊。想知道桃三娘的归宿吗？最后桃月儿怎样？看《饕餮娘子之岁寒记》，《饕餮娘子》的最终大结局！

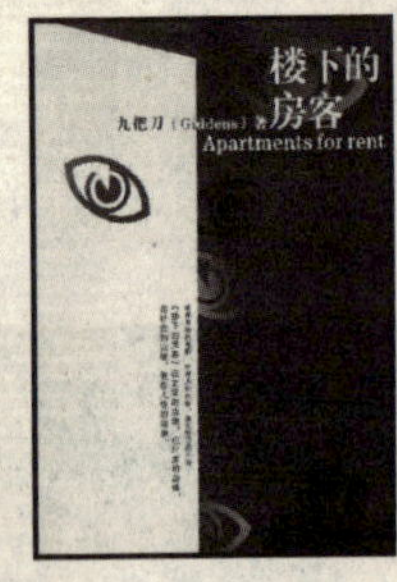

【书名】《楼下的房客》

【作者】九把刀

【推荐人】佩豆龙（论坛会员）

【推荐理由】这是我看过最重口味的恐怖小说。变态而不矫揉造作，作者用最朴实的语言去描写最黑暗的人性。故事讲一个有偷窥癖的房东设下摄像头去偷窥住进他房子的每一家住户，有恋女情结的父亲、同性恋师生、颓废的大学生、爱喝过期牛奶的离婚男人、男女关系复杂的OL、外表清纯的变态杀人狂，偷窥中的房东在他们之间做小动作，使这群有着不可告人秘密的家伙成为自己的玩物。

【书名】《蝴蝶骨》

【作者】凤舞焰

【推荐人】雪羽冰蓝（论坛版主）

【推荐理由】悬疑中带着推理，推理中带着悬疑，一个突发事件，继而引领大家看到一个神奇的推理网站。

这是个外国人创办的网站，终极谜题却一直围绕着中国古代名相刘伯温，一次次冒险，一步步靠近的答案，一点点蔓延的危险，赫卡忒之谜，刘伯温的宝藏，世代相承的故居又有怎样的秘密……翻开它吧，寻找你所了解的宝藏，蝴蝶骨的神秘等着你去发掘。

【书名】《食人蝶事件》

【作者】宛如

【推荐人】张伟康（本刊忠实读者）

【推荐理由】你知道蝴蝶会杀人吗？

一个神秘莫测的黑衣女子，引来多件扑朔迷离的凶杀案，可是杀人者却是一只只可爱的蝴蝶。

宛如的作品《食人蝶事件》，从相信爱情到怀疑一切，从身陷迷局到强力反击。

美丽的蝴蝶谷风景区，女警官和黑衣女子狭路相逢，她们斗智斗勇，猫抓老鼠。神出鬼没的恐怖食人蝶，牵扯出一年前坠楼身亡的少女，是少女亡魂的化身，制造一切狂风骤雨般的杀戮浪潮吗？随着一个个真相被揭开，我们越来越感到无法呼吸了。

这是一个让你不得不一气读完的悬念故事。最后的秘密，让人无法相信。

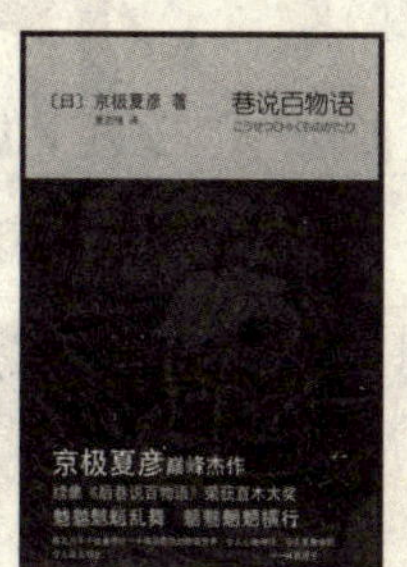

【书名】《巷说百物语》

【作者】 京极夏彦

【推荐人】 瀰布的糖

【推荐理由】 不知何时，妖孽已同人的生息密切相关，但终究逃脱不掉哀戚的命运——倘若妖孽亦有命数之轮回的话。

传说的作用，一是娱乐民众，一是蛊惑民众。

撇去“善有善报，恶有恶报”的真理，纠结各类荒谬事件的离奇根源，到底是传说的再度应验，还是难淳民心的蠢蠢欲动？

观洗豆妖的鬼祟，看媚狐者的变幻多端，见飞缘魔的残忍行径……

撼动人心的传说与现实的结合，哪样，你不想一窥究竟？

小霞！！
别跳了！！
滚开！
我不是小霞！
咚
囍
哼
小霞，你到底怎么了？
屏风里弹琵琶的少女竟然走出了屏风。
……
小霞！！
秀秀！！
惊悚漫画空间
小霞？这个女人的名字还真俗啊。
你不是小霞？！
我是屏风里的生魂，几百年前被一个道士困在这个屏风里面。如果不是你手上那条链子，现在该是我和这个小霞在说话。
我叫衣涟，就是刚才你看见的那个弹琵琶的女子。
一切都是命。
妈！妈！你何必要这样！为什么!!
她们，还会回来的！
救我啊
救我…
秀秀，救我！
秀秀，你一定要救我啊，别把我留在屏风里，求求你！救我啊！
住手！自从屏风被你寄给秀秀，我就知道你不会放过秀秀!!我前两个女朋友被你害死，现在你连我的妻子都不放过吗？！
前世的爱情，今世的亲情，我对你的好，你全忘了，为了一个女人，你这样对我！
我已经做完要做的事了，以前的生生世世你都忘了吗？
对你来说，我是喝了孟婆汤的，我只知道今生，我爱秀秀！
妈！

人皮绣屏

囍

原著：麦洁
编绘：史悟轩
韩永刚

今天是秀秀和云峰大喜之日，大家都忙得不亦乐乎……

“秀秀，你看看这是谁寄来的新婚礼物啊！”

会是谁寄来的呢？

收货人·秀秀

“妈，先放起来吧……”

“好！”
“师傅帮忙先放到下面的杂物间吧！”

我去书房有点儿工作要做，你先睡吧。
好，你也早点睡吧。
窗外月初圆
君王爱新欢
不闻新人哭
只闻旧人笑
吱

怎么是
杂物间
里……
咔
奇怪，
这包裹
……
啪
谁？

这么晚还
不睡觉
啊？
我想看看白天
送来的包裹里
是什么东西。
不！不！我们就
是随便看看，
没什么！
没事
儿，正好
我也想看
看呢。
……
咚！

哇！好漂亮！
……九十七、九十八、九十九、一百！老公，这上面有100个美女，好精致啊！一定是价格不菲的古董！老公你快来看！
……没什么好看的，快睡吧！
花影自婆娑，
月辉自清寒……
好凄美的歌声，不行！我要去看个究竟……

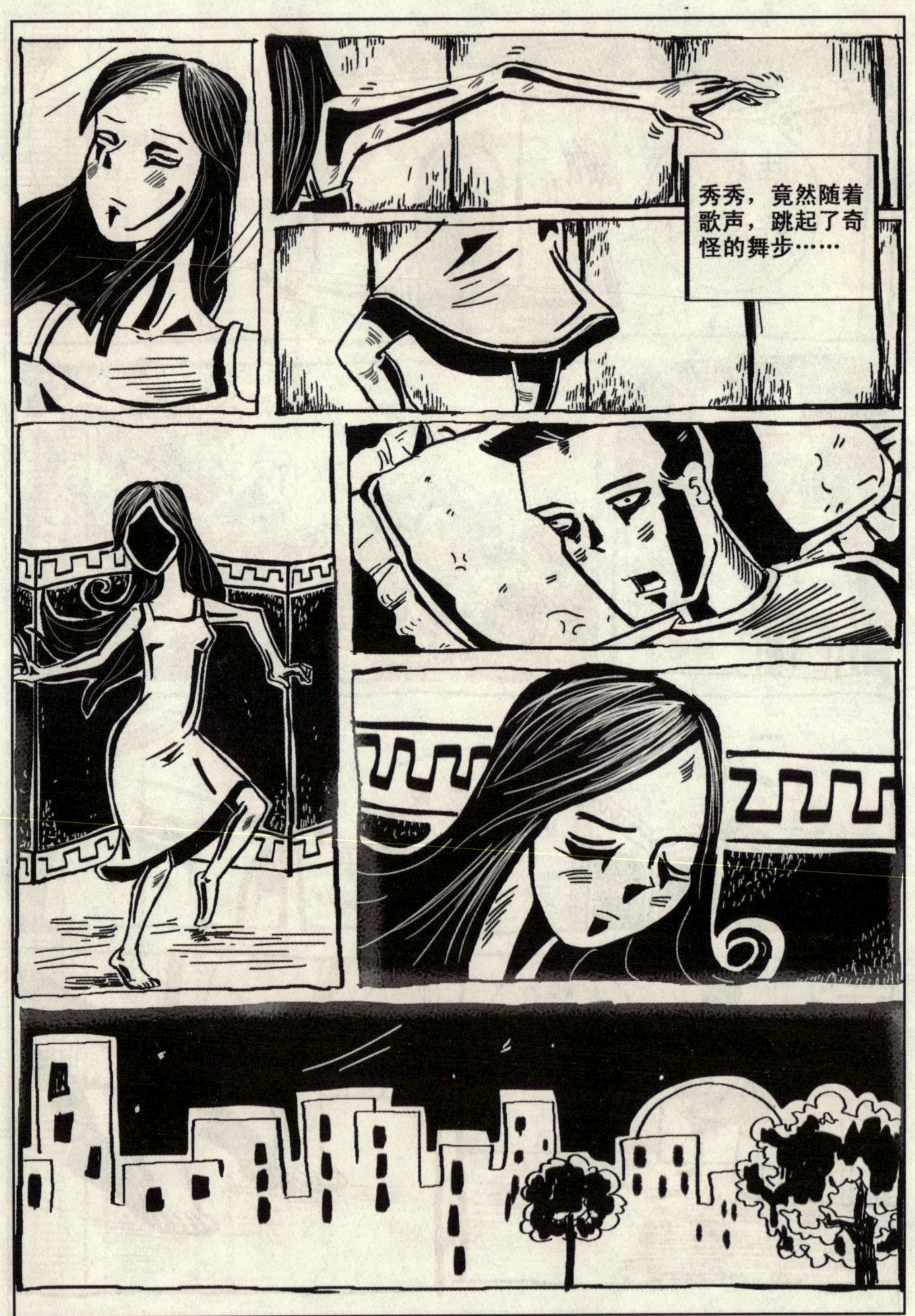
秀秀，竟然随着
歌声，跳起了奇
怪的舞步……

秀秀……
我一早发现你昏倒在地板上，现在觉得好点儿了吗？
我觉得那个绣屏不对劲！
我要出差几天，这几天你戴着这个佛珠，千万别摘下来啊！
小霞！我老公出差了，你来陪我住几天吧！
叮咚
小霞！
秀秀！！
我来啦！！

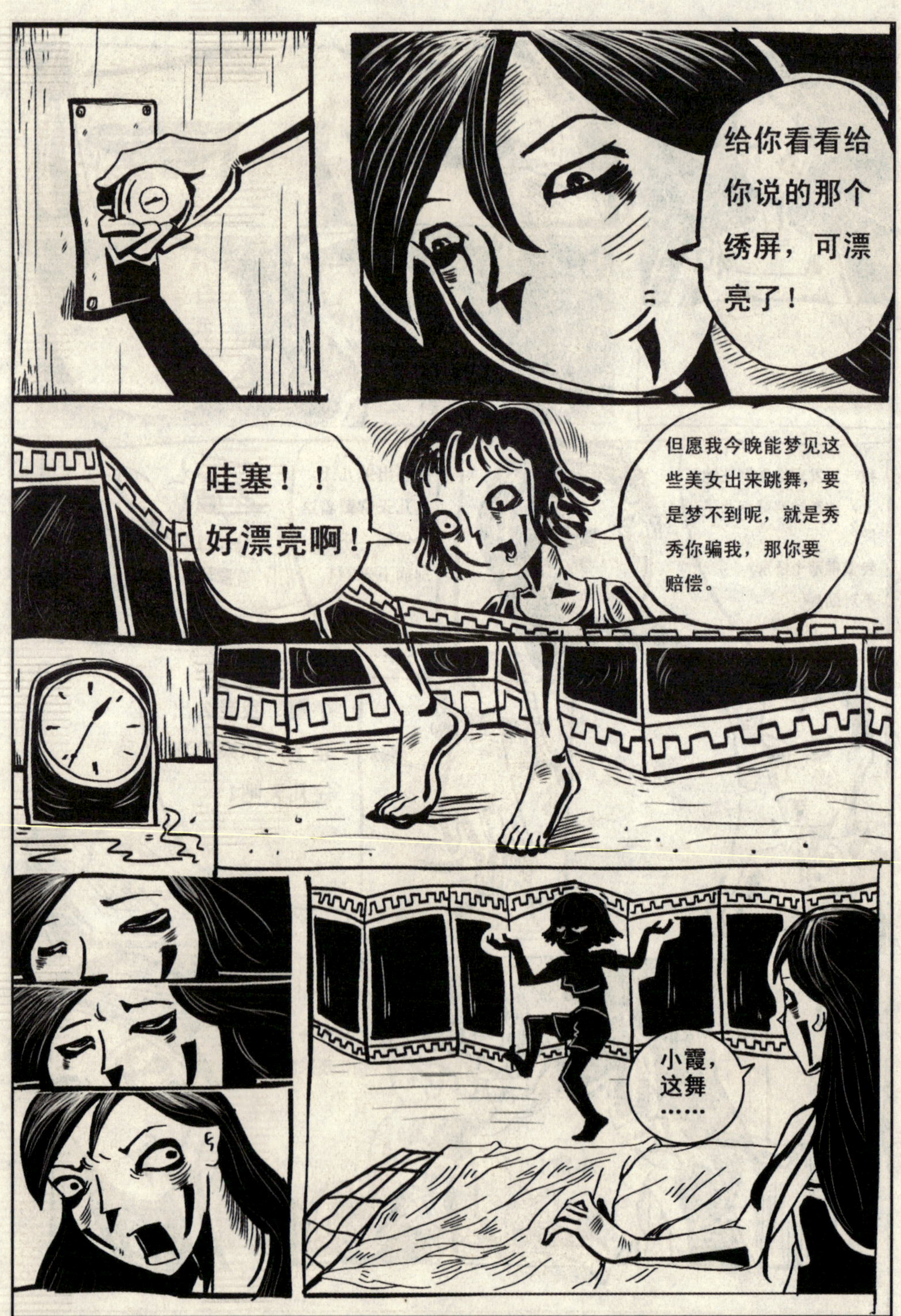
给你看看给你说的那个绣屏，可漂亮了！
哇塞！！好漂亮啊！
但愿我今晚能梦见这些美女出来跳舞，要是梦不到呢，就是秀秀你骗我，那你要赔偿。
小霞，这舞……

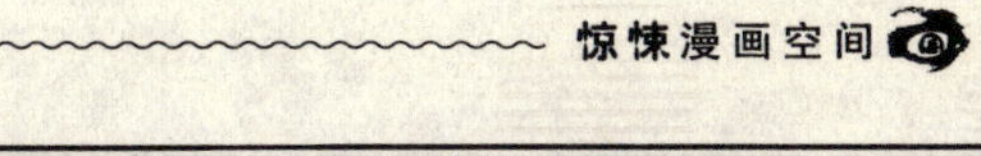

屏风里弹琵琶的少女竟然走出了屏风。

……

啊

小霞！！
别跳了！！
滚开！
我不是小霞！
嘻
哼
小霞，你到底怎么了？

小霞？这个女人的名字还真俗啊。
你不是小霞？！
我是屏风里的生魂，几百年前被一个道士困在这个屏风里面。如果不是你手上那条链子，现在该是我和这个小霞在说话。
我叫衣涟，就是刚才你看见的那个弹琵琶的女子。

姐姐，
你来了。
妹妹不必多礼，你也得以解脱了。你是最后一个……天快亮了，快些走吧。
姐姐，这一别，不知几时才能与姐姐见面。我就此别过了！
小霞！！
秀秀！！
云峰！

前世的爱情，今世的亲情，我对你的好，你全忘了，为了一个女人，你这样对我！

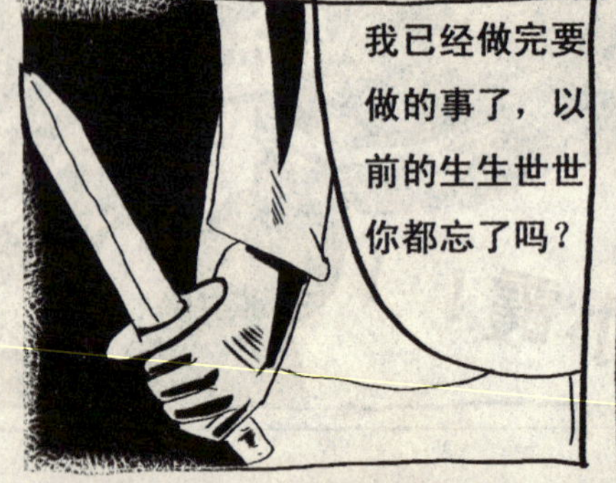

一切都是命。
妈！妈！你何必要这样！为什么!!
她们，还会回来的！
秀秀，救我！
秀秀，你一定要救我啊，别把我留在屏风里，求求你！救我啊！
救我啊！救我……

“毒舌帝”夜先生访谈录
——360°封闭式深度解剖！

一个从小在摇滚乐中长大的介于正常与不正常之间的家伙；一个从小喜欢数学、从来不喜欢语文、作文经常不及格的混子；一个从小到大每次自认为重要的考试都能得到第三名的幸运儿；一个不喜欢阳光不喜欢拉开窗帘不喜欢出门不喜欢喧嚣的青年；一个与《悬疑志》有着剪不断、理还乱，刨根问底也说不清的重要人物——他便是夜先生！亲眼见证《悬疑志》一路走来，从含蓄初生到光芒四射！

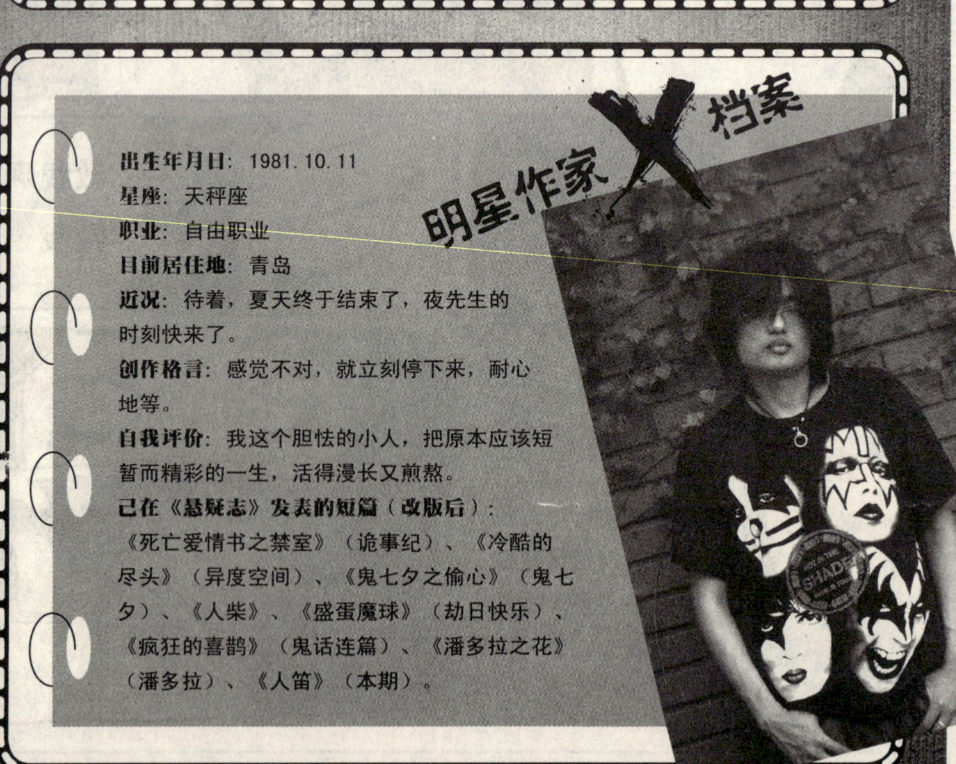

明星作家X档案

出生年月日：1981.10.11

星座：天秤座

职业：自由职业

目前居住地：青岛

近况：待着，夏天终于结束了，夜先生的时刻快来了。

创作格言：感觉不对，就立刻停下来，耐心地等。

自我评价：我这个胆怯的小人，把原本应该短暂而精彩的一生，活得漫长又煎熬。

已在《悬疑志》发表的短篇（改版后）：《死亡爱情书之禁室》（诡事纪）、《冷酷的尽头》（异度空间）、《鬼七夕之偷心》（鬼七夕）、《人柴》、《盛蛋魔球》（劫日快乐）、《疯狂的喜鹊》（鬼话连篇）、《潘多拉之花》（潘多拉）、《人笛》（本期）。

☆刨刨故事

故事中常能寻到作者的影子——他们同样热爱黑夜，同样会在电脑前敲整晚的字，同样热衷于某件事，固执且坚持。

《悬疑志》：夜先生的文章构思非常奇妙，总是能写出让读者一睹为快，阅读后或酣畅淋漓，或产生共鸣的佳作。很多读者就会想问，你是如何构思的？故事的灵感来源于哪里？

夜先生：基本上灵感都来自于生活。比如我家楼下的车站那里，每天都有很多喜鹊飞来飞去，那些喜鹊飞得很低，急急地从人的头顶掠过，我每次站在那里等公车，都会时常做出情不自禁地闪避动作，那时候我总在想，如果自己不躲，喜鹊会不会扎到我身上？而每次去大超市里购物，排队交钱时，我总喜欢盯着前面人买的东西胡思乱想，猜想这人会是什么身份，买些奇怪的东西干嘛，这算是自娱自乐；至于《人柴》里的那份菜单，就是我经常去吃的一家川菜馆的菜单……

而至于构思的话，从去年秋天筹划作品集开始，我习惯性地每天下午坐着公车去几站地之外的某KFC胡思乱想，接近一年，没中断过；最近发表在《悬疑志》的几个短篇的完整思路，几乎都诞生在KFC和来回的路上，以至于我女朋友每次看见我在家里憋得写不出来时就问：“用不用我扮成KFC的服务员给你点灵感？”

《悬疑志》：你写作究竟是为什么？纯粹的抒发表达还是有什么特殊原因？

夜先生：实际上我写作是为了表达自己的感情，很遗憾，我弹过吉他，也画过画，但自己终究没有这两种天赋，于是写作成了我可以淋漓尽致表达自己情感的唯一方式。所以，很多朋友可能会觉得，我写的小说，气氛、感觉描写的非常多，但是故事性可能并不是很强，因为我写作的时候，更在意的是整体语言的感觉，讲故事本身，反而是我的弱项。

《悬疑志》：发表的短篇中你最喜欢哪篇？《疯狂的喜鹊》得到不少读者的追捧，默默问一句，看你写的这么爽，平常也一定总说谎话吧？（偷笑ing~）

夜先生：我最钟爱的小说是《伤痕》，前段时间把它修改了一次，放在我最新出版的作品集里，每次读到它，我都非常伤感，尽管它的故事里有一些硬伤。《疯狂的喜鹊》纯粹是意外之作，有天晚上，我坐在电脑前构思另外一个小说，整整四个小时，没有写出一个字，沮丧地关机、洗澡、上床，躺了几分钟，脑子里突然出现了最开始的故事，于是我赶紧在脑子里背诵了一遍，起床、开机，敲出来，仅此而已，它大约不能算是我的创作，不知道谁在我脑子里写的，只不过被我看到罢了。至于说谎这种事，我正常情况下不骗人，我骗的都不是正常人。

☆刨刨人生

人生往往是一本不到最后便无法猜出结局的悬疑小说，好的、坏的、惊喜的……作为书中主角全部都要照单全收，哪怕偶尔会略带惊悚与麻木。

《悬疑志》：看了下你的出生日期，来，跟离你远去的十八岁，和即将到来的三十岁说几句吧。

夜先生：十八岁，那时候你太老实了，什么都没发生。

三十岁，不是孩子了，壮起胆子把十八岁想干但没干的事都干了吧。

另外我一直在计划，到很多城市去生活，像在整个中国流浪一样，可我一直没实现，但愿三十岁能实现。

《悬疑志》：2012快到了，你就没有啥预防准备吗？你觉得人生到底是什么啊。

夜先生：我妈给我算过命，说我寿终83，那大约是2064年的事了；2012这种事，还是你们防备吧，就算那啥也轮不到我；至于人生是什么，小沈阳说过了，就是睁眼闭眼的事儿。

《悬疑志》：面对自己厌恶的人，你会采取怎样的方式对待？你会揍人或采取极端手法吗？

夜先生：我厌恶的人，基本都没有机会再跟我说话了；而且我厌恶的人，他们会比我厌恶他们的指数再加10倍的厌恶我。

☆刨刨其他

孤僻有时与热烈并存，就像他每个夜晚降临时喝下的那杯白水，时间一长，再分不清这是习惯还是依赖。

《悬疑志》：夜先生经常出现在我们官方论坛，还担任了“在线投稿”的版主，无数新人争相等你点评，不过据我所知好像被烙上了“毒舌先生”的称号……

夜先生：首先我要道歉，已经好一段时间没有去论坛毒舌了。嗯，我本来以为在线投稿版块会有很多希望走文学道路的新人，我希望自己尽可能的帮助他们少走弯路，给他们一些经验与建议；但后来发现，那里发帖的都是些悬疑爱好者的自娱自乐之作，毒舌已经很不合适，而我又不太会说些温文尔雅的话，所以选择了沉默。

《悬疑志》：夜先生每次都遭到鱼悠若主编的电话催稿，你对此不说点什么吗？你觉得这是缘还是劫难？星星眼期盼中……

夜先生：比起当初每天跟鱼悠若一个办公室工作时，她天天逼着我跟她聊天、帮她淘宝购物、陪她散心、帮她撒谎相比，现在单单是催稿算得了什么，我忍了；如果非要说点什么，那就让我喊一嗓子，悠若鱼，我从来没有爱过你，放过我吧，找玉烟去吧，他也是先生……

《悬疑志》：写小说是很耗神的事情，有没有什么减压方式？顺便将自己的写作经验打包大放送给一些刚起步的作者，和喜欢你的读者说几句吧。

夜先生：听音乐、看电影、玩弱智游戏，我的减压法宝。至于写作的经验，我想说，如果你想靠写作赚钱，请先确定自己没有别的一技之长；如果你想靠写作抒发情怀，请先确定自己没有别的一技之长；如果你想靠写作泡妞，请先确定自己没有别的一技之长；如果没有如果了，那就坚持到底。

感谢所有支持我的人，但愿我的低产，没让你们失去耐心，我不太可能一年出很多书，写很多作品，但我竭尽所能，让喜欢我的人，每次都不会失望。

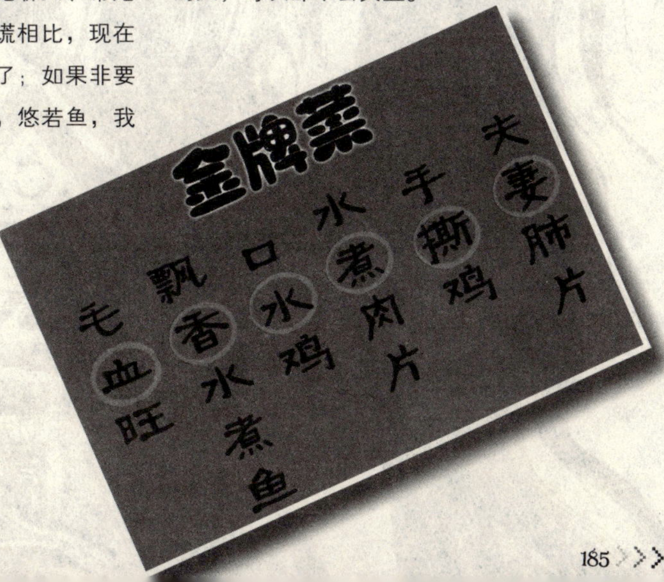

文\夜先生 图\玉烟先生

（阅读本文时，如有条件，请顺便聆听刘冬虹&沙子乐队的《别离开我》，效果更佳。）

现在已经是深夜，小优，你说，还有几个人没有睡?

我站在窗前，看着窗外幽黄色的月光。时间过得好快，一天一天，一个月一个月，转眼间一个学期又要过去。

我叫阿朵，今年18岁，到音乐学校已经快三年了。我到这个学校唯一的目的就是为了一个人，他的名字叫高楚，在我还没有进这所学校的时候，就每天晚上都要听着他的音乐才能入睡。

没有人能知道那些音乐在我心中的分量，没有人能理解那些美妙的音符滑入我心田里激荡起的澎湃与快感，我是个天生痴迷音乐的人，妈妈说我刚出生没多久，就能每天跟着不同的音乐手舞足蹈。自从听了高楚的那些唱片，我一直梦想着有朝一日能天天跟这个人在一起，看着他创作，看着他演奏，看着他用小提琴演奏出一个个可以击溃我的音符，哪怕给他当牛做马，只要能做他音乐的俘虏，做什么我都心甘情愿。

可是三年了，他教了我们三年，我当了他三年学生，为什么他从来都不在乎我？小优，你说这是为什么？

这三年里，我故意不交作业，故意在课堂上出丑，然后又努力表现得很好，发挥我最大的潜质演奏高老师的音乐，我用尽心机让他感觉到我的进步，感觉到我身上发挥出来的潜能，我恨不得把心都掏出来割碎了平铺在他面前，让他明白我有多么纯粹。可不管怎样，他竟当什么都没发生过一样，始终冰冷得像块石头，对我像对其他人一样，极度吝啬得连多一分的关怀都不曾给予。这是为什么?

我长得并不丑陋，这三年里给我偷偷写情书或者大胆约我出去的男孩不知道有多少，可是为什么他始终都不肯给我一次去他工作室忙碌的机会，却一次又一次地临幸你？小优，你说是因为你比我善良？我不相信。你信吗?

马上一个学期又要过去了，就这么毕业，就这么中断跟他所有的往来，我不甘心，我必须要做出点什么来，让他知道为了他，我什么都干得出来，什么都可以不在乎。

你说，对吧？小优。

我轻轻问了一句，面前这个叫小优的娇嫩可怜的女孩蜷缩在床上，双手被我紧紧地绑着，双眼可怜巴巴地盯着我，什么都说不出来。

她是我三年的室友，她是我的牺牲品，我嫉妒高老师给她的每一次微笑，嫉妒高老师跟她说话时的口吻、语气、腔调，这只不过是一个小小的惩罚，一切才刚刚开始。

我叫高楚，是音乐学校的老师，也是个年轻的音乐制作人。每隔一段时间，我都会叫上几个学生来我的录音棚里待几天，干干杂务，整理记录乐谱，试弹试唱乐曲，等等。对他们来说，这算额外的奖励；对我来说，这是灵感的源泉。

今天要来的是四个女学生，其中有一个叫小优的女孩没有来，顶替她的是一个自告奋勇的姑娘，叫阿朵。我不意外。三年了，这一天终究还是没躲过去。

我床头的书本里夹着一张阿朵的照片，那是无意间被什么人拍下的合影里的一个侧影，我把这张照片小心翼翼地剪下来，偶尔会看上几眼。

不得不承认，阿朵长得很漂亮，她留着乌黑的头发，长长的刘海儿遮住一点点眼睛，她的眼睛像两颗晶莹剔透的黑色葡萄，两个嘴角深深陷进肉嘟嘟的两腮中，娇嫩的嘴唇显得特别肉感、丰韵，让人有种想咬一口的欲望。

我幻想着她低头沉思时的静谧，幻想着她拉动提琴时的悠扬，幻想着她微微一笑时的淡雅，幻想着她漫步林间时的轻盈……

可是，这三年里，她尝试着用各种方式吸引我的注意力，我却一直在躲避，尤其当我一次又一次听到她用小提琴拉奏出来的我写出的乐曲之后，更坚定了回避的念头，她的演奏绝对不是技巧最好的一个，却一定是最动人心魄的，而且没有之一，只是唯一；那样演奏简直是直直深入灵魂的表达，让我也禁不住心生嫉妒。

你可能很奇怪，这么优秀的学生为什么我会如此害怕。

其实，我不是怕会爱上她，我只是不想让她的灵魂早早地死去。

在高老师工作室的这一个白天，是我这一生最快乐最开心的时刻，尽管他依然对所有人都冷冰冰的，尽管他给我们四个人安排的都是一些很琐碎，甚至看上去毫无意义的工作。

他的工作室其实也是学校的音乐制作室，由于晚上要工作到挺晚，所以我们就不再回宿舍，而是睡在工作室专门的休息间里。

留着娃娃头的小四眼跟我悄悄地抱怨过，说压根不理解为什么就这么些小破事非要干到那么晚，早早放假明天再来做还不是一样？我并没有认真地听，双眼只是紧紧盯着墙上挂着的一把没有琴弦的小提琴发呆。这把小提琴通体都是古旧的棕色，琴箱上还有几处黑色的斑纹，不知道为什么，从第一眼看到它的时候，我就很想摸摸，那古旧的木头的手感，一定非常舒服吧？

晚上睡觉的时候，已经是深夜，身边的

同学倒下就发出轻轻的鼾声，我却睡不着，脑子里翻天覆地地回忆着，回忆着白天的种种细节，得到了来工作室的机会，我又贪婪起来，着急地盘算着，如何才能获得与高老师独处的机会，有了那样的时机，我想自己一定会大胆地向他表白，告诉他自己心中每天都想喊出的话语。

就这样迷迷糊糊地睡了过去，也不知道过了几个小时，我发现自己的耳朵里突然听到一些稀奇古怪的音符。最开始明明是一段悠扬舒缓的旋律，是一把感觉非常厚重的小提琴的音色，演奏人的技巧或许不够高超，但从他手中演绎的最简单不过的技巧，演奏出来的音乐却是沁人心脾的舒缓与安逸，感觉就仿佛是世外桃源里汩汩涌出的安宁一样。

可就在这旋律即将结尾的时候，小提琴的G弦上突然猛烈跳出几个急躁的低音，就好像股市暴跌时连续汹涌而疯狂地大单砸盘一样，让人心惊肉跳。紧接着，整个音乐的旋律被完全引到截然相反的境地之中，悲恸，哀号，怨愤，纠结……

似乎什么词都不足以形容这乐曲的黑暗力量，可就在乐曲的魔力一浪高过一浪地要摧毁我的心理防线之时，乐曲的感觉戛然而止，往下只是不断跳跃出几个磕磕绊绊的奇怪动静，就好像锯木头的声音一样。

然后就是一大片空白的时间，一切又重新开始，音乐又从田园出发，到锯木头的杂音结束，如此反复，我惊讶着自己清晰的思维，可无论如何也睁不开眼睛，只能任由这音乐将我笼罩、将我宰割又把我释放。

接着一切都突然消失，也不知过了多久，天仿佛渐渐地亮了，在能睁开眼的那一刹那，我急忙打量所能看到的一切，我发现，自己的脚踝上，有几个清晰的青色指印！

现在是凌晨时分，刚才正在熟睡之中，全身的肌肉突然毫无预兆地猛烈抽搐了一下，仅仅只有一下，我突然惊醒，仿佛自己从高空坠落下来重重地砸在

地上一般，可是，没有痛感，没有麻痹，只是心脏扑通扑通地乱跳。

最近睡眠质量总是不好，我很苦恼，躺在床上沮丧地揉了一把脸，窗外的月光很明亮，照得我心烦意乱。

我缓缓地从床边站起身，双手狠狠地揉搓了几把半长的头发，脑子里一团乱麻；也就在这时，我猛地发现，桌子上的几本书竟然凌乱地散在地板上！

有谁来过？不知道为什么，脑海中一瞬间冒出这样的念头，我惊慌地打开卧室里的灯，白炽的灯光刺得眼珠很疼；那几本散落的书册光明正大地躺在地板上，阿朵的照片从夹页中掉出来，上面的女孩笑容很灿烂，但是有种说不出的妖媚。

我蹲下身子捡的时候，无意间瞥到自己的脚踝，那里有几个青色的手指印好像文身一样永存，又像天生的胎记一样与皮肤无比和谐。

心中隐约有种异样的感觉，我急忙抬起头，灯光照射下，巨大的玻璃窗以窗外的黑夜作为幕布，反映出屋子里的一切，我惶恐地看着自己赤裸着上身蹲在屋子的中央，身后的屋门竟然开着一条缝。

我赶紧随便扯了一条裤子穿上，然后拿起一支手电筒，大着胆子轻轻地用手指拨开门缝，外面是静静的黑漆漆的走廊，也就在这时，走廊尽头的学生们的休息室里突然开始闪烁出微微的荧光，那是一种虚弱的萤火一般的灯光，从休息室门上的窗玻璃映照到走廊里，让原本漆黑的走廊有了一丝诡异的亮度。

“呼呼……”我面无表情地朝前挪着步子，尽量屏住呼吸，尽量放缓脚步，心中却是止不住的纳闷，为何今天晚上是如此的安静，竟然没有一丁点的声音；走廊尽头那灯火似乎越燃越旺，闪动的频率越来越快，我看着那热烈的灯火，心中越发焦急，然而就在一瞬间，那灯火突然消失了。

我试探着，试探着，轻轻戳开休息室的房门，用手电筒的灯光急速掠过屋中的上下左右，很可惜，这屋子里什么都没有，除了一个个熟睡的学生，每个学生的脚丫都光秃秃地露在床的外面。

整个白天，高老师的脸色都很难看，我们没有什么活儿，只是要把一摞厚厚的古旧的乐谱抄写一遍，旁边的小四眼又偷偷地抱怨说，实在想不通，在打印机、扫描仪、复印机都很普通的今天，还要做这种毫无意义的手写工作。

我的脑子依然不集中，每页乐谱都抄得很慢，还动不动就出错，这实在让人意外。我本以为自己跑到这个工作室里，会发春似的脑子一直想着高老师，可万万没想到的是，自从来到这里，我的脑子里处处塞满了音乐，根本容不下别的东西。

昨天晚上听到的音乐是怎样的来着？我情不自禁地哼了两声，小四眼赶紧用胳膊捅了我一下，我闭了嘴，又心不在焉地抄写乐谱，抄着抄着，甚至完全没有注意到，小四眼已经远远躲开，完全不知道高老师已经站在自己的身后看了好久。

他突然刷地伸过手臂来，抢走我正在抄写的乐谱，把我吓了一大跳。

“你这是抄的什么东西？”他质问我。

我结结巴巴地说不出话来。

他把乐谱哗哗地在我面前摆了几下，我看清楚，那上面居然是些稀奇古怪的音符，位置、音阶都一塌糊涂。

高老师像是中了魔一样，冲进录音室里，抓起一把小提琴，照着我胡乱写下的谱子拉奏起来；开始几遍都磕磕绊绊的，几乎不成调，又练习了两次，曲子终于开始通畅起来，小四眼和旁边两个同学听到这曲子，眼睛立刻闪烁出奇异的光芒，仿佛他们吃到了从未享用过的美味大餐，仿佛他们抵达了从未想象过的奇幻大陆，只有我满不在乎。

是的，他拉奏的就是我昨晚在睡梦中听到的乐曲，可是很明显，他拉奏的水平，比我昨晚听到的差远了，简直毫无感染力可言。

整个白天，高老师就把自己关在录音室里，再也没有搭理我们。到了晚上，我迫不及待地赶紧躲进被窝里，急火火地数着绵羊，希望自己早点睡着，希望能再听到那动人的音乐。我突然觉得，高老师写出的那些乐曲也不过如此，枉费我痴情地听了那么多年。

我是什么时候睡着的呢？这已经无法说清了。

只是音乐突然从耳边静静地响起，今天果然是一首新曲子，依然是小提琴那动人的音色，这次是低沉的G弦拉出了哀缓的前奏，但很快就转移到E弦那高昂华丽的主旋律上，自从第一个音符响起的那一瞬间，我的脑海中就有一种急切的表情，这曲子怎么如此熟悉？这曲子怎么如此熟悉？

随着主旋律的逐渐深入，淡淡的忧伤朝着巨大的悲痛急切地奔腾过去，这就是这首乐曲最感人肺腑的地方，它只有一把小提琴淡淡的声音，却试图演绎最华丽最繁冗最磅礴的乐曲，四两拨千斤式的音符跳跃着、嚣张着、疯狂地像一把锋利的匕首，直直地插入我心田中最脆弱的深处，我好想哭，我好想就这样绝望地死在这乐曲里。

在这曲子即将迎来它最猛烈的高潮时，我突然觉醒过来，这不就是高老师那首赖以成名的小提琴曲吗？这不就是我曾经每天晚上都要听好几遍才能入睡的那首《别离开我》吗？这是谁演奏的版本？竟比我从CD里听到的那种音色要完美一千倍一万倍！

我迫切地想睁开眼睛，拼命地试图挣脱开这音乐的束缚，可是毫无办法，整个身体被紧紧地包裹着、包裹着，谁也无法拯救我，我只觉得自己的身体随着这音乐冲向云天，像紫龙的庐山亢龙霸，要一起玉石俱焚。

“砰！”

一声巨大的声响将我拖回现实之中，我猛地发现自己能睁开眼睛，屋子里的灯光刷的一下明亮起来，白炽光刺射进紧缩的眸子中，让我的脑子一片空白。

几秒钟之后，意识逐渐恢复了正常，我惊愕地看到自己正站在小四眼的床边，手里拿着高老师工作室里那把没有琴弦的古旧的小提琴，眼前的小四眼凄惨地躺在床上，身上是一片鲜红的血。

又是一个深夜，我失眠了。

每个睡不着觉的人都有特别的原因，我是个在别人眼中很有才华的音乐人，但最近一段时间，我没有写出一个像样的作品。

可是就在今天，我眼睁睁看着那个叫阿朵的女孩写出了一段惊天动地的旋律，呵呵，不要怀疑我的判断力，只要把这段旋律录制下来播放出去，很快就将成为大街小巷播放的音乐，我就会再次回到媒体的焦点位置。

薇子，我很后悔，这三年来，为什么如此固执地坚持远离阿朵这个姑娘，或许我早一点接近她，我就可能更早一点写出真正可以祭奠你的歌。

我的爱我的薇子，我还清晰地记得，你从我的怀抱里挣脱开，从楼上轻轻坠落下去的那一瞬间，我眼睁睁看着你在空中像一朵花一样绽放开，然后脑壳重重地砸在地面上，你的血像孔雀开屏似的喷溅出去，画出一团惊艳的血红。

薇子，你能否相信，这世界上竟有和你几乎一样的少女，天生带着一种让人妒忌让人羡慕甚至让人恐惧的音乐天赋，不管什么乐曲放到她的手中，都能变得出神入化，每个音符都像镀了金一般熠熠生辉，相比之下，我真是感到惭愧。

你说，我该不该把我们的秘密告诉她？

你说，我们的秘密还能保持多久？

我不知道自己究竟是怎么了。

我只看到小四眼血肉模糊的尸体，看到另外两个被惊醒的同学恐惧扭曲的脸，看到门口打开了白炽灯、目瞪口呆站着的高老师。

我看着自己手中的那把古旧的小提琴，看着琴弓攥在另外一只手中，自己按琴弦的手指上已经磨得鲜血淋漓，那是怎样疯狂的演奏才能造成的磨损？可是，这把琴上根本就没有琴弦。

“高老师……呜呜……高老师……”那两个同学哭着喊着叫起来，身子却都无法动弹，他们两个拥在一起，哆嗦着哀求着。

我依然呆呆地站着，窗外是深邃的黑暗，四周除了哭泣再也没有一点声响，我的耳朵再也寻觅不到那动人的音符，那让我如痴如醉甚至可以死去的乐曲。

“高老师……”我的嘴巴嚅动了半天，勉强地挤出来三个字，我本想问问他，这究竟是发生了什么事，可剩下的词语却怎么也说不出口。

高老师站在我的对面，他依然看着我的脸，眼睛死死地盯着我，我看不出他究竟是恐惧还是惊慌，可是我读得出，他闪烁的眼眸中还存在着另外一种情愫，那是一种期盼？或者意外？

“高老师……呜呜……救救我们……”那两个同学哀号着，哀号着。

高老师什么都没说，只是这样看着，突

然，他的手臂缓缓地抬起来，啪的一下，关掉了白炽灯的开关！

黑暗器张得迅速把我团团围拢，两个同学“啊”的一声惨叫，哭声更加支离破碎。我猛然感觉到自己的意识有些模糊，先是手指开始不听指挥，然后是身体微微有些发热，视线与听觉也越来越模糊……

在我失去自己的意志之前，我听到一个声音，高老师把屋门关上了。

我把屋门关上，把黑暗与灵魂留在了里面。

这就是我能做到的全部。

自从听到“砰”的那声诡异的声响，一种失去很久的悸动在我心中蓬勃地壮烈起来。

薇子，你还记得吗？那是一个不算遥远的深夜，我们租住在一户套二的房子里，我们两个住一间，另外一间住着一对跟我们年龄相仿的情侣，那之前所有的黑夜中，我都不知道你在做什么，我都睡得一塌糊涂，直到有一个夜晚，是那样奇妙的一声“砰”响，将我从睡梦中惊醒，从那之后，我就再也没有睡过一次踏实的觉。

我记得我爬起来却到处都找不到你，我打开屋子里所有的灯，又冲到客厅里，才发现你站在另外一户的房间里，手里拿着你心爱的小提琴，傻傻地呆立在那里，你的身前有两具尸体，尸体上充满了新鲜的血液。

薇子，那时候我很不理解，一个人为了音乐怎么能出卖自己的灵魂，可是今天，当我再次目睹同样的现场，当我打开灯的那一瞬间，看到那个女孩眼中那完完全全属于她自己的眼神，那里面没有恐惧，没有害怕，只有对音乐的渴望与意犹未尽。你又何尝不是如此呢？

音乐是一味毒药，我们都已经中毒太深，既然如此，就让它轰轰烈烈地燃烧吧。

我关上了门，与此同时，一种无法表述的困顿从身体里猛地侵袭过来，我倚靠着墙根，却再也无法站住，身体缓缓地、缓缓地倾倒，尽管我多么的不甘心，尽管我多么的不舍弃；我被迫地闭上双眼，屋子里究竟要发生什么，已经与我没有任何关系了。

我无法看到，屋子里慢慢燃烧起一团淡淡的荧光，这荧光笼罩在阿朵的身体上，从头到脚地将她包裹个严严实实。

那两个哭哭啼啼的学生已经停止了所有的声音，他们静静地躺倒在地，伸出他们自己的脚丫。

阿朵此刻已经完完全全变成另外一个人，一个为了音乐出卖灵魂的躯壳；她腾出一只手来，抓住一个学生的脚，此时，她身体上的萤火已经越来越浓烈，从淡淡的黄绿色变成浓重的黄色。

阿朵抓着学生的脚不停地拉扯着，手指在学生的脚踝处不停地扭捏，突然学生的脚踝处被拖曳出一条金黄色的正在不断扭动的筋条，这就是那个学生的灵魂。阿朵揪住这条筋条的一头缠绕在自己手中的小提琴的琴钮上，就让另外一端连接着那个学生的脚踝，这条金黄色的筋条扭曲着，挣扎着，抖动着，想要挣脱开小提琴的束缚，可那完全是白费工夫。

如果我还有知觉，此刻一定会双手捂住自己的脸，心中无法压抑那种莫名的冲动，自从薇子死后的这几年里，我到处出没着，就像现在阿朵做的一样，把自己的灵魂出卖给那个丑陋的魔鬼，换取这种抓取灵魂做琴弦的本领，任由丑陋的魔鬼摆布我，创作出美妙的音乐，我只是个忠实的记录者，记录着魔鬼的心音。

这好几年的时光，我经常找各种借口，骗学生到我的工作室里过夜，我借用他们的灵魂，讨好那个丑陋的魔鬼，让它演奏，让它施舍给我音符。可是，它似乎已经对我的身体感到厌倦，它已经好久没有拉奏出新的音乐，于是我的灵感枯竭了，创作停滞了，我那被人誉为无所不能的头脑现在变成了别人口中的“江郎才尽”。

可是今天，在这个活生生的现场里，阿朵将拴着金黄色筋条的小提琴架在自己的脖颈上，右手拿起琴弓搁在那筋条上，就在这一瞬间，那筋条完全地安静下来，任由摆布。

她贪婪地瞪着眼睛，等待着，等待着自己的手由魔鬼指引，拉奏出第一个音符。然后，真的，她真的开始抖动自己的手臂，进而抖动自己的身体，她的双手美妙地配合着，那根金黄色的筋条在她的支配下，时而变粗，时而变细，时而剧烈地颤动，时而划出一条诡异的弧线。

如果此刻我醒着，一定会失落地发现，自己居然听不到任何一个音符，只有空洞洞的黑暗，无边无际。

光明再次来临，所有的鬼魂都要避让。

只剩下我们孤零零的人，只剩下我们这些可怜的乏味的胆怯的毫无创造力的人类自己。

阿朵呆呆地坐在床边，小四眼的尸体躺在她的身边，脚踝处有一个巨大的血洞，此刻已经干涸。

高楚将那两个学生紧紧地捆绑在另外一张床上，口中都塞满了白布。

"你告诉我，这究竟是怎么回事？"阿朵静静地沉吟着，她怀中依然抱着那把没有琴弦的小提琴，始终不曾松开，就好像抱着自己的孩子。

"你怀中的小提琴是我以前的女朋友薇子的。"高楚坐在对面，语调平和得仿佛什么都没发生。

阿朵瞥了一眼床上躺着的小四眼，她硬挺挺地躺在床上，双脚与双手都直直地伸着，伸展到再也无法拉长的地步；这个女孩的眼镜已经摔在地上，双眼的眼皮像被一双手硬剥开一样，死死地瞪着，两个眸子仿佛被啄木鸟啄过一般，空空的，只有煞白的眼球；她的嘴巴张成一个核桃的形状，舌头在口腔中微微地蜷缩起，贴在门牙上，好像正在发出一个音符：哆！

"在你之前，我从来没见过任何一个人，像薇子那样热爱音乐，哦，错了，是疯狂地迷恋音乐，她每天都在练琴，勤奋而刻苦，甚至到了发狂的地步，"高楚的眼中充满了留恋，"那时候我们都是这所音乐学院的研究生，在学校里租住一个老师的家，跟我们同住的，是另外一对学生情侣……"

"我不想听这些乱七八糟的东西。"阿朵冷冰冰地打断了高楚的话。

高楚有点意外地顿了一下，接着说："我一直都不知道究竟发生了什么，直到有一天半夜里发生了跟这一模一样的情景，我才明白，薇子疯狂的练琴不知何时吸引来了一个会操纵音乐的魔鬼，而为了得到美妙的音乐，她心甘情愿地出卖了自己。"

"丑陋的魔鬼？"阿朵稍微有些讶异地问。

"对，一个丑陋的魔鬼，"高楚有些无奈地笑了笑，"它最开始不过是一个被汽车轧死的小孩的怨灵，这孩子的爸妈都是音乐学院的老师，或许是孩子从小就遗传了爸妈的音乐细胞，总之死后久久地不肯离去，反而吸收了这里无限的怨气，变成一个痴迷音乐的魔鬼；它可以附着在任何一个活人的身体里，只要那个活人答应用灵魂作为交换的条件，它就借用他的身体与技巧，创作出自己心中怨灵的音乐。我们都只不过是它的工具罢了。"

"它为什么非要附着在我们的身上？"阿朵不解地问。

"因为它死的时候还是个孩子，它不知道跟谁学会了捕捉灵魂的方法，却不懂演奏乐器的技巧，没有我们，它的音乐只能在自己的肚子里，无处倾泻。"高楚颇为不屑地说道，"我出版的所有唱片，都是我自己演奏的，尽管可能音符的原始动机不是我想出来的，但在录音的时候，我都经过了再加工，再创作。"

阿朵颇为鄙夷地笑了一下，连声音都没有出。

"可是你们俩却不同，"高楚颇为伤感地说，"薇子疯狂地迷恋演奏的技巧，心也很执著，却天性单纯、善良，当血案发生后的白

天，她头脑清醒时，无论怎样都无法接受自己被魔鬼操纵这个事实，她无法接受自己变成音乐的奴隶，最终选择了死亡；可是你却完全不是这样，从你的眼神中，我从来没看到一丝后悔与恐惧。”

阿朵瞪大着眼睛，看了看高楚，又看了看床上的鲜血，问道：“她为什么会死？”

“你将她的灵魂从脚踝处拖曳出来，缠绕在你的琴弦上，然后你开始演奏音乐，同时情绪随着你的音乐辗转起伏，我想，可能是用力太猛的缘故？你把她的灵魂拉断了吧。”高楚颇为自信地说着，“当初我们也很害怕，生怕警察会怪罪到我们的头上，我们只能谎称什么都不知道，打算坚持几天算几天，但没想到，最后迎来的，却是无罪释放，因为这种死亡在生理特征上是异常奇怪的，怎么说呢……你等我想想……”

“我并不想听，我也不关心。”阿朵的神情再次冰冷起来。

“你不要担心，不要害怕，这里的现场没有事，我能处理。”停顿了几秒钟，高楚说道，“你的技巧并不算出色，但这三年里，我时时刻刻都在留意你的演奏，说实话，我很痴迷，你让我嫉妒……”

“我突然很好奇，”阿朵的双眼直勾勾地盯住高楚，性感的嘴唇轻轻地一动一动，“你为何现在对我态度这么好呢？”

“原因很简单，昨晚你演奏的时候，我很奇怪地晕了过去，为什么我竟然听不到任何的声音呢？我很希望今晚你再演奏一次，这两个学生就是你的用品，我想记录下魔鬼用你演奏的音乐……”

是啊，我又何尝不是如此，我又何尝不盼望这夜晚早点到来。

深夜，黑暗，魔鬼，宁谧的空气，美妙的音符……

我再次被魔鬼附身，我已经无法说清，自己究竟是阿朵还是魔鬼，自己究竟是肉体还是怨灵。

高楚，你这个蠢货，你怎么能懂得音乐的好坏，你怎么能明白一个天才究竟在渴望什么？你难道不知道，我已经把自己的灵魂出卖给魔鬼，你难道不知道，它只需要一具躯壳，有了我，当然就不再需要你，你又怎么能听到我的音乐？你配吗？你还有用吗？

高楚，你这个蠢货，这几年我一直跟随着你，可是我厌倦了，厌倦了你因循守旧的做派，厌倦了你中规中矩的思路，厌倦了你的一切，是阿朵赋予我新的灵感，一种前所未有的眼界与新的世界。小提琴有它的音色，笛子也会有它的音色，每一种音色都是截然不同的，我为何非要局限在小提琴这一种乐器之上？

现在，高楚，请奉献你最后的能量吧。

那究竟是一个怎样诡异的夜晚？

阿朵也无法说清。

她的身体上笼罩着熠熠光芒的荧色，金

黄金黄的，耀得人眼睛都睁不开。

她跪在床的边上，高楚安静地躺在上面，一动不动。

每个被魔鬼扯出过灵魂的脚踝上都会留下永远去不掉的青色指印，高楚曾经在每个夜晚，像死尸一般被自己的女友演奏过很多次，直到那天发生了死亡，可惜死的不是高楚，可惜可惜，如果死的是高楚，或许薇子一个人能熬过那个漫长的白天，因为只有她自己，身边不会多一个絮絮叨叨的人，说不定她会想起魔鬼的音乐，只要想起，她就会留恋，就不会胆怯，不会从楼顶跳下去。

不过也应该感谢高楚，他贪婪地用阿朵的灵魂演奏了一次，让这个异常敏感的小恶魔捕捉到了一个天赋异禀的姑娘，平庸的高楚终于可以被抛弃了；感谢阿朵，我坚强的姑娘，你是那么纯粹，我们就为了音乐而生，让我们贪婪地渴求与创造。

每当小恶魔出现的时候，只有一个躯体还有知觉，高楚死硬地躺着，不会反抗，不会挣扎；阿朵，我的姑娘，动手吧——

阿朵拿起小提琴的琴弓，此刻这把琴弓仿佛变成了一把坚韧的利剑，她拿着琴弓在高楚的大腿上轻轻地切割着，皮肉被割开，鲜血汩汩地流淌出来，染红了床单，滴淌到地面上，洇成一条扭曲的河流。这把利刃刮掉那层层的皮肉，直到发现一根雪白的大腿骨，阿朵突然站起身来，手捏向高楚的脚踝，在那里扭捏了一会儿，从里面拽出一条金黄色的不断扭动的筋条，然后她挥起自己的利刃，将那根雪白的大腿骨砍断一截，骨髓哗哗地流淌出来，留下一个空空的骨管，阿朵将金黄色的筋条塞进那空空的骨管里，将筋条的另外一头系在小提琴的琴钮上……

好了，我的爱我的阿朵，从此之后，我有了一样属于永恒的乐器，我们给它起个好听的名字，叫做：怨灵的羌笛。

你看，那扇黑漆漆的窗户里，一个浑身闪耀着金黄色荧光的美丽女孩，正举着一根煞白的腿骨，她陶醉地吹奏着，吹奏出一段夺人心魄的音乐。

如果你非要为这段旋律配上歌词，请用华丽的高音女声幽怨地唱：

别离开我……

别离开我……

别离开我……

白翌：27岁，临海中学历史老师，性格冷静，擅长各类风水、失传术数，会武术。
安踪：25岁，临海中学美术老师，喜欢玩网游，性格开朗豁达，经常会遇到莫名其妙的灵异事件。
文/青丘 图/玉烟先生
失魂桥
SHI HUN QIAO

有些时候夏天的雨下得格外诡异，突如其来的暴雨仿佛是凭空出现在半空中，然后急速地砸向地面。本来燥热的太阳一下子被乌云所代替。云层翻滚，响雷轰然。

然而这样的雨势消失的速度也同幽灵一般，来得突然，走得了无声息。在家乡，这样的雨老人们都称为失魂雨，说是被这样的大雨打湿的人，灵魂也会被打散，鬼怪妖邪就会乘虚而入，人会变得失魂落魄。

我走在路上，不巧正被这种失魂雨淋了个正着。昨天六子打了个电话，说店里有货要到，而他人不凑巧在外地，所以我只能双休日还跑到店里等货。半路上却碰上突如其来的大雨。我浑身湿透不说，在路上还滑了一跤，到了店里就开始绞裤脚管，顺便看看有没有摔伤。绞到一半边却见有一人缓缓走了过来。他手里拿着单子，但是眼神却在一百八十度地乱瞟，他咳嗽一声道："商老板在吗？"

我警惕地打量着这个人，这个人穿着非常邋遢，头上戴着一顶黑色的鸭舌帽，帽檐遮住了半张脸，不过他的皮肤非常黑，黑得几乎和他的棕色裤子一样深。身上隐约可以闻出一股土腥气，如果路上遇见还以为是一个庄稼人。他的眼神一直都在往店里瞄，好像对我不是很在意。我冷淡地回答道："他去出差了，有什么事可以和我说。"

男人跟我走进店铺，见六子真的不在，放下单子，凑近我低声道："这是商老板要的东西，老规矩，你只要告诉他油已经刮干净了，绝对不滑手。他肯定明白指的是什么。"

我不以为然地冷笑道："这算什么意思？道上的暗语？别以为我不知道这东西从哪里来的?"

男人看了我几眼，并没有接下去说话。我看得出这个人非常谨慎狡黠，便也不想和他多交涉。我道："明白了，六子一来我就交给他。不过，以后这种事你最好还是当面告诉他，我安踪不爱搭理你们斗里的勾当。"

男人一听我报出大名，一下子站了起来，态度来了一个一百八十度地大转变。他肃然起敬，立马伸手招呼道："原来是安小哥，对不起，久仰大名，是小弟有眼不识泰山。如果您早点报出名号，我还真用不着和您藏着掖着，谁不知道您当年在青海……"

我立马喊停，当初的事情是我的一个噩梦，这位仁兄倒好，拿它当丰功伟绩来夸。听得我心底一抽一抽地直叫疼。我道："我知道，如果没事，那么我就忙我自己的活了。"

男人听出我话里的逐客令，显得有些不自在，他好像还有些什么话没说完。我问道：“有话就直说吧，还有什么事情，六子的事没什么瞒我的，不用顾忌。”

男人找了一个位置坐下，喝了一口茶，道：“据说安小哥除了对倒斗颇有见地……”

我不悦地咳嗽了几声，他这才转口，道：“还对一些驱邪之类的术法有所研究，我不知道是否能请您给我帮一个忙。如果事成……”说完他从怀里拿出了一块古玉。

我的眼前瞬间一亮，他见我如此，便大方地把古玉搁在茶几边。我端起古玉仔细端详，发现这是一块上好的和田羊脂白玉，它上面雕刻一只形状非常怪异的嘲风。而且绝对属于珍品级别的。地球人都知道，现在的玉龙喀什湖基本已经很少能够再挖出像样的羊脂白玉了，玉农普遍囤积玉石，好货根本看都看不到。所以这块玉的价格估计少说也得三十万以上，面值至少是美元。我把玉放回茶几，等他接着说他的难事。他见我有兴趣了，便继续说道：“这事其实发生在我闺女的身上……”

原来别看我眼前的这个“黑掌柜”一副庄稼汉的样子，实际上家底还是很不错的。他早年是一个盗墓贼，后来有了家室感觉这事不能常干，所以就把自己的老婆和独生女都接到上海来，专门干转手黑货的勾当，靠这个还买了一栋复合式别墅。总之有车有房，如果就单单娘俩出门，绝对就是贵妇级别的。

但是事情却就出在了这个暴发户小姐的身上，这孩子前些天一直说头晕，后来情况严重恶化，到了连走路都要人扶着的地步。如果是她一个人走楼梯可以走上半小时，没人扶甚至还会随时随地摔倒滚下楼梯。到后来她连走路都走不了，有时躺在床上突然间还会大喊大叫，每天几乎靠镇定的药物维持着，这样的日子过得生不如死。

“黑掌柜”请了很多的医生，内科外科加心理科，总之是医生都被喊来看了一遍。但是效果寥寥，最后有人提醒他这孩子是不是中邪了，他这才开始转向另一种方式的治疗，先是改变家里的风水，又找了和尚道士给孩子念经诵法，就差没把孩子当香炉插了。不过依然毫无效果。我听到此处，感觉这完全属于白翌的专科。

我思考片刻，对他说道：“要不然，我明天带一个朋友去你家看看你女儿。如果真的可以帮忙，我们一定会尽力。但是如果不行，还是快点找医生，别耽搁了孩子的病情。”

他哎了半天，但是也没有别的办法，留了地址和联系方式便起身离开了。

我见天色不早，今天也没其他客户预约，于是玩了会儿游戏，关门走人。

回到住处，没想到在楼梯上居然正巧遇到白翌。他看上去像是在思考什么难办的问题，眼神非常冰冷，昏暗的楼灯打在他的脸上显得格外冷峻。我喊着他的名字，他抬头看到我，先是愣了一下，最后笑着说："呵，回来得真晚。"

我打着哈欠进屋说："能不晚吗，今天本来是六子值班。搞到最后又是我，一天没事干当傻子也是很累的。"

白翌瞥了我一眼，道："玩电脑也很累啊。对吧。"

我心虚地嘿嘿笑了几声，便尾随他进了屋。

白翌轻笑着开灯，进屋后，我累得直接趴在椅子上垂着脑袋，过了没几分钟就感觉有些昏昏欲睡。突然感觉有一冰凉的东西点到我的脸，我睁开眼睛，原来是白翌递给我一罐冰啤。我喝了两口，终于觉得有些精神。突然想起他之前那种不安和疑惑的神色，便好奇地问道："我看你之前好像在想什么事，什么事让你那么纠结？"

白翌抿了一口啤酒，道；"学校里一个孩子出事了。"

我好奇地追问："什么事？"

白翌皱眉，说："她突然晕倒，送到医院的时候就看上去快不行了。目前送进加护病房进行观察，据其他学生传言，在她晕过去的前一段时间像是得了行动障碍症，而在最后她说的一句话貌似是……要掉下去了……"

我听他那么一说，就感觉这事有些熟悉，我重复道："要掉下去了……"

白翌白了我一眼，说道："你是复读机吗？"

我摆着手道："别打岔，我想起来了！今天有一个客户，他的女儿也遇到了那个类似行动障碍的情况！我明天还答应他去看看呢。你一起吧！"

白翌坏笑着放下啤酒道："那劳务费……"

我无力地趴在床上，周末清晨的日光投射到屋里，显得格外的晕眩和脆弱。

我听到白翌精神十足地说道："你不是和那个什么人有约了吗，准备什么时候去？"

我发泄地吼道："急什么，等我爬起来再说！"门外传来了白翌的笑声，接着电话铃突然响了，到客厅看到白翌正在接电话，神色吃惊，和之前的调侃判若两人。我知道肯定出了什么大事。

白翌关上手机说："这次麻烦了，那孩子出现休克，有生命危险。"

我赶紧穿上鞋说："还愣着干什么，走，先去医院！"

我们急忙赶到了医院，孩子已经送进加护病房，这意味着这个孩子已经开出病危通知。门外哭天抢地的可能是她的父母，一个女的看到白翌来了连忙走过来说："白老师，你来了！叶铃突然就晕过去了，医生查不出什么症状，你说这怎么办？"

午夜剧场

急救室的灯终于熄灭了，医生们结束抢救，孩子的亲戚和老师一股脑地涌了上去。医生只是摇了摇头随后便悄然离开，接着就是震天的哭喊声，这种声音简直像是有一只无形的手扼住在场所有人的喉咙似的。孩子的母亲一下子瘫倒在急救室的门口，喊着孩子的名字。突然，一个情绪十分激动的男人猛地一下抓住白翌，道："我孩子好好地去念书！怎么就死了？你们搞什么啊！怎么当老师的？"

白翌抿着嘴，看着这些人疯狂地争吵，从他的眼神中，我看到一种无奈而又悲哀的神色。我知道他在为这个孩子的死亡感到愤怒和困惑。

我拍着白翌的手臂想要说些什么，但是我察觉到他正注视着急救室的窗户。我顺着他的目光看去，发现那扇昏暗的窗户门口好像挂着什么东西，在不停地拍打着窗户。

我和白翌对看一眼，我连忙走到窗口边，那个东西依然有节奏地敲打着窗户，我猛然拉开窗帘，突然窗外涌进一股寒风，直接把窗户给吹开。我感觉身后有什么东西猛然间蹿出了窗户，还没等我反应过来这到底是什么状况，我就被这风刮得背脊发冷，打了好几个激灵。但定睛再瞧，却什么异常都没有。只是那阵风来得太古怪太突然，我突然有一种错觉，好像自己的双脚是腾空的，不自觉地想要趴在地上。幸亏白翌挡住了我，把我的身体给撑住了，否则我就直接翻出窗外了。我扶着他的肩膀，吓得一身冷汗，道："靠！怎么回事？这感觉……就像是要掉下去一样……"

白翌的眼神变得更加晦涩，说："她在晕过去之前貌似在喊什么'要掉下去了'……"

我回头看着那女孩的尸体，她的母亲正在试图合上女孩睁着的眼睛，但是女孩怎么样都无法闭上眼睛。她的眼珠子死死地盯着天花板，而她的双手紧握着拳头，就像是忍受某种恐怖的过程。她整个状态显得非常的诡异，就像是在祈求什么一样，也像是在瞪着天花板的某一处。

她的母亲连续三次都无法给女儿闭眼，气氛一下子冷到冰点，边上的护士都开始窃窃私语，纷纷离开，仿佛这具女孩的尸体让他们觉得不祥。孩子母亲的情绪变得更加不安，她趴在尸体的身上，摇着尸体喊道："女儿啊！回来啊！我知道你不想走啊！不要丢下妈妈一个人啊！不要丢下我啊！"

我再回头之时，发现白翌不知道怎么回事，居然蹲在地上看着一双鞋子。那鞋子应该是那孩子的，只不过死后，孩子的母亲给她换上了崭新的寿鞋。我凑过去看着他，道："鞋子怎么了？"

白翌让我看，那双鞋子的尺码非常小，不过一个女孩子穿这鞋也挺正常。白翌把鞋子递给我，我拿到手上才感觉到这双鞋子不对劲，这双鞋居然非常的沉，而且还是湿的，就像是走在大雨里被浸湿了一样。虽然昨天晚上下过雨，但是今天外面太阳非常的好，鞋子哪有可能湿成这样？

我不解地看着白翌，白翌冷静地说道："我们再去看看那男人的女儿吧，也许他那里可以得到什么线索。"

我叹着气放下鞋子，道："嗯，这里已经回天乏术了，希望那个女孩能够幸免于难……”

我话音未落，发现那个死去的女孩不知道什么时候，头居然转向了我。我正好看到她那两只翻上去的眼珠子猛地一下瞪向了我，一瞬间我还以为这具尸体诈尸了。接着当她母亲再一次给她闭眼的时候，她的双眼终于闭起来了，屋里的哭喊声更加响亮凄惨，透着绝望的死气。

这一幕白翌没有看到，我想了半天还是没有把之前看到的景象告诉他，毕竟这也可能是她母亲把脖子给转过来的。总之，我不想去多想那个女孩尸体最后为什么会出现那么一个状况。

走出医院，我和白翌的心中都非常沉重，疑问和纳闷太多太多，问题多过假想的猜测。我打了一个电话给那个“黑掌柜”，但是他的手机一直处于无人接听状态，我又给他发了一条短消息。幸好昨天我要了他家住址，否则现在都不知道去哪里找人。于是索性直接拦下一辆出租车，直奔目的地。下车前我问司机要发票，白翌不解地看着我，我理所当然地说：“这算出差，公费的，六子管报销。”

白翌从口袋里掏出了好几张车票，道：“给一起报了吧。”

我脸一黑，他毫不客气地把发票塞进我衣服的口袋，拍了拍我肩膀便下车了。我心想：“果然人不要脸天下无敌啊！这个人的脸皮绝对比城墙厚。”

此时，我们看到“黑掌柜”就在门口接我们。他跑过来，直奔主题道：“你们总算来了！我闺女情况恶化了！不知道为什么，上午十点半之后她就开始抽筋，眼珠子都翻上去了，现在在医院。我带你们去！快！”

我看着白翌，心想十点半不就是那个叫叶玲的女孩死亡的时间吗，怎么一个刚没，另一个马上就病情恶化了？

总之我们刚从一家医院离开，又进了另一家医院的加护病房。场面差不多，医生越来越忙碌，脸色也越来越难看。

“黑掌柜”本来黝黑的脸现在惨白得毫无血色。在他身边有一个穿着时髦的女人，只用着纸巾捂着脸，看样子之前已经大哭一场过了。

女人见“黑掌柜”终于来了，便哭诉道：“莹莹早上情况还好很多，都喝得下鸡汤了。可是现在就这样了……”

“黑掌柜”烦躁地拍着大腿，我突然想到他昨天拿出来的那块羊脂玉，我道：“老哥，你那块玉还在吗？”

“黑掌柜”听到我谈到玉，猛然抬头，他怒目骂道：“玉，你就知道玉！我女儿的命比玉贵重多了！我女儿没了，这块玉我就和她一起扔火葬场，给她当陪葬也不会给你的！”

见他情绪失控，白翌面无表情地开口道：“他问你要玉就是要救你女儿。现在它还是一块救命的玉，等过些时候，这玉你就拿去陪葬吧。”

“黑掌柜”终于稍微平复了一下情绪，他放低姿态道：“安小哥，我求求你！我只有这一个女儿！她很聪明，读书又好。她是我的命啊！”

被他那么一说，我眼眶都有些红了，毕竟刚刚看见一个年轻的生命从眼前消失，真的不忍心再看见第二个再消失。我认真地道：

“老哥，你那块玉实际上是一块古玉。它上面雕刻着嘲风，古语有言，龙生九子各有所好，嘲风好险，形殿角上。或许好险的嘲风可以压制你女儿那种失重之症。”

“黑掌柜”连连点头，他立刻从怀中掏出那块古玉，白翌见到那块古玉便眼睛一亮。我心领神会地悄悄对他道：“他答应事成之后这玉送咱们。”

当“黑掌柜”不顾医生护士的阻拦，把玉塞进女儿的手里之后，他回头看看我，问我到底有没有把握？

我此时也捏着一把汗，说：“试试看！现在这是唯一的法子。碰运气吧。”

“黑掌柜”都快要哭出来了，他在边上一边喊着女孩的名字，一边握着女孩的手，就在我们都觉得又没希望的时候，奇迹却真的发生了。女孩的脑电波开始缓缓地恢复过来。医生都开始发出惊叹，“黑掌柜”看到女儿死里逃生，一下子跪倒在病床边。我连忙把他拉起来，他握着我的手道：“安小哥，以后只要你一句话，我程九肇的命就是你的了。”

我拍着他的肩膀，把他带出病房，少女终于在一小时之后，慢慢苏醒了。不过她的脸依然苍白得仿佛纸一样。

护士让她稍微喝了几口温水，但是没喝多少她就开始吐，她一直用手捂着额头说头晕，而另一只手则一直抓着那块玉。她仿佛本能地感觉到，这块玉是保住自己命的关键。

我们一群人终于被允许进入病房，她见到还有两个外人倒是有些不解。“黑掌柜”对她道：“快叫叔叔！是这两个叔叔救了你的命。”

白翌看着女孩道：“你穿着的鞋子还在这里吗？”

少女困惑地看着他，不过还是点头。在柜子中我们发现了她的鞋子，果然不出白翌预料，这鞋子也是湿的，而且非常的沉重。

“黑掌柜”见我们围着他闺女的鞋子看个不停，也凑过来问怎么了。白翌放回去道：“没什么，现在方便问你女儿些事吗？她身体现在允许吗？”

“黑掌柜”看着自己的女儿，女孩虚弱地点头说：“可以，我好多了。”

白翌走到她身边，放轻声音道：“你知道你为什么会出现这种失重感吗？”

程莹摇头，白翌没有放弃，继续问道：“你是什么时候出现头晕目眩的情况？”

程莹捂着额头回想道：“大概……是那一次聚会结束……”

我插嘴道："聚会？"

白翌伸手阻止我的追问，他继续引导道："你觉得，那次聚会有什么奇怪的事发生？或者说，你看到过什么奇怪的东西？"

程莹捂着额头，她手里的玉被她抓得很紧很紧，她像是自言自语："怪事？说不上来……聚会很开心啊，一直都很正常，对了！是回来的路上，走过那段路之后，我就好像就很怕走楼梯，感觉即使走一点点高度就会像要摔下去。对了！是那座桥！"

我和白翌交换了一个眼神，我们知道事情的端倪出来了。

程莹道："那次聚会后，我和一个朋友很晚才出来，我想让她住我家，我们可以继续聊，但是附近地铁已经没了，而那里只有一辆公交车到家。我们上公交车后，天就突然开始下雨，又是刮风，又是闪电，没过多久就开始打雷，声音好可怕……后来公交车熄火了，司机就把我们给赶了下来，让我们等后面一辆。但是公交车好久都没有来一辆，我怕爸爸会怪

我太晚回家，就不想等，直接到街对面打车。我们就上了那座天桥。”

她断断续续地说道：“那时候雨下得很大，我们都被淋湿了。浑身湿透地走上桥，路上特别滑。我还好，穿着旅游鞋，不过我朋友穿着凉鞋，她滑得几乎走不了路，我只有扶着她往上走。我们觉得这座天桥好奇怪，明明不是什么透明玻璃做的阶梯，但是灯光打下去之后，感觉就像是在腾空走！随时随地都会掉下去！而且我看到半夜的桥上有好多人从后面……”

说到这里她实在忍不下去，开始捂着额头干呕了起来。护士马上打断孩子说话，让她躺下，我蹙眉问：“你知道那座天桥在哪里吗？”

程莹气喘吁吁地道：“在靠近水河路附近，具体的我不太清楚，但是那里在修路，还有一块很破的霓虹灯广告牌。”

护士开始动手赶我们，白翌问了最后一个问题：“你那个朋友的名字是不是叫叶玲？”

她愣了一下，疑惑地点头，然后问道：“是她，她……怎么了？”

白翌停顿了下，温柔地回答道：“她没什么。你好好休息吧。”

不过只有我注意到，白翌的手一直握着拳头，他脖子上的青筋都可以看见。

等出了医院，“黑掌柜”就问我们：“怎么样？”

白翌道：“只有先去那座天桥看看。”他低头看着手表，道：“现在还来得及，我们先去水河路，然后找那座天桥。”

我对着“黑掌柜”道：“你回医院看着你女儿，千万不要让她把玉放开。总之吃饭上厕所，一切都拿着它。要保命，暂时就得靠这个了。”

“黑掌柜”猛点头，他再一次握住我的手，硬是塞给我一张东西。我一看发现是一张提货单，他说道：“这些东西都是给您的，只要您救了我的女儿，那块玉，这些货，甚至我的命都是您的了！”

我想要把东西还回去，毕竟在这事上捞油水不是我的风格，白翌这时已经拦到了出租车，我见实在没办法，便收起单子。我只能说了声告辞，便匆匆上车。

到水河路时，已经华灯初上，而夏天的热浪终于稍稍减弱了些威力。白翌看着手表摇头道：“我们耽搁的时间太长了。”

我说道：“我们先打听一下吧。”

我和他一起朝前走，此时才发现越找越没有门道，大热天的路上的行人又少，好不容易问到路人，但也回答不知道。我们无奈之下，只有先去一家面馆填饱肚子。

白翌看着那家面馆，皱着眉头，我知道他可能嫌不够卫生，拉着他进了店说："将就下，就是这里，我们进去顺便打听下吧。"

我们特别选了一个靠近老板柜台的位置坐下。我一边等面，一边和老板套近乎道："老板，你知道哪里在修路吗？还有一座天桥什么的？那地方你知道吗？"

老板一时没有反应过来，然后他突然恍然大悟地"哦"了一声说："你问的可能是那座天桥吧。"

我看了白翌一眼，心道："终于给找到了！"我们没有立刻回应，老板却接着说下去："那个地方闹鬼啊，很不干净，基本上一般的人走上去连站都站不稳，更别说是通过了。"

我不解道："这是什么意思？什么叫做一般人没法站？"

老板神秘地笑着说："就是说能够过去的人都是一些平衡能力很强的人，还有一种可能就是他不是用脚走过去的。"

此时面送了上来，我挑了几下，并没有心思吃。追问道："这是什么意思？"

老板煞有介事地说："这座天桥，白天还有人走走，到了晚上根本没人会去。本来它就很怪，居然是透明的，走在上面就觉得非常地滑，好像随时会滑倒。所以周围的居民到了晚上宁可穿马路也不会走那天桥。还有人看到桥上走过去的人都没有脚。这些都是传言，不过我倒是有亲眼看见过一件怪事的……"

老板皱着眉，他像是回忆起某种噩梦一般迷惑。他道："那桥本来是好好的，后来有一个老太突然倒在天桥上喊'救命'，接着传出有人从天桥上滚下来的事，在那之后，就再也没有人敢晚上过桥了。那桥就成了这里人的一块心病，不过据传说这座桥近期就会被拆了。"

老板点了一支烟，继续说道："这事就是前段日子发生的，天桥出事的事情闹得沸沸扬扬，那天晚上下着暴雨，我骑着摩托路过天桥下面。看到天桥上走着一个老太，她的脸我看不清，只记得她穿着一身红色的外套，却拿着一把黑伞，非常的扎眼。我本来想要扯嗓子提醒她那里不能走人，但是你们猜我看到了什么？"

我和白翌两人摇头，老板忽然睁大眼低声说道："我看到那个老太不是走上去的，她是跳上去的，和僵尸一样！"

我吃了一口面，道："老白，你看这事是怎么回事？"

白翌破天荒地反问我："你觉得呢？"

我无奈地摇头道："这说不准，这老板说得有些不靠谱，但是那桥肯定很邪乎，现在已经是晚上了，我们是不是白天再来比较安全？"

白翌说："我倒是觉得我们现在这个时候去，才能看到点东西。他都说了白天一切正常，只有到了晚上才会出现怪事。"

我略有些顾忌，白翌说："我们不必上桥。"

白翌继续说道："不上去，我也有办法查出点什么，总之我们先去桥下。"

老板听到我们的对话，凑上来说道："你们想要去天桥？"

我们点头，老板一脸“你们这是在胡闹”的眼神看着我们道：“晚上最好别去那里啊，你们不知道那里有多古怪。”

我们不理睬，把钱塞给老板，对他摆了摆手。他见劝我们不管用，也不再多管闲事。

白翌看着手表，并没有急着走。他问我：“你觉得这是什么东西？”

我抱着双臂，双眼看着天外的乌云道：“不知道，你觉得呢？”

白翌道：“两点是现在能够明白的。第一，这桥一开始并没有问题，是突然间出现异常的；第二，它只在晚上出事。”

我认同地点头，继续补充道：“所以说我们现在去是正合适不过的，也许可以看到那晚，那两个女孩子看到的情景。”

白翌没有回答，他伸出手，抬头看着天说：“咦，好像下雨了。”

他刚说完，我还来不及接口，就感觉雨滴瞬间变大，但是打在脸上却完全没有感觉，就像是凭空消失了一样，周围弥漫着一股腥臭的湿气。我和白翌都没有打伞，雨势就像是阻止我们继续前行一样，突然间增大增强数倍，没过多久我们浑身就全部湿透，没有一处干的地方。因为大雨，视线也开始变得非常模糊，我时不时地要抹去脸上的雨水才能看清前面的道路。路上一个行人都没有，时而可以看到天边闪过的雷电。

如果不是因为程莹提到那块破得很夸张的广告牌，也许谁都不会发现在黑色的暴雨之中会有那么一座天桥，就好像它不是存在于这个世间的一样。一个闪电劈下，那座桥的样子极其冲击地映入了我们的眼前。

白翌低声说道：“到了，就是这里。”

他之后还说了一句什么话，但是雨太大了，根本没有办法问清楚。

我对着他大声道：“现在该怎么办？”

白翌甩着头发上的雨水，大声说：“两个办法，你要选哪一种？”

我毫不犹豫地道：“安全的那一种！我不想搭上自己的小命！”

随后我跟着他走到桥下，我们头上的那座天桥看上去非常旧了，上面是由玻璃和金属镶边组合而成，而且它的阶梯还特别的多，阶梯之间非常的狭窄。

从设计上来说，这座天桥本身就显得有些不符合规范，也许当初建造纯属就是为了美观。

我们躲在桥体的下面，这里雨水无法打到，白翌说：“我们看看，这座桥到底出了什么事。”

说完，他从口袋里掏出一个纸袋，他拿出打火机，可能因为环境太过潮湿，所以打了好几下才打出火来。他点燃纸袋，霎时我便闻到一股香气，我问道："你想要招鬼？招得到吗？"

白翌肯定道："应该不会错，如果只是自然现象，不该如此玄乎，你也看到了周围的风水没有什么特别怪异之处，所以我想是那些东西作祟。先试试看吧，也没别的办法。"

招魂术是中国道术中一个非常重要的内容，它可以追溯到巫术时代。民间传说中，人有三魂七魄，人死之后，魂入天成气，而魄入地则成鬼。所以招鬼，又被称为"招魂术"，简而言之就是招回魂魄的仪式。

招魂术分为两种，一种就是设局招魂，另一种则是条件限制，故而很局限的普通招魂术。然而无论是哪一种招魂术，都是有必需的条件。首先就是必须要有媒介，就拿这座天桥来说，它本身就是我们的一个媒介。其次便是方位，一般都是坐北朝南，面阳之处。这个方位是招鬼最好的方向，后来佛教引入，便有了坐东向西之说，但是无论哪一种方位都有其独特的重要性。这里我们还是使用古老的招魂术，而最后便是咒语，咒语不同所起到的作用也大相径庭。

白翌首先以自身为媒介，他用的是符咒招魂的方法，天知道他为什么会随身带这种符咒，也许他本来是想要用在那死去女孩的身上。

那袋子里除了符咒之外，还有香，作为无魂野鬼，这种香气对他们来说就像是钞票对活人的作用一样，但是这种符咒却只允许与媒介有关系的野鬼接近，其余的即使心痒也无法靠近。这倒是很类似人类社会的银行卡，有密码钱是你的，没密码钱是银行的。

这样的仪式需要至少一小时的时间，我们两个人就在这昏暗潮湿的天桥桥洞内待着，因为下雨，周围充斥着雨水的冲刷声，白翌辛苦地维持着香烛不灭，昏暗的桥洞下，只有这一丁点的火光，偶尔间会有一辆疾驶而过的车辆带来一瞬间的光。

渐渐地，那丁点儿的火光也熄灭了，黑暗之中我闻到了一股浓郁的香味，其中还掺着烧纸的焦味。这种味道其实很多人都并不陌生，那就是人死之后头七必定要烧纸结束之后，那灰烬留下的那种奇怪味道。

白翌在我边上，他面朝南方，手里不知何时拿出了一串念珠。他不断轻声地念咒："三清传牌令，金刚两面排，千里拘魂症，速归本性来……"

我在边上看着四周的动静，雨水声和白翌快速的念咒声融为一体。就像是合成了另一种声音，这种声音好像不是来自白翌，也不是来自外面的雨水，而是来自这座桥本身。

我抬头看着桥，此时从桥上传来了走路的声音，好像就是我头顶上方传来的。声音很沉很慢，简直就像是走一步停三秒似的。

白翌没有停下来，他的额头渗出了许多汗水，我明白他在用自己和这座天桥架起媒介，台阶是半透明的，如果仔细看，还可以看到上面出现模糊的影子。这样的速度和频率却让人觉得特别的不安定,就好像这个影子随时随地都会出现失衡，摔倒滚落。就像是一个悬在半空中的铅球，让人从内心深处希望这颗摇摇欲坠的铅球快些坠落。

我的身体受到那种压迫感的影响，感觉

地面也变得非常不稳定，白翌应该也和我有同样的感觉。他握紧手中的念珠，但是无论怎么念咒，依然没有任何一个鬼魂进入我们之中。只是这种莫名的压迫感像是一块铁一样，压在我们的身上。

我心中的不安感越来越沉重，我开始怀疑我们最初的判断，也许这并不是我们想的那么简单，好像哪个环节出错了。白翌放下了手中的念珠，我问道："并不是鬼？"

白翌看着手中的念珠，说："不是，这个地方有很重的死气，但是却没有鬼，那这到底是怎么回事？"

我继续说道："你有没有看到那个黑影……这怎么解释？"

白翌抬头看着半透明的玻璃阶梯，上面那黑色的影子依然在隐隐抖动，它的位置有些偏高，在桥的另一头，如果要看到那黑影真正的样子，只有走到天桥上面去，否则我们除了在这里感受这股压迫感之外，什么都无法得知。

白翌说道："我先上去看看，你在这里等我。"

我抓住他的手臂道："不成，要去两个人一起去，你一个人我不放心。"

白翌见我无论如何都要上去，除了叹气也没有别的办法。

我蹙眉抬头，黑影好像稍微移动了些距离，我甚至不能确定这到底是我的幻觉还是别的什么诡怪的幻术，我感觉这有些像某种阵法。

我和白翌走上台阶，不过我们两个没有像那两个女孩子一样毫无防备地走上去，白翌在我们的鞋底抹上一些前面烧剩下的灰烬。白翌说这个东西不单单可以驱鬼，还有很强大的祛晦作用。我和白翌互换目光，我在心里也默念着金光咒。希望凭此减少煞气冲体。

这座天桥就是一座玻璃桥，雨水顺着玻璃的阶梯像是瀑布似的往下泻，走在台阶上所有的人都会吊着一颗心，就怕自己会滑下去，每踏出一步都觉得很不稳定，我时不时抬头看看阶梯的尽头，心想着还有多久能够走完这折磨人的一段路，但是抬头我却只能看到长长的阶梯，在破败的霓虹灯广告牌下显得格外的眩晕，好像接下去的路根本没有办法走。突然我有一种想要躺下去的冲动，用身体来接触地面，感受到最大的平衡，不过理智告诉我如果那样做只会滚下去。我突然想到那两个女孩到了最后生死关头都是双眼往上，和我现在看桥的样子如出一辙。我更加可以确定原因就出在这座怪桥上。

我注意到白翌走得比我还要困难，他除了走以外，还得时不时分心继续维持着与这座桥通灵媒介的作用，所以他承受着比我要重至少三倍的失衡感，很难想象他是怎么做到没有晕过去的。

这段台阶走得非常艰难，当我们终于快要走到尽头之时，情况又一次出乎我们的预料，在桥的尽头什么都没有。泛白的阶梯上，光滑得几乎可以当镜子，广告牌白色的倒影映射在桥面上显得就像是一块明晃晃的白冰，下面仿佛是腾空的一个空洞。

我突然强烈地感受到在第一个女孩死亡之时，窗户打开那一瞬间的感觉，那时我像是要从那块白色的冰块之中掉下去一样，有一种强烈的恐惧感。

白翌的脸上已经分不清到底是汗水，还是雨水。他的眼神有些涣散，嘴里依然念念有词。我们面对着这空白的恐惧，真的觉得它比任何鬼怪都要可怕，这是由自己的内心深处开始崩塌的恐惧。

白翌终于再也支撑不住，他一只膝盖跪倒在地上，我艰难地扶着他的身体，他依然在念咒，维持着与这座桥的联系。他的心脏跳得很快，我扶着他的胸口，感觉他的心都快要跳出胸膛了。我们的呼吸非常急促，白翌虚弱地对我说："不对……哪里搞错了。"

我把白翌架起，他艰难地维持着自己的平衡，我知道他很痛苦，但是现在不能半途而废，我们已经到了这一步，如果突然之间失去与这座桥的联系，很可能我们的下场就是和那个死去的女孩一样。还会连带着程莹和我们一起完蛋。

还没等我想出办法，就感觉在桥的那一头，有什么东西往这里靠近了，速度非常的慢，但是却让人无法呼吸，那种沉重感和失重感混合在一起，我恨不得现在就晕死过去。

白翌抓着我的手臂说："那个东西近了，千万别和它接触！"

我咽着唾沫严阵以待，渐渐地，我们听到了类似人的脚步声，那声音毫无节奏可言，时而快速时而缓慢，就在我把所有的注意力都放在眼前的时候，我突然感觉我们身后居然出现了一个人。

那个人抓住我的脚踝，我发现那是一个老太婆，她非常痛苦地趴着，头上有一个窟窿，面上都是黑血，黑色的血污和灰白的头发把她整张脸都遮住了。我都看不清她的样子。

她痛苦地喊着："救救我……好痛啊，扶我一把吧。"

我慌忙倒退好几步，那个老太没能抓住我的脚，她不死心，居然就那么向我们爬了过来，我发现这个老太和那个面馆老板形容得一模一样，穿着一身猩红的衣服，只是没有打伞罢了。被雨水一淋，看上去就像是在不停地淌血一样。

白翌和我警惕地看着她，她就像是一只爬行动物一样往前爬，嘴里发出了凄惨又痛苦的声音，她呻吟道："救救我啊，送我去医院吧，我不行了……行行好吧。"

我见她除了爬就是喊，心想说不定真的是一个普通老太，那么放着，万一真的出人命就完了。我试探地朝她挪了几步，对她说道："婆婆……你受伤了？要我替你叫救护车吗？你先别动，不然会伤得更厉害。"

老太却像是痴呆一样不理睬我的话，依然喊道："救救我啊，别不管我啊，我不会要你们负责的。只要给我送进医院，不要你们出钱啊。菩萨会保佑你们的啊！"

我感觉她可能不是一个活人，就在我犹豫是否要放弃搭救，准备逃命的时候，没想到此时那个老太突然不再呻吟，而是倒在地上一动也不动。我停住了脚步，心里又产生了怀疑，我回头问白翌道："她……不会死了吧？"说完我想要确定她的情况，就向她靠近。

白翌没有说话，就在我触碰她的那一刹那，突然那个老太的身体一下子像是触电一样跳了起来，吓得我一屁股坐在地上，白翌连忙把我拉回去。那个老太的眼神极其可怕怨恨，她说不出话，嘴巴只能发出吱吱的声音。随后，她真的就那么一路上跳着走，而且明显是朝我们来了。

我除了莫名之外就是惊悚，但是我们却又走不快，白翌快速从口袋里掏出一团香撒向老太，老太却丝毫没有受到影响。出乎我们意料的是，老太没有攻击我们，她从我们身边跳过，朝着桥的另一边跳去。此时我们发现那个压迫感的来源好像一直都在前面，像是在吸引老太一样。

白翌说："这老太不是鬼魂，如果是鬼前面就该有反应了。"

我道："奇怪，她是有实体的，就像是一个真人，我之前还以为真的是有个老太摔倒了。"

白翌摇头不语，他也给不出答案。就在我们纳闷之时，我感觉身后窸窸窣窣的又有了声音，发现不知何时，桥下站满了人，那些人都在往桥上走，其中居然还有白天已经死去的那个女孩。她用一种怪异的方式往前走，我突然发现那个姿势像是被人搀扶。突然想到程莹说过，她是扶着女孩上桥的。而此时她就是用这种几乎连站都困难的方法向我们靠近。她突然看见了我，转过了头，眼珠子再一次翻下来对着我，眼神中有一丝怨恨，我发现这些人的眼中都充满了怨恨和恐惧。

我拉着白翌说："往哪边走？跳下去？"

白翌说："它们应该是被那头的东西吸引的，别管了，那么多东西挤都可以把咱们给挤下去。而且我们根本没办法跳下去。"

我极不情愿地说："那么就……往那头走。"

他说："没办法，那里到底是什么我也不知道，至少总不会比现在这个情况糟糕！尽量和他们拉开距离。争取时间，快！"

那些东西看上去非常缓慢，但是其实一点也慢。我拉着白翌道："快走，和那些鬼东西拉开距离，下次再做招魂测试老子才不信那狗屁结果！"

白翌想要说什么，但是也没有时间了。我想要帮助他，因为他现在的失重状态比我还要严重。但是他摇手道："别管我，专心走过这座桥，踏实每一个脚步。不要被恐惧的心态影响。"

他拍着我的肩膀，说："走下去，以后我再和你解释。"

我艰难地点头，闭上眼睛尽量不被这种诡异的光线影响，我告诉自己现在走的只是普通的阶梯，只要和平常一样走下去就好了。但是身后那些死人的脚步声却令我心中异常烦躁和恐惧。

我战战兢兢地踏出一步，依然觉得非常的滑，每走一步都发出滑腻的嘎吱声。我感觉我的脚很重，因为大雨，我的鞋子已经被淋得湿透了，踏出去的时候，就感觉像是踩在潮湿的沼泽地。旅游鞋吸满了水感觉更加沉，两只脚像是灌了铅一样，我几乎举步维艰。

突然，白翌拍着我的肩膀道："不要再多想，时间还没到，专心走下去。"

我看着白翌，他的眼睛几乎被打湿的刘海给遮住，看不清他的眼神。白翌拉住我的手臂，我们两个搀扶着一起走向桥的另一头。下

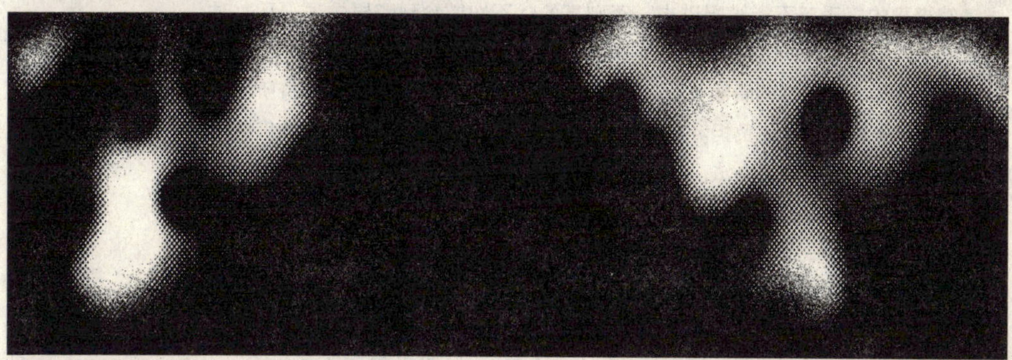

桥的路更加难走，我的膝盖僵硬得几乎都不能弯曲，我感觉自己随时随地都可能会摔下去，我下意识地想要去扶着边上的栏杆，但是手却被白翌抓住，他没有说话而是让我抬头看。我发现在我们面前的居然是另一座桥！一座和天桥一模一样的桥，那个老太就那么径直地跳了进去，接着我们就再也看不到她的影子，白翌脸色大变，指着那座桥的深处说："你看！"

我们发现那座怪桥的边上有许多的人影，但想要看清却怎么都做不到。突然间，我感觉在那座桥里传来了一种声音，像是笛声，但却非常沉闷，那声音几乎要把我们给吸过去。

白翌赶紧拉住我，我们两个都只能半跪在地上。而身后的那些东西，开始不安地蠢动。

白翌靠近我说："我知道了！原来是这样的，就是这个声音吸引这些魂魄聚集的，千万不能被吸进去，否则真的就不知道会到哪里去了。马上时间……"

还没说完，他就捂着额头，甚至开始严重地干呕。我知道白翌自身所承受的压力，不想给他造成负担。我抓紧他的手臂，看着前面，咬着牙想要集中精力，无论如何现在不想办法，就再也没有机会了。

就在我越来越焦急之际，突然间脚上嘎吱一滑，一个趔趄，就要往下冲出去。我不想害了白翌，就松开了他的手，整个人一下子失去了平衡，我感觉白翌想要抓住我的肩膀，但是这样的冲力根本不可能拉住我。

我闭上眼睛，感觉整个身体倾斜而去。眼看着直接就要掉入那个陌生的桥内，就在这一瞬间，我突然看见从桥洞中探出了一个人脸，那便是那个老太，她的样子依然非常可怕，她猛地推了我一把，我只感觉整个人像是在一个巨大的搅拌器之中。

当我再一次睁开眼睛之时，我发现自己居然依然在桥洞之中，雨势似乎小了些，淅沥地打在桥体上。白翌在我的边上，他的右手搭在我的肩膀上。他缓缓地放开双手，我发现他的手掌居然出现一个口子，流出许多血。

他睁开眼的第一件事，便是用手上的血在自己的手臂上画出一个符号，并且也在我的身上画了一个。他虚脱地蹲在桥洞的角落，我也一屁股坐下去，都不在乎地面是否有水。

我们两个喘着粗气，过了至少十分钟才缓过来，我从裤袋里摸出一包烟，发现居然也湿了，我沮丧地把烟再塞回去。白翌看上去非常疲劳，他闭上眼睛，过了好一会儿才睁开，他说：“你知道这是什么了吧。”

我抬头看着那桥，心有余悸地说：“不能确定，但是感觉像是某种不好的东西的聚集体。”

白翌从我口袋里摸出那包烟，费了很大的劲才点燃，他深深地吸了一口，抖了抖衣服上的水污，说：“没错，这座桥是玻璃做的，玻璃最大的作用是折射，所谓镜像效果，就是它又复制了另一个虚幻的桥。于是当许多人走在这座桥上，所感受到那种摇摇欲坠以及不稳定的情绪都被这座桥反射给那座桥，化为实体。而那座桥就开始影响现实中的行人。于是走的人越多这种负面的情绪就越严重，如果我猜得没错，这座桥上肯定死过很多人，其中就有饭店老板口中的老人，也许是其他什么人。总之那死亡之前的恐惧更加激烈，一般人根本无法承受这种失去平衡的压迫感，他们会有一种掉下去死掉的感觉，接着他们受心理暗示就真的死了。死后却被那座虚幻的桥所吸引，化为它的能量，使它开始实体化。其实按照奇门遁甲而言那是一种困局。”

我把白翌嘴边的香烟拿过来，也猛吸一口，道：“那怎么解释白天没有问题呢？如果真的那么危险，走过这座桥的人不都要死？”

白翌捏着双手说：“不会，白天这种镜像效果不会被释放，之前我用引魂术让我们的灵魂来到桥上，你没有看到那个广告牌吗？它白色的灯光起到了激发效果，另外一个重要元素则是暴雨。雨水会让玻璃更滑，其次它也是反射光线的一个源头。”

我抽烟的动作停了下来，问：“这到底是人为的还是……巧合？这分明是风水之中镜煞断魂阵，怎么会在这里出现呢？”

白翌看着前方点点的车灯道：“不知道，但是有一点可以肯定，那就是这座桥它本身不足以形成镜像效果。但是，暴雨、光线以及日积月累的恐惧感糅合在一起，达到了某种程度，这座桥就成了名副其实的失魂桥。”

我把烟递给他，苦笑道：“失魂雨中的失魂桥？”

白翌若有所思地答道：“嗯……也许它是自然形成的，也许是有心人特意为之，但是我觉得这座桥它存在的本身就是一个黑洞，它像是吸引着所有负面的情绪，从而坚固自己。对于人，它没有任何的差别。就像前面那个老人，她其实早就死了，但是镜像效应又制造了一个她，只要是暴雨夜，她就会再一次出现，但是她应该没有魂魄。”

我沉默片刻，觉得白翌说得有些不太对，因为我想到最后明显是那个老太救了我一把，如果她是没有灵魂的射影，她为什么会那么做？再来，她救我，难道是因为我最后伸出的援手？又或者她一直都保留着最后期盼，能够得救的心情，但是到最后也没有能被救，她不希望我重蹈她的惨剧。毕竟有些事情是没有办法重新选择的。

总之，我对那个可怕的脸孔的恐惧并非是她的面貌，而是来自她最后的眼神，绝望得几乎透着控诉，然后却依然隐藏着善良。她在最后选择救人，也就是说在最后她也无法做到恨所有的人。这的确不是恶鬼，她是介于人与恶鬼之间的，她有恶鬼的绝望，同时也蕴藏着人心的善良。

我又想到依然躺在医院里的女孩，问道：“那么程莹怎么办？”

白翌说道：“她过了这一劫，估计会慢慢好起来，我会想办法，至少我现在大概知道这件事的缘由了。如果是恐惧聚集成煞气，只要是煞气，必然会有泻煞的方法。”

最后他无奈地说：“至少比起叶玲，她幸运许多，她有了那块玉，有活下去的方法。没什么值得抱怨了。”

我虽然不能完全认同，但是也只有接受。他拍着我的肩膀让我想开点。因为那块玉估计不会到我手上了。

我摸着头干笑道：“呵呵，好歹这次也算是帮上了忙，还捞到一张提货单，不算亏啊。”

白翌也跟着我笑了起来，我越笑越觉得我们太可笑了，两个大男人因为腿软没办法走路，只有躲在桥洞里抽同一根烟。说出去真的是丢脸丢到家了。

等抽完这根烟，白翌拍去身上的污水先起身，我问他手掌的伤口怎么回事，他笑着解释说，先前我们并没有真的上去，而是利用招魂术的反作用力，使得灵魂出窍，当我们灵魂出窍的时候，他想要拉住我，但是却没有办到，接着他被玻璃裂缝给划伤了。突然灵机一动，想到血符，于是马上划开手掌用血液完成血符。没想到居然提前让我们魂魄回归，当他回魂之时发现手上就莫名地多出了这道伤口。而我如果不是被推了出来，那么我的灵魂一定被吸到那个桥内，也许我一辈子都会成为一个植物人了，也许真的会挂了。

想到这里我便不由得冷汗直冒。又猛抽了几口烟来压惊。我突然想起，在那期间白翌不让我触碰桥栏杆，这点也让我十分疑惑。

白翌继续解释说：“我们其实并没有与这座桥发生联系，也就是说我们没有走过它，所以现在我们才没有受到失重的影响，但是如果触碰到桥上的东西，我们可能也会出现像那两个女孩一样的状况。到时候就没有第二块玉佩来救我们的命了。”

我看着桥外道：“雨要停了，我们走吧。”

就在我们走出桥洞时，我看到广告牌的反光之中，桥的影子里依然有许多的人影，黑糊糊的，不停颤抖，他们缓慢地移动着，由桥的一头向着另外一头攀爬。我想要再仔细看看，天上的雨突然就停了，此时我再看那桥，却发现桥上空空如也，一个人影也没有。就像是这场雨一样消失得无影无踪。

我看着白翌，白翌问我怎么了，我看着桥影回答道：“真希望这座桥快点拆了。”

白翌抬头看着天桥，我发现他并没有看到那些怪影。我拍着白翌的肩膀，催促着他快点离开。在我心中，总觉得这座天桥的另一头也许有着我们不知道的世界，我有一种感觉，桥的另一头是一个通道，也许通往地狱，也许通往我们不知道的某一个地方。那里有那些失去平衡而坠落的灵魂，有那些因为得不到援救而不幸的灵魂，不过，既然我们没有通过失魂桥，那么便也就失去了得知真相的机会……

悬秘志

编辑会客厅

表情图片视频音乐话题 发布▶

我的首页全部|原创|图片|视频|音乐 搜索 高级搜索

鱼悠若:如果你热爱生活，生活才会热情回馈你。

杂志新的一期进入出片倒计时，很忙，每天需要做的事情很多，好多都记不住，只好记在便利贴上，做一件，划掉一件。即使这样，也总是有遗落的。

马上就要去旅游，这次是青岛，想想都觉得肯定有点累。回来之后差不多就可以看到杂志样书了。刘总和我说，这期做完后休几天年假吧，小脸已经熬到绿幽幽的了。我抗议！明明只是黄花菜颜色……

最近做梦老梦到考试抄小抄，缘由下个月要考试，而我一点书都没看。忧郁啊！

鱼悠若=日复一日出杂志+考试+与所有游戏机无缘+继续忧郁……

5分钟前来自新浪微博|转发|收藏|评论|

蔡小雅:所谓差距，就是一年前我所看的小说都是灰姑娘和王子的浪漫爱情小说，而现在，我每天所看到的小说都是最变态的杀人犯，如何肢解尸体，杀人的手法和构思有没有新意，真•杯具的人生！泪！

38分钟前来自新浪微博|转发|收藏|评论|

别易:每天上班真无聊，除了偷菜没有任何好玩的事情，前几天偷菜还被说了，为什么论坛连个漂亮姑娘都没有呢？广告下：漂亮姑娘在论坛爆照超过10张的送别易签名《悬疑志》珍藏版一本，爆照超过30张的，送别易签名当月最新《悬疑志》一本，爆照超过100张的，送别易一只。欢迎选购，订购电话10086。

45分钟前来自新浪微博|转发|收藏|评论|

傲天月:1．这货很潇洒！2．我又剪短我的发，剪短了牵挂，剪一地被纠结的潇洒……3．青岛……蓬莱……莱阳……长岛……四地折腾。老板，你这哪是请我们出去旅游，简直就是请客坐车！4．昨晚做梦考试……老师还给抄卷子……

5．发工资我要请客吃饭，大概七个人，我很豪爽地说出十块钱，大家随意消费，他们竟然不感恩，真是的！

50分钟前来自新浪微博|转发|收藏|评论|

更多新消息

官方论坛：http://www.xuanyizhi.net

新浪博客：http://blog.sina.com.cn/xuanyizhi

无责任乱弹“悬迷中毒症”

文\悬迷应援队

你，怎样结识《悬疑志》的？

你，跟《悬疑志》有什么精彩故事？

你，跟《悬疑志》有着怎样难以割舍的纠结？

你觉得自己就是那个最狂热的悬疑迷了吗？

嘘，把答案吞进肚里，参照以下13条“悬迷中毒症”，再另行答复吧！

病例分析专家：颁布的糖，雪羽冰蓝

“悬迷中毒症”病状表现：

1．**阅读饥渴症**：明明刚看完最新一期的《悬疑志》，却冲动地跑去各大书刊报亭与图书大厦，翻找自己没看过的那期，以解熊熊燃烧的阅读欲；

2．**喜怒偏执症**：看见《悬疑志》喜笑颜开，读到上瘾却是最后一篇，看完全书恐有遗漏接二连三地机械重复阅读，直到全书散架；

3．**好杀虫畜症**：久久看不到新一期的《悬疑志》，整个人杀心顿起，看蝇灭蝇，见蟑杀蟑，睇鼠灭鼠，手段之残忍，令人发指；

4．**妄想失心症**：杂志作者对文中主人公稍加添彩（譬如白翌X安踪），自己便无限YY主人公，其穿越及想象程度可媲美重度精神疾病患者；

5．**独爱为尊症**：除了《悬疑志》，别的雷同杂志一概不屑瞄一眼，有时在书店，顺手将其他雷同杂志藏于《悬疑志》书后，给相关工作人员带来不小的困扰；

6．**烦苛轻躁症**：《悬疑志》新出刊那段时间，焦躁不安，坐立不当，以每小时三次的频率鬼鬼祟祟隐现于最近的书刊报亭及大小书店；

7．**多疑少信症**：不管于何处购书，均紧紧追问相关工作人员，是否有赠刊，是否有附赠礼品，是否有珍藏版，得到几次答复后，仍以怀疑对方是通缉对象的态度重复叨扰；

8．**谗人求媚症**：于《悬疑志》官方论坛或QQ群里，一旦发现喜好的编辑、作者、管理员、版主、打杂的、清洁的……等相关人士，均一个绝不放过，探求《悬疑志》最新上市时间及八卦内幕；

9．**好自掩饰症**：明显被书中惊悚故事吓到，却故作坚强，极力掩藏内心渗透的恐惧之心，羞于向他人提及被黑暗中的衣帽架吓到小便失禁的糗事；

10．**教人作恶症**：狂热痴迷《悬疑志》，将杂志故意推荐于身边胆小怕事之辈，待他们看完此书后，以各种惨无人道的方式再度惊吓他人，使其终日惶惶不得安宁；

11．**爱屋及乌症**：偶然发现身边一个磁场不和

的家伙，竟然在看《悬疑志》，瞬间将其人品升华到一个难以置信的高度，将其揽入怀中称兄道弟无所不为；

12．喜怒无常症：满心欢喜看《悬疑志》，不责自己看书太快，反倒一一数落杂志编辑，恨其定制页数不及心里理想程度，咒若干小编们一辈子泡面没开水；

13．啰唆并发症：和朋友聊天只要提到"书"这个字，就会口若悬河地大谈《悬疑志》，直到把朋友都说得迷迷糊糊答应去买为止。或者成天到没进书的报刊亭书店大肆宣扬《悬疑志》，直到他们店里大贴《悬疑志》海报，在最显眼位置摆上一堆《悬疑志》杂志为止。

无论你所中何毒，所需何药，需治愈者，请详参双月25日出版的《悬疑志》，本"悬迷专家"非江湖郎中人士，包你书到病除。蓝和糖两位专家随时候诊，收费合理，童叟无欺。

我与《悬疑志》不得不说的故事

注册会员：瓶中百合

在即将升高二的暑假，我结识了一本伴随我三年的朋友——《悬疑志》。

说起来也算是个巧合，暑假的一天与同学逛街来到一个报刊亭，同学要买娱乐杂志，我就随便转转，看到一本封面上写着《狄小杰侦探社——夜访荒村公寓》，画面很诡异的杂志。当时电视里正在热播《狄仁杰》，我出于非常好奇就将其买下来了。刚看前几期的时候还会被吓出汗，之后逐渐免疫只有我吓别人的份了。

当我们开学，我就陆续地并且是马不停蹄地开始买《悬疑志》，而且班里同学也被书中的不同内容吸引，每个月都吵着要看《悬疑志》，虽然众人看的都是我买的书（我惭愧没有将《悬疑志》发扬光大，不然我班是一个很好的发展市场）。但是每个人都很爱护每一本《悬疑志》看完后会亲手交还到我手上，不会有一丁点折痕。我还记得当时我们还给当时的编辑部写过信，信的内容现在已经记得不是很清楚了，但是当时真的是很开心啊。

当年的生日礼物是几个好朋友合起来买的三月份《悬疑志》送给我。就这样《悬疑志》陪我走过了那最枯燥、最压抑的高三。

我还在"这本悬疑小说真好看！"栏目里推荐了一本书。这可是第一次在《悬疑志》上出现我的名字和我写的东西。那也让我兴奋地告诉了我所有的好朋友。

就这样从高二到现在的大二，不知不觉地就过去了三年，回想过去，我真的觉得我改变了很多，但有一样没变，无论是看到听到还是拿到《悬疑志》都是那么的兴奋、开心！^_^

论坛会员：小女飞贼

我很喜欢看蔡骏的书，还记得是《天机》第一部刚刚出版，我就迫不及待地上书店买了回来。拿回寝室后，发现中间夹着一张《悬疑志》的宣传

单。

可以说我被它深深吸引了，无论是它的封面，还是由于蔡骏的关系，我只知道我想拥有这样的杂志。

其实，在此之前我基本上不怎么买杂志类的读物，可能也是因为一直没有找到能够吸引我的。看到那张宣传单后的第二天，我便上附近的报刊亭去买。还记得那是2007年的10月份，《悬疑志》已经出了5期了，我央求报刊亭的阿姨能不能帮我把之前几期也弄到。过了大概一个星期，报刊亭的阿姨给我打电话，告诉我只有7月、8月和10月的，6月和9月的实在是没有，就这样我一起买了三期杂志回去，之后就从未间断过。其实也要谢谢那位报刊亭的阿姨，每期《悬疑志》到的时候，她都会打电话通知我。

直到2008年6月的那期后，不知道是因为什么原因，《悬疑志》停刊了一段时间。我当时的心情其实挺郁闷的，第一次这样喜欢一本杂志，就这样结束了。也曾打过《悬疑志》上的电话，想问问原因，也没有问出什么来。过了几个月后，突然接到一个电话，原来是报刊亭的阿姨告诉我《悬疑志》又出了，我半信半疑地去看了看。发现《悬疑志》改版了，改版后内容更加丰富，更加让我爱不释手。真的有一种失而复得的喜悦。

在去年之前我还有一点小小的遗憾，就是在市内一直没有买到2007年6月和9月的。也由于学习以及工作的原因，没有时间好好找找。我的一个朋友知道我喜欢《悬疑志》，也和他说过好几次我的这个小遗憾，谁知他自己偷偷上网帮我买到了这两本。很感谢他，让我拥有了完整的《悬疑志》。

可能一开始喜欢《悬疑志》是由于蔡骏的原因多一些，但是现在回过头来想想以前每次拿到《悬疑志》的心情，原来《悬疑志》早已经融入了我的生活，成为我生活中必不可少的一部分了，就如同吃饭，睡觉一样。而我能做的，就是一直支持它。

论坛版主：颁布的糖

跟《悬疑志》的相识，在2007年的夏天。

那年刚毕业，工作不太理想，每天觉得生活很无望，偶尔经过报刊亭，看见这本小杂志，心里哆嗦了一下——觉得莫名其妙地兴奋和亲切。

买下了第一本《悬疑志》，当天下午就一口气读完了，盼着下一期的杂志早早出刊，心情一下子就变好了。

后来我做企划工作，好几年的万圣节活动灵感，都来自《悬疑志》。我觉得这杂志太地道了，越来越喜欢了。

看《悬疑志》的时候，必须在安静的地方看，这是我个人的读书原则，有一次，我在医院照顾家里人的时候，连护士姐姐都休息的深夜，捧着《悬疑志》津津有味地看，觉得太有意境了。虽然敬畏神灵，但是内心却一点儿都不害怕，《悬疑志》是我的庇佑神，哈哈！

周围有不少朋友都喜欢这类型的书刊，介绍给她们看，她们看完我的书，竟然没一个还我的，过分呐！

现在，我不单单把《悬疑志》当成一本杂志了，而是认为，这是一个有灵魂的神灵，敬畏和喜爱不加修饰，仅从它陪我度过的这些岁月来说，我们之间的感情实难割舍，狂热粉丝这个称号，根本不足以表达我对它的浓浓爱意啊。

普天同庆啊！众粉丝欢歌起舞，热泪盈眶，锣鼓喧天，奔走相告，一位瘫痪三十多年的老大爷从轮椅上站起来，跪在地上，仰天哀号：“苍天啊，终于出下一期了！”咳，跟编编们开个玩笑，抒发下等杂志的心情而已。言归正传，我每回买新一期的《悬疑志》都很艰难耶！不知有啥快捷方法推荐没？（忠实读者 指）

傲天月：书店、报刊亭、卓越网、当当网、邮购……总有一种方法能让你买到！推荐最快捷最省事的方法——找小雅邮购！只要新书一到，小编们就会给你寄上最新杂志！坐家等新书，畅快就两个字！

小雅：具体邮购方式请见本书最后一页，或者直接加我QQ：382401952，欢迎咨询！保证让你不再等许久，阅读畅快天天有！

个人提个小建议，2010年策划出圣诞号，向作者约稿，选取应景的一些作品集合成节日特刊号。在12月份和大家见面。强烈建议《悬疑志》推出特别刊！（论坛版主 winfundl）

鱼悠若：《悬疑志》基本上都会随着节日和特定的主题来设计。至于特别刊，我们近期就会推出《悬疑志》2010年豪华特刊，大家多多关注论坛，才可以获得第一手的消息哦。

编辑好，我想知道《悬疑志》投稿的要求？其实我很喜欢悬疑小说，一直想投稿，但是不知道自己的水平过关吗？小编们是要怎样选稿件的？谁都可以投稿吗？只要投稿，编辑都会看吗？（贴吧 夏子蓝）

鱼悠若：简单点说，就是题材必须新颖，内容必须好看，情节出人意料却又是情理之中，让编辑眼前一亮的悬疑惊悚类佳作，字数控制在一万字左右。

小雅：一般选稿的程序是我和傲天月收稿进行一审，筛选出好的稿件交给主编二审，最终主编会根据当期杂志的整体风格来选定合适的稿件。

傲天月：任何人都可以投稿，每篇稿子编编们都会认真审阅，让稿子把小编们淹没吧！

刨根问底

大家好，各位亲爱的《悬疑志》读者朋友们好！“刨根问底”栏目组正式开“拍”，我是主持人“拦不住”，欢迎各位读者朋友“踩”一下《悬疑志》的编辑/作者/画手/读者，您可以对任何人，任何事情提出你的问题，欢迎大家多多支持！

拦不住：这个栏目能做到现在真不容易，我整日冒着枪林弹雨挥舞锄头给大家刨，作为一个狗仔类型的主持人，我表示“鸭梨”很大啊！

傲天月：最近很多读者都在关心一个很具有代表性的问题——为啥夜先生总能写出《悬疑志》主题文，可有刨的意义乎？

夜先生：刨到我头上了，你可知这是天机？

拦不住：那说明啥？

夜先生：不可泄露！

拦不住：那我们还是刨点能泄漏的吧！有小道消息说，“文字女巫”叶聪灵在《悬疑志》上开笔是为了博得傲天月的欢心……

傲天月：这种事情为什么摆到台面上说！我这么潇洒的少年以后还怎么保持完美形象？低调！低调不懂吗！！

拦不住：汗。不过叶聪灵却是这样说的——

叶聪灵：傲天月玉树临风、潇洒迷人，博得他欢心乃是众女子之心愿所归。越是潇洒的人害怕起来越搞笑，我是十分有诚心诚意看他被弄得精神抖擞，精神发狂，精神崩溃的样子啊。叶聪灵露出一口钢牙，阴邪微笑着……

拦不住：那究竟是……

叶聪灵：我是垂涎《悬疑志》大名……

拦不住：原来如此！不理某小编被叶聪灵吓得歇斯底里地惨叫，我再来爆一条新人……

夜先生：喂喂喂，我说不泄露你就不能再问一下？真是，控诉时间到了！我总是在莫名其妙的时候接到你们鱼主编的电话，电话中或晓之以情动之以理，或软硬兼施威逼利诱，总之是她故意约了什么不靠谱的家伙写稿子然后被放了鸽子，或者是什么别的三八原因，她告诉我，她需要一篇什么什么样的稿子，要我五天之内必须交货，保质保量，不然的话……

小雅＆傲天月：不然如何？

鱼悠若：你们两个很闲是不是？赶紧给我回去收稿！校对！做栏目！夜先生！你过来一下我们商量点事呗！！

拦不住：内幕诚可贵，当事人爆出价更高啊！接刚才的话题，爆料超级新人游彧青自写出《珠穆朗玛峰在长高》之后，受到无数读者追捧，还连带小雅的骚扰，不知可有此事？

小雅：我是清白的！！

游彧青：《珠穆朗玛峰在长高》是我自认为不错的作品，但还是有遗憾，不过倘若大家能喜欢，我也就很满足了。无论读者追捧，还是小编骚扰，换句话说都是为了交流嘛，在交流中才能进步，这个在下当然是热情欢迎的啦……

小雅：好感动！

别易：亲爱的读者们，本期的“刨根问底”栏目到此结束，大家要想“踩”谁and“刨”谁，就给我们来信，把你的问题告诉我们吧！

来信地址：北京市朝阳区京顺路5号曙光大厦A座11层《悬疑志》杂志（收）

邮编：100028